Más Obras de Stephanie South

Acceso a tu Ser Multidimensional: Una Llave a la Historia Cósmica

2012: Biografía de un Viajero del Tiempo: El Viaje de José Argüelles

Tiempo, Sincronicidad y Cambio del Calendario: La Vida y Obra Visionaria de José Argüelles

Inspiración Galáctica diaria: 365 Citas para tu Viaje en el Tiempo [eBook]

260 Llaves al Synchronotron: Una Guía de la Nueva Mente para el Pueblo del Futuro [eBook]

Por José Argüelles y Stephanie South

Libro del Trono: Crónicas de la Historia Cósmica [Volumen I]

Libro del Avatar: Crónicas de la Historia Cósmica [Volumen II]

Libro del Misterio: Crónicas de la Historia Cósmica [Volumen III]

Libro de la Iniciación: Crónicas de la Historia Cósmica [Volumen IV]

Libro del Tiempo-Espacio: Crónicas de la Historia Cósmica [Volumen V]

Libro de la Trascendencia: Crónicas de la Historia Cósmica [Volumen VI]

Libro del Cubo: Crónicas de la Historia Cósmica [Volumen VII]

Sin Inscripciones
Iniciación en el Corazón del Tiempo

Una Historia de Amor Multidimensional

Stephanie South

Law of Time Press
Ashland, Oregon

Law of Time Press
Ashland, Oregon

Copyright ©2020 por Stephanie South
Anillo NS1.32: Mago Magnético Blanco
Diseño de la Portada y Libro: Kelly Harding
Imágenes interiores: José Argüelles

Edición en español: Anillo NS1.38
Fundación para la Ley del Tiempo
Traducción: Agencia:21 · 13Lunas.NET

Todos los derechos reservados
Ninguna parte de este libro puede ser reproducida, escaneada o distribuida en forma impresa o electrónica sin autorización escrita.

www.lawoftime.org

Contenido

Prefacio: Mapa en Blanco   10

❊ Parte Uno: Iniciación

1. Perdida en el Tiempo   17
2. Entra en el Sueño   22
3. Domando la Mente   28
4. Visión de la Reina Roja   23
5. Entrando en la GM108X   40
6. Historia Cósmica   52
7. Vida Diaria   58
8. Caldero Alquímico   64
9. Shock Sobrenatural   70

❊ Parte Dos: Transformación

10. El Camino menos Transitado   77
11. Fénix desde las Llamas   84
12. Sanando Antiguos Traumas   90
13. Portal de Bagdad   97
14. Palenque y Pacal Votan   101
15. Noosfera Arco Iris   105
16. La Cruz del Sur   112
17. Carretera Lady Mile: Queenstown   121
18. Waitaha: Pueblo de Paz   130
19. Arca del Tiempo Radiogenética de Noé   140
20. Hollywood y la Tecnología Interior   146
21. Oráculo de la Inmortalidad   157

❋ Parte Tres: Realización

22. Soledad y Retiro	168
23. Punto Cero	177
24. Naves y Sirio	182
25. Cierre del Ciclo	189
26. Tres Sueños Dorados	195
27. Nuevo Rayo y el Monte Shasta	203
28. 444 y Transilvania	210

Epílogo: Retorno del Pueblo de OMA	226
Notas Sincrónicas	232
Una Nota Sobre José Argüelles/Valum Votan	244
Agradecimientos	247

Dedicado a TI
Y al Retorno de la Luz

Que
Recordemos
Simultáneamente
al Uno
Detrás de todas las Formas

Atrévete a declarar quién eres. No está lejos la orilla del silencio de los límites de la palabra. El camino no es largo, pero sí profundo. No sólo debes caminar, debes estar preparado para saltar.
—Hildegarda de Bingen

¿Cuándo comenzarás el largo viaje hacia tu interior?　　—Rumi

Prefacio: Mapa en Blanco

Ah, éramos un mapa en blanco
Sin fronteras
Ni conocidos por nombres
Éramos ríos salvajes
—la mente renovada
Del Cielo Desnudo
Por escribir

No hay palabras para expresar lo que voy a contarte. Sin embargo, haré todo lo posible a través de tu lenguaje para comunicarte algo que quizá siempre has sabido.

No me interesan las formalidades, pero en caso de que te interesen, enseguida te contaré un poco sobre mí. Por ahora, basta con que sepas que he recorrido un largo camino desde donde empecé. Fui enviada a retroceder en el tiempo a tu planeta para recuperar el conocimiento perdido. Estoy en una misión de recuperación de la memoria. Soy una creadora de lo que vendrá.

Desde que llegué al reino humano, nunca sentí que fuera real. Siempre supe que debía ser un sueño. Sin embargo, parecía que otras personas estaban teniendo experiencias "reales", pero yo no. Mi primer recuerdo, después de salir del canal de parto de la amnesia transmigratoria, era la de ser una niña en un mundo que estaba a punto de explotar. Todo el mundo parecía ajeno a la inminente destrucción. Intenté advertir a quien quisiera escucharme, pero pocos me oyeron. Era joven y no me tomaban en serio.

A medida que aumentaba la presión, vi a la gente hacer todo tipo de cosas para distraerse, incluidas muchas fiestas hedonistas hasta el olvido. Y luego, ¡la explosión! Salí despedida por el espacio, desnuda e ingrávida, salvo por un único anillo de plata con un grabado. Sentí que había una contraparte masculina conmigo aunque no veía a nadie. Aterricé en otro planeta y entonces me desperté.

¿Cómo puedo describirte lo que sucedió a continuación? ¿Cómo puedo transmitir la verdadera sensación de las experiencias internas que se desarrollaron? ¿Necesitas colores y medidas? ¿Olores y sonidos? Vale, lo intentaré. Pero por favor, ten paciencia mientras encuentro la combinación adecuada en este tiempo-espacio siempre cambiante. Con cada palabra, mi percepción cambia.

Prefacio: Mapa en Blanco

Al principio, a menudo tenía la sensación de vivir en otros lugares o mundos simultáneamente. Sentía una especie de barrera alrededor de mi mente y me frustraba darme cuenta de que todos mis pensamientos no eran más que la regurgitación de los pensamientos de otra persona. Sentí que mi mente estaba en una especie de prisión. ¿Pero quién era el carcelero? Anhelaba ser original. Anhelaba que me mostraran lo NUEVO.

Siempre me interesó encontrar el Camino invisible a las masas, un camino mágico de cuentos de hadas que no es fijo, sino que evoluciona constantemente y está abierto para ser actualizado con nuevas verdades. En mi búsqueda, aprendí que hay corrientes ocultas de conocimiento que circulan por debajo del umbral de la conciencia normal despierta. Hay un poder invisible que siempre está recordando la verdadera naturaleza de la realidad. Hay un camino para volver a la Fuente Cósmica.

Este Camino se llama de diferentes maneras: Camino de los Iniciados, Camino del Conocimiento, Camino de la Autorrealización o Camino Espiritual, etc. Para mayor claridad, nos referiremos a él como el primero.

La palabra iniciación proviene de la palabra "initium" que significa entrada o comienzo. El Camino de los Iniciados es diferente de un camino ordinario. El propósito de los Iniciados es cultivar una forma de vida que conduzca a la verdad y a la esencia. Es el camino más allá de los cinco sentidos. Se requiere contemplación, reflexión y disciplina.

Los iniciados son buscadores del conocimiento oculto. Están en un proceso consciente de recuperación de la memoria. Un iniciado permanece abierto y preparado para ver un mundo completamente distinto al de las masas. Comprenden que la realidad no se parece en nada a lo que nos han enseñado; y que existe una narrativa completamente distinta que no se puede encontrar en las noticias principales ni en internet.

Un iniciado sabe que, aunque es importante saber lo que ocurre en este mundo, es aún más importante comprenderlo desde dentro. Cuanto más profundizamos en nuestro interior, más nos damos cuenta de que este mundo no se parece en nada a lo que nos han contado.

En la profundidad de mis visiones infantiles, a menudo había soñado con vivir en el bosque con un mago y aprender los secretos del Universo. Buscaba al que tenía el Mapa Mágico para rellenar mis espacios en blanco, aquel cuyas doctrinas no representaban reacciones o historia, sino la pizarra en blanco y futuros aún no soñados; uno que fuera verdadero por actos internos, no sólo gestos externos.

Me imaginaba sentada alrededor de un fuego cálido, bebiendo té de hierbas frescas y leyendo a la luz de las velas. Quería conocer la verdadera historia del mundo, de otros planetas y sistemas estelares. Quería aprender sobre los viajes en el tiempo, la teletransportación y los encantamientos mágicos. Quería saber directamente quién es Dios, sin intermediarios. Quería vivir una vida de cuentos de hadas, donde el "felices para siempre" no fuera sólo un sueño.

Mi "sueño hecho realidad" sucedió a los 29 años, pero no exactamente como lo había imaginado. La vida no siempre es lógica cuando sigues el camino del sueño interior. En una oscura y nevada noche de invierno, en lo más profundo de los bosques del majestuoso Monte Hood, me convertí en aprendiz de un Avatar Maya Galáctico llamado Valum Votan.

Lo encontré y me dijo:

Para (alcanzar tu verdadera esencia), tienes que darte cuenta de que la sociedad, tal como la has conocido, es engañosa— si le haces caso, te desviará del camino recto. En este camino recto, no te desvíes ni a la derecha ni a la izquierda. Nos están distrayendo continuamente...

Esto significa que tienes que darte cuenta de que hay un camino oculto o un camino aparte de la corriente social dominante. La clave de la vida es encontrar y cultivar tu esencia; esto no puede hacerse estando absorto en el statu quo. En esta era tardía del materialismo, el camino recto aparece como un laberinto muy elaborado y cibernéticamente amañado; por eso debes adherirte a un camino y mantener una disciplina que atraviese el laberinto sembrado de opiniones de la revolución de la "información".

Esta es una Transmisión Telepática
Se presentan pocos personajes ya que se trata
de una visión Interna
Abre tu corazón y expande tu Mente
Y en esta historia, encontrarás un tesoro
Si algunos de los contenidos tu cerebro no puede hackear
Consulta las notas sincrónicas en la parte final

Parte Uno
Iniciación

Capítulo 1

Perdida en el Tiempo

Cada parte del recorrido es importante para el resto.
—Santa Teresa de Ávila

Desde niña, tenía visiones recurrentes de túneles del tiempo subterráneos en la tierra. Los túneles estaban conectados a un sistema de transporte con cavidades que conducían al pasado, al presente y al futuro. A través de estos túneles, fui testigo de guerras mundiales, de una época de dinosaurios y gigantes, así como de futuros posibles.

Siempre tuve la sensación de que la realidad que veía era sólo un sueño, y pensaba que yo también debía existir en algún otro lugar. Aunque no podía precisarlo. A los ocho años esta sensación llegó a su punto álgido, y me invadió una intensa energía que me hizo sentarme y escribir. Me venían a la mente imágenes de túneles, y oía una y otra vez las palabras: *perdida en el tiempo, perdida en el tiempo, ¡estás perdida en el tiempo!*

Tomé un bolígrafo y mi cuaderno, me senté en la mesita de la sala de mi caravana y con gran urgencia, empecé a escribir. Decidí no levantarme hasta que hubiera completado 13 páginas. Tenía la sensación de que el recuerdo ya estaba desapareciendo. Mientras escribía, podía ver vívidamente las bibliotecas y aulas subterráneas que tan bien conocía. Me parecía más real que mi vida despierta. Grapé varias hojas de papel y reflexioné. Al cabo de unos instantes escribí el título: Perdidos en el Tiempo.

En esta narración, yo era John Mathews, un avezado viajero del tiempo, que recorría túneles de tiempo subterráneos, buscando el tiempo correcto. El punto de entrada a estos túneles estaba bajo tierra en Montana. Mi compañera de viaje era una mujer llamada Crystal Blake. Yo estaba buscando el tiempo al que pertenecía y estaba ansioso por explorarlo, aunque también temeroso de acabar en un mal tiempo que, en mi mente de ocho años, consideraba como una época de violencia, guerra u opresión, o aún peor, un tiempo en que los humanos estuvieran extintos (que en el texto había datado en el 4029).

El Puente de Todos los Tiempos

Este tema de los viajes en el tiempo y los túneles subterráneos, las ciudades y otras realidades, siguió apareciendo en mis sueños de forma intermitente durante toda mi infancia. Por la noche solía ver un círculo de seres que yo consideraba ángeles volando alrededor de mi cama. Me llevaban a otros mundos y experimentaba volar por el espacio en una cama cálida. Los sueños me llevaban a un puente en el que veía a unos niños frente a él, cantando una melodía muy inquietante: *Este es el puente de todooooooos los tiempooooos*.

Más tarde me di cuenta de que estaba enviando mensajes de recuerdos hacia el futuro que más tarde recuperaría a través de una serie de poemas. Estas palabras lo resumen todo:

Atrapé el Vínculo de la Vida
De la misma corriente del Pensamiento
Que envié al Cielo de niña
Envuelta en una Colcha Rosa
Soñando con la Muerte
Despierta
A los cuatro años
Rezando a Dios para que me utilizara más
Rezaba, úsame más, ¿Quieres Dios?
Así era como concebía mis días
Si muero antes de despertar
Ruego al Señor que se lleve mi alma
Vi ángeles volando en filas ordenadas
Bajo mi cálida y suave,
Colcha de algodón rosa.

De niña tuve otras experiencias inusuales, que entonces me parecían normales. En muchas ocasiones veía una mano que se agitaba detrás de mi cama cuando dormía la siesta. A veces, me parecía juguetona y otras me asustaba. A menudo dormía sobre mi cómoda a la hora de la siesta para alejarme de la cama donde aparecía la mano. Este tipo de experiencias eran normales para mí y suponía que los demás también las tenían.

Siempre me sentí conectada a Dios o al mundo invisible, pero la única perspectiva que me habían dado era de base cristiana. Estaba obsesionada con el Libro del *Apocalipsis* y solía leerlo en mi armario con una linterna.

Había leído en la *Biblia* que había que rezar en secreto y me lo tomé al pie de la letra.

Cuando entré en primero de primaria, los profesores quisieron adelantarme dos cursos, pero mis padres se negaron. Era socialmente torpe y hacía cosas fuera de lugar. En segundo ya escribía obras sobre viajes en el tiempo y cuentos de hadas y las representaba en público.

Hasta alrededor de los nueve años, viví en un mundo de conceptos condicionados relativamente limitados hasta que mi tía murió y mis padres se divorciaron. Este fue mi primer despertar a la fragmentación que intenté conciliar. Mi voluntad era fuerte, al igual que mi imaginación creativa. La primera pregunta que recuerdo haberme hecho fue: Si no fuera yo, ¿quién sería? Pasé mucho tiempo reflexionando esto antes de darme cuenta de que era imposible "ser" otra persona. A menudo le preguntaba a mi padre si esta VIDA era un sueño o no. Él siempre respondía: "A mí me lo parece".

Experiencia Cercana a la Muerte

Tenía 19 años la primera vez que fallecí. En Buffalo, Nueva York, me declararon muerta por una sobredosis accidental de drogas después de una noche de fiesta. Como estudiante de segundo año de la Universidad Estatal de Nueva York en Buffalo, me lo había pasado muy bien en una fiesta de fin de semana, pero en mi ingenuidad y estado de embriaguez me subí a una Harley-Davidson con un hombre al que apenas conocía y me dio drogas. Antes de que me diera cuenta, me encontraron desmayada en el jardín delantero de una anciana, una gélida mañana de noviembre.

Ella y dos amigos llamaron al 911 porque no tenía pulso y pensaron que estaba muerta. Al parecer, llevaba unas cuatro horas tirada en su césped helado antes de que me encontrara y llamara a una ambulancia. Vi desde fuera de mi cuerpo cómo los paramédicos intentaban reanimarme. No tenía pulso. Estaba entrando y saliendo de la conciencia, pero no dentro del cuerpo. Más tarde escribí:

De regreso al Lugar del Creador, fui
Y me llevaron a través de un Campo
Y me mostraron la Vida que había pasado
Probando la muerte, la Misión mostró
La acción kármica, golpe a golpe
Hasta que un Ángel Invisible redimió mi espectáculo

En mi experiencia con la "muerte", se me mostraron todas las palabras, acciones y actos que había realizado a lo largo de mi corta vida. Luego experimenté los efectos ampliados de cada una de mis palabras y acciones sobre los demás a mi alrededor. Cuando veía algo positivo que había dicho o hecho, disfrutaba de una dicha tremenda. Cuando veía algo negativo que había dicho o hecho, empezaba a retorcerme con el peor dolor imaginable.

Durante la experiencia cercana a la muerte sentí que estaba flotando a través de un agujero negro arremolinado repitiendo: "Aunque camine por el valle de la sombra de la muerte, no temeré mal alguno". No dejaba de recordar que no hay nada que temer. Sentí que viajaba en una especie de barca del alma. Estaba sola, pero percibía a otros a mi alrededor en su propio viaje. Nadie podía ayudar a nadie tampoco.

Lo que más me impresionó fue ver cómo nuestras palabras y pensamientos son vibraciones puras que vuelven a nosotros de una manera más amplificada. Flotando en el espacio, percibí una FUERZA magnífica, al otro lado de la oscuridad, que me atraía. A medida que avanzaba hacia ella, más escenas pasaban ante mí a gran velocidad. Los errores de conducta, tan pronto como los veía y reconocía, se disolvían. A esto le siguió una sensación de alivio y un estado más profundo de purificación y alegría.

Todos los residuos y errores acumulados de la vida terrenal fueron eliminados en mí, paso a paso. Estaba siendo purificada y atraída por un Magneto de Amor Omnipotente de vuelta a la Fuente Central, donde me encontré cara a cara con lo que percibí como la esencia de Cristo. Me deslumbró la luz y la magnificencia que emanaba de este Ser Divino. La luz de esta esencia era tan pura que apenas podía mirarla. Todo lo que quería era hacerme digna de estar en su Santa Presencia. Comencé a decir: "Te amo. Lo siento. Perdóname".

Tuve una fugaz sensación de vergüenza por haberme olvidado de esta gloria. Este sentimiento dio paso a una gran calidez de lo que sólo puede describirse como una Luz Divina que estallaba desde dentro, bañando toda mi esencia con una alegría arrebatadora. Este sentimiento de plenitud me dio la confianza suprema de que, en última instancia, todo iba a salir bien. Este mensaje, junto con el de "estar abierta", me marcó profundamente. Por mucho que aprendamos o creamos saber, el conocimiento está en constante evolución, al igual que la percepción que tengamos de ello.

Me dieron a elegir si quería volver a la Tierra o no. Tuve claro que no quería volver. Entonces se me mostró una imagen de mi padre desde muy lejos. Estaba sufriendo mucho y lloraba. Vi que estaba en mi funeral. Mi corazón se abrió de golpe cuando sentí su dolor y su amor me devolvió a la Tierra.

A continuación, me encontré sentada en el centro de un grupo de sabios ancianos que me mostraron telepáticamente mi Misión de Vida. Al despertar sólo podía recordar fragmentos, pero me acordé de que me comunicaron que todo se revelaría paso a paso. Recordé que la parte clave de la visión tenía que ver con la telepatía entre los humanos y que yo estaba aquí para ayudar en la transformación de la Tierra. Lo único que recuerdo es que me aseguraron que viviría "feliz para siempre".

Tres de las ancianas me llevaron a un campo y me devolvieron a mi cuerpo terrestre. Estaba reacia, pues el cuerpo me parecía muy denso y pesado en comparación con la sensación de libertad que experimentaba. Pero sabía que mi misión aún no había terminado.

Esta experiencia alteró permanentemente mis percepciones sobre todos los aspectos de la realidad. Me di cuenta de que muchas de mis suposiciones anteriores sobre la realidad y Dios eran incorrectas. En aquel momento no podía hablar con nadie que me entendiera. En aquella época, no se hablaba mucho de las experiencias cercanas a la muerte. Sufrí un periodo de profunda depresión y ansiedad, sintiendo el contraste entre este mundo y el que acababa de experimentar.

Me quedaba un curso en la universidad, y en verano de 1994 reanudé mis estudios de periodismo. Simultáneamente, y sin que yo lo supiera, ese mismo verano, más exactamente en el NS1.6.12.3 se produjo el descubrimiento de la tumba de la Reina Roja en el Templo 13, en la selva de Palenque, México. Seis anillos más tarde, visitaría esta tumba.

Me gradué de periodismo en 1996, tras lo cual hice unas prácticas de verano en el diario local Pasadena Star News de California. Por aquel entonces, practicaba *Un Curso de Milagros* y estaba inmersa en *Las Obras Completas de San Juan de la Cruz*. En esa época llevaba diarios detallados de mi mundo interior, y a los 23 años escribí:

> *… La entrada en el reino espiritual se desencadena por cualquier cosa que sacuda las viejas creencias y comprensiones. Para muchos, la experiencia del punto de entrada es espontánea y mística, tan difícil de explicar como de negar. San Juan de la Cruz la describe como la noche oscura del alma. Así es también cómo yo describiría mi punto de entrada.*

Capítulo 2

Entra en el Sueño

Confía en los sueños, porque en ellos está la puerta oculta a la eternidad. —Kahlil Gibran

Sentí un cambio significativo en mi conciencia el día que cumplí 24 en el NS1.9.6.27: Kin 105: Serpiente Magnética Roja (8/01/1997). Vivía sola en un apartamento que estaba en un sótano en Portland, Oregón, cuando noté que una energía misteriosa crecía en mi interior; algo se estaba despertando, algo del más allá, pero no tenía ningún contexto para la experiencia.

La urgencia de estar sola en la naturaleza se desencadenaba por estados de percepción intensificados de la naturaleza onírica de esta realidad. Estas sensaciones se producían en momentos inoportunos, y a menudo mientras estaba sentada en el cubículo de mi oficina. Esta realidad me parecía tan irreal que decidí que yo también debía existir en otro lugar.

Sentía que algo me llamaba y que debía prestarle atención. Era como si mis sueños nocturnos se infiltraran en mi realidad despierta. A menudo tenía que inventarme una excusa para dejar mi escritorio y encontrar un lugar tranquilo en el exterior.

Necesitaba hablar con alguien. Fui a New Renaissance, una librería espiritual de Portland, y vi un folleto sobre el despertar en sueños. Entonces concerté una cita con Paul Levy.

Las palabras del folleto que me llamaron la atención decían:

Descubres que si ves que este es un universo mágico, sincrónico, onírico que cada momento te está ofreciendo exactamente lo que necesitas para despertar, espontáneamente cambiará de forma y hará exactamente eso, ya que no es más que tu propio reflejo. Pero al ser como un sueño, esto solo se convierte en verdad si lo ves como tal. —Paul Levy

Paul tenía 42 años, era de Yonkers, Nueva York, tenía el pelo corto y canoso y una mezcla equilibrada de energía masculina y femenina. Era practicante de budismo tibetano desde hacía mucho tiempo y dirigía el Centro Padmasambhava de Portland, era un erudito junguiano y dirigía grupos de Despertar en el Sueño. Establecimos una fuerte conexión, y se ofreció a verme todos los "jueves" de forma gratuita, a lo que accedí. Al final de nuestra sesión inicial, Paul dijo intuitivamente: "Tengo que presentarte a la comunidad Maya galáctica de las 13 Lunas".

Mi mente relampagueó cuando dijo la palabra "Maya". La primera vez que había oído hablar de los Mayas fue cuando era niña y leía *El Misterio de los Mayas*, un libro de la serie "Elige tu propia aventura" de Raymond Montgomery. El libro trataba de la búsqueda de pistas sobre la desaparición de los Mayas. Los personajes ven una gran nave espacial sobrevolando las pirámides. Esto despertó mi imaginación.

El libro dice: "Estos centros arqueológicos Mayas son puntos de contacto con otros planetas. La Tierra se ve como un planeta líder. Otras civilizaciones quieren aprender de nosotros. Nos pidieron que viniéramos a un congreso galáctico sobre los derechos de la vida en el Universo".

Primer Encuentro/Corte Cristal

Después de nuestra reunión inicial, Paul me llevó a conocer a la comunidad de las 13 Lunas, que estaba celebrando una "Reunión Cristal" en el centro de Portland, una iniciativa de José y Lloydine Argüelles. El copal y la salvia llenaban el ambiente junto con el sonido de los didgeridoos y los tambores. Esta escena tribal se inspiró en la visión de José de crear una red de artistas que se convirtieran en una fuerza para el cambio creativo apolítico en el mundo, con el objetivo clave de volver a convertir la Tierra en una obra de arte. Esto se conoció como Planet Art Network—PAN, la Red de Arte Planetaria o RAP.

Nada más entrar, me "decodificaron" y me dieron mi "firma galáctica" según mi fecha de nacimiento. Sentí una oleada de energía recorriendo mi cuerpo al escuchar mi firma galáctica: *Serpiente Eléctrica Roja*. El rojo era el color de la iniciación. Eléctrico era el tono del Servicio, y su función era "activar". La Serpiente era la portadora de la nueva fuerza vital. La Luna era mi guía, que significa la purificación y el agua universal.

Me dijeron que hay 260 firmas de frecuencias, y que este era mi "pasaporte" a la *cuarta dimensión* de un nuevo tiempo. La primera vez que oí hablar de la cuarta dimensión fue en mi libro infantil favorito, *Una Arruga En El Tiempo*, de Madeline L'Engle. Me fascinaba su descripción de dimensiones, cubos y teseractos. El teseracto se explica como el "pliegue" del tiempo y el espacio, que permite conectar dos puntos a través de esta quinta dimensión en lugar de obligarte a viajar en línea recta. Así es como la gente viaja a planetas lejanos en *Un Pliegue en el Tiempo*.

Durante este tiempo, profundicé en mis sueños, a menudo lúcidos, y llevé diarios detallados para registrar las aventuras nocturnas. Anotaba mis sueños fielmente. Un sueño significativo y recurrente era el de un niño al que asociaba con el Rey Tut. Siempre me encantó este niño rey, que parecía estar dotado de encantos y magia de mundos extraordinarios llenos de luz. Su presencia era indescriptible. La secuencia del sueño era la siguiente:

> *Me abrí paso entre muchas entradas largas, tortuosas y estrechas que daban paso a almacenes de tesoros cada vez mayores —cada tesoro era como una pieza del rompecabezas que faltaba, aunque seguía concentrada en encontrar al niño. Finalmente, llegué a una amplia cavidad —una habitación brillante, meticulosamente adornada con tesoros relucientes. ¿Qué era este lugar? ¿Y por qué me resultaba tan familiar? Me invadió una alegría y una emoción indescriptibles. Todo parecía posible.*

> *Entonces le vi. Apareció como un niño sabio más allá de su aparente edad, brillante, puro y lleno de muchos encantos. Estaba solo, pero no aislado, aunque daba la sensación de que estaba esperando— esperando algo— y parecía que llevaba allí toda la eternidad.*

> *Siempre estaba solo jugando al mismo juego de pelota. El juego parecía similar al baloncesto, pero no lo era. Me invitó a jugar, y lanzamos muchas pelotas que se desplazaban siguiendo patrones poco comunes. A menudo, cuando lanzaba una pelota, esta quedaba suspendida en el aire y el niño rey sonreía y repetía estas palabras en cámara lenta: esto no esss lo queee pensaaamos que eeeess (sonrisa). Esto no es lo que pensamos que es.*

¡Sorprendentemente, en el 2015 me encontraba en el Museo Egipcio de El Cairo mirando cara a cara la máscara de oro del rey Tutankamón! En su tocado hay una cobra y un buitre, que significan la simultaneidad del ascenso (al espíritu) y el descenso (a la materia).

Otro sueño recurrente que tuve fue el de un hombre misterioso, un viajero del tiempo que más tarde reconocí como José Argüelles/Valum Votan. En el sueño, me lo encontraba primero en un desierto reseco y árido. Buscaba agua en la arena de color salmón, donde tropecé con un cristal exquisito. Lo cogí e inmediatamente fui transportada a un arroyo cristalino. Allí, al otro lado del arroyo, vi a un hombre misterioso con una energía resplandeciente a su alrededor. Estábamos bastante alejados, pero éramos conscientes de cada movimiento del otro.

Me llamó y me mostró un tipo de piedra rara, y supe que ya había estado con él así antes. Me encontré con él en la Cámara del Rey en Egipto y en otros lugares. Volví a verle caminando por una calle desierta de una gran ciudad, normalmente abarrotada, aunque extrañamente vacía, y me estaba enseñando a viajar en el tiempo. En otra ocasión, me encontré con él en una sencilla habitación amarilla. Acercaba su cabeza a la mía y estallabámos extáticamente en una "electrizante disolución". Estos encuentros oníricos formaban parte de mi preparación para entrar en mi destino.

Primer Encuentro

Llegué al Festival de la Tierra Entera en Davis, California, para escuchar a José Argüelles en el NS1.10.11.8: Kin 71 Mono Rítmico Azul (9/05/1998). José fue un profesor de historia del arte en la Universidad de California, en Davis y fue el creador del Festival de la Tierra Entera, que inició en 1970. Fue uno de los primeros encuentros modernos cuyo único objetivo era honrar a la Tierra como un entero, con cero residuos.

Paul me había invitado a acompañarlo al festival. Conocía la obra de José a través de un amigo común Mark Comings, un investigador científico independiente. Paul se sintió inspirado para honrar a José como tertón por su trabajo de descifrar la Profecía del Telektonon de Pacal Votan. Aunque aún no sabía con exactitud qué significaba todo esto, podía sentir la vibración en mi cuerpo. Paul y Mark me explicaron que, en la tradición tibetana, un tertón es alguien que descubre los terma, un tesoro escondido dejado por un encubridor en el pasado.

Fui de Portland a Davis con un animado grupo de Kin planetarios que seguían con entusiasmo el sincronario de 13 Lunas. Había una energía fresca y excitante, mientras me introducían en los conceptos básicos del sincronario de Trece Lunas/28 días.

Me enseñaron que la Luna tarda 28 días en orbitar la Tierra, y que lo hace 13 veces cada anillo/año. Se llama Sincronario de 13 Lunas porque está basado en el ciclo menstrual femenino de 28 días, que es también el ciclo lunar promedio. Trece Lunas perfectas de 28 días = 52 heptadas/semanas perfectas de 7 días = 364 días.

La fecha de sincronización, o nuevo anillo del sincronario de 13 Lunas, es el 26/07. Esto se corresponde con la salida heliaca de la gran estrella Sirio. Esto convierte al sincronario de 13 Lunas en una herramienta para armonizarnos con la galaxia. Había mucho conocimiento que asimilar, y lo absorbí con avidez.

Al llegar al festival me reuní con Paul y conocí a su amigo Mark y a Seamus Hiestand, un baterista de Los Ángeles. Seamus era Espejo Planetario Blanco, cuyo significado descubriría más tarde. Fue una sincronicidad apropiada que Seamus estuviera conmigo en mi encuentro inicial con José y Lloydine, y 21 anillos después él fuera uno de mis principales impulsores para escribir este libro.

Encuentro con el Destino

Cuando conocí a José, su presencia era impactante. Tenía 59 años, era alto y elegante, vestía una camisa negra de la "Conferencia de los Profetas" con un gran collar de turquesas y un pendiente de turquesa en la oreja izquierda. Llevaba el pelo plateado corto, porque acababa de cortárselo para visitar el Vaticano. De voz suave, tenía una presencia misteriosa y sobrenatural. Lloydine, de 55 años, tenía el pelo largo y rubio, y unas gafas enmarcaban sus ojos azules. Era extrovertida, guapa y habladora, con un aire maternal.

La primera vez que oí hablar a José, supe que tenía que escucharle con atención. Me concentré intensamente ya que las energías que me rodeaban eran ruidosas y caóticas en este festival al aire libre:

> *Al vivir en un tiempo artificial, la humanidad se está desviando de la Naturaleza. A menos que la humanidad adopte el sincronario de 13 Lunas de 28 días para cambiar su rumbo, acabará destruyéndose a sí misma y a la biosfera.*

Algo cambió en mí y supe que lo que estaba escuchando era más importante que cualquier otra cosa, aunque aún no podía comprender todo el significado y las implicaciones del poderoso discurso de José. Sentí la urgencia del mensaje y supe que tenía que aprender más. Continuó:

> *Todas las revoluciones han fracasado. Estamos sumidos en un materialismo incontrolable. La ciencia no ofrece soluciones prácticas. Las instituciones políticas carecen de fundamento. La población aumenta exponencialmente. Los cambios cotidianos en la atmósfera*

de la Tierra se afrontan con desconcierto y arrogancia. ¿Por qué? Porque todos los esfuerzos revolucionarios desde 1776 hasta el presente han funcionado con una frecuencia de tiempo equivocada: 12:60; el calendario de 12 meses, reloj de 60 minutos.

Sentí una resonancia inmediata con las palabras de José, o más bien con la energía que había detrás de las palabras. Rápidamente pasaron por mi mente recuerdos y un reconocimiento de mis sueños nocturnos. Era él quien se me había aparecido en sueños enseñándome a viajar en el tiempo.

ESTÁS VIVIENDO EN UN TIEMPO ARTIFICIAL.
QUIEN CONTROLA TU TIEMPO, CONTROLA TU MENTE.
CONTROLA TU PROPIO TIEMPO, Y CONOCE TU PROPIA MENTE.

Cuando José pronunció esas palabras, explotaron en mí como un rayo, despertando recuerdos olvidados e inundando mi cuerpo de electricidad. Siempre había sentido que había algo "raro" en este planeta, pero no podía articularlo. Hablaba mi lenguaje interno. Al oír sus palabras, mi mente se catapultó a mi yo de ocho años, sentada en la mesita de la sala de estar escribiendo con gran urgencia sobre mis visiones recurrentes de túneles subterráneos del tiempo.

El discurso de José tuvo implicaciones revolucionarias y me llevó a profundas reflexiones: *¿Qué es el tiempo? ¿Qué significa todo esto? ¿Cómo es posible que estemos viviendo en el tiempo equivocado? ¿Cómo podemos llegar al tiempo correcto?*

Entonces mi mente volvió al festival y escuché decir a José: "Mientras te esfuerzas por mantenerte al día y pagar tus cuentas, vas envejeciendo. ¿Qué deseas crear en tu vida? El primer paso es volverte receptivo y aprender de nuevo de qué va la vida. Un nuevo conocimiento crea nuevos pensamientos, y los nuevos pensamientos abren nuevas puertas."

Recordé: *Sí, somos viajeros del tiempo perdidos con amnesia. Todos estamos aquí para Recordar. Estamos aquí para volver al Tiempo Original.* Me enfoqué en esto con todo el poder de concentración que tenía. Me costó un gran esfuerzo de voluntad concentrarme en el significado de esto, recordar, despertar. Sabía que necesitaría mucha más disciplina.

En el viaje de vuelta a Portland, entregamos la furgoneta de alquiler y nos dimos cuenta de que el cuentakilómetros marcaba ¡1.320! El orden sincrónico se había activado en mi vida. No sabía que cinco anillos después estaría viviendo con José y Lloydine.

Capítulo 3

Domando la Mente

No sobrecargues tu mente con pensamientos inútiles. ¿De qué sirve pensar en el pasado o anticipar el futuro? Permanece en la simplicidad del momento presente.
—Dilgo Khyentse Rinpoche

Mi corazón estaba abierto, pero mi mente necesitaba disciplina. Me había acostumbrado a un estado de ansiedad y a menudo me sentía abrumada y apresurada. Aún no tenía la estructura interna adecuada para comprender el mundo de forma holística. Necesitaba aprender a calmar mi mente si quería llegar a comprender el propósito de mi vida.

Paul me introdujo en la meditación Dzogchen, que me ayudó mucho. El método básico consiste en relajar la mente hasta su estado natural, sin intentar modificar o perseguir los pensamientos. En términos cristianos, esto es similar a la práctica "Estad tranquilos y sabed que yo soy Dios". Tranquilizar la mente es más fácil decirlo que hacerlo.

También empecé a estudiar las enseñanzas de Padmasambhava, un yogui supremo y maestro de meditación, conocido por haber llevado el budismo de la India al Tíbet a finales del siglo VIII o principios del IX. Padmasambhava profetizó la llegada de la oscuridad a la raza humana, plagada de desastres, guerras, enfermedades y, sobre todo, de una menor inclinación a dedicarse a cualquier esfuerzo espiritual.

Según la tradición tibetana, Padmasambhava y su consorte principal, Yeshe Tsogyal, ocultaron tesoros "terma de la mente" en piedras, pilares de edificios antiguos, pirámides, paredes de acantilados, lagos e incluso en el aire. Su descubrimiento sólo es posible para el tertón previsto e incluso entonces sólo en determinados momentos del tiempo, que generalmente se revelan a través de la sincronicidad.

Padmasambhava decía: "¡No investigues la raíz de las cosas, investiga la raíz de la mente! Una vez que se ha encontrado la raíz de la mente, sabrás una cosa, y con ello todo queda liberado. Pero si no logras encontrar la raíz de la mente, lo sabrás todo, pero no entenderás nada".

Paul y yo nos mudamos juntos a una casa en Portland en el NS1.11.4.14: Kin 246 Enlazador de Mundos Cristal Blanco (31/10/1998). Cinco días después, José y Lloydine se trasladaron desde Tucson, Arizona, al cercano Monte Hood, Oregón. Fue una época de gran aprendizaje para mí, ya que trabajé diligentemente para ralentizar mi mente, prestar atención a mi respiración y observar más de cerca mis comportamientos habituales. Paul me presentó a sus maestros, dos lamas tibetanos, conocidos como los hermanos Khenpo, que me dieron mis primeras instrucciones de meditación.

Como portador del linaje Nyingma completo, el hermano mayor, Khenpo Palden, fue reconocido a una edad temprana como tulku y también fue considerado un maestro del Dzogchen, tradición más elevada de práctica meditativa en el budismo tibetano.

Tuve mi primer encuentro privado con los Khenpo en su habitación cuando visitaron Portland. El hermano mayor de los Khenpo estaba sentado en el borde de una cama, y el menor en una silla. Cuando me senté en una silla frente a los dos, sentí mucho amor y claridad, pero no tenía ni idea de lo que debía hacer o decir. Me quedé sentada un momento mirándolos.

"¿Sueñas por la noche?" le pregunté al Khenpo más joven. Respondió: "¿Y tú?" Entonces le dije que sí. A continuación, pregunté: "¿Qué sueñas por la noche?" y ellos respondieron: "¿Qué sueñas TÚ por la noche?" Mi última pregunta fue: "¿Cuál es su mensaje principal para la humanidad?" El Khenpo más joven respondió: "Sentir más amor".

Eso era todo lo que necesitaba, y no tuve que decir nada más. Ambos empezaron a hacer cantos de bendición y me dijeron que aprendiera y recitara la oración de siete líneas a Gurú Rinpoché (Padmasambhava). Les di las gracias y me fui.

Aproximadamente un anillo después, tomé refugio y mis votos de bodhisattva con los hermanos Khenpo, prometiendo esforzarme por liberar a todos los seres sintientes para siempre. Estos votos se basan en cultivar las cualidades conocidas como las seis paramitas [perfecciones] —generosidad, disciplina, paciencia, esfuerzo, meditación y conocimiento trascendental.

Poco después, otro lama se alojó en nuestra casa, el Lama Rinchen, y en mi ingenuidad, le pregunté cómo llegar a iluminarse. Sonrió y me dijo: "Sólo tienes que observar con mucha atención". Al día siguiente llegué a casa del trabajo, y el Lama Rinchen estaba sentado en medio del suelo del salón. Cuando entré, me dijo que me sentara. Luego me enseñó pacientemente la oración de siete líneas para aliviar el sufrimiento y para obtener protección, inspiración y empoderamiento. Se dice que la Oración de las Siete Líneas es la "resonancia natural de la realidad absoluta indestructible". Después de aprenderla, el Lama Rinchen dijo: "Ahora siempre tendrás una escolta". Queriendo decir, que no tendría por qué sentirme sola.

Introducción al Telektonon

Cada vez que José y Lloydine visitaban nuestra casa de Portland, sentía un cosquilleo en la nuca. Por lo general, nos traían una enseñanza o un folleto nuevo, y compartían sus últimos viajes con Paul y conmigo. Fue a partir de estas visitas que empecé a conocer la Ley del Tiempo.

En una ocasión, estábamos los cuatro tomando café en la mesa del comedor y hablando de meditación. Tanto José como Lloydine habían sido durante mucho tiempo alumnos de Chögyam Trungpa Rinpoché, el undécimo descendiente de la línea de tülkus Trungpa. Aprendí que el Dzogchen se originó en este planeta gracias a Garab Dorje, un maestro hindú del siglo VII. José compartió que Garab Dorje, así como el profeta Mahoma, fueron contemporáneos con el sabio maya Pacal Votan. Me pareció fascinante contemplar esto. También compartió que había 570 años desde el nacimiento de Buda hasta el de Cristo, y 570 años desde el nacimiento de Cristo hasta el de Mahoma.

En otra, José y Lloydine trajeron el kit del Telektonon: el Juego de la Profecía de Pacal Votan. Lo instalaron en mi habitación y me dieron las instrucciones de cómo utilizarlo como práctica diaria. En el NS1.6 (1993) José había descifrado la Profecía del Telektonon de Pacal Votan, que había cambiado su vida y la de Lloydine introduciéndoles en un viaje mítico. (La historia completa se narra en el libro *Tiempo, Sincronicidad y Cambio de Calendario*)

La temperatura y la presión de la sala aumentaron, y mi cara se sofocaba de calor mientras compartían sobre la profecía y la Torre de Babel. José explicó que el "Cubo de la Ley" (conocimiento perfecto) se dividió, separando la mente del espíritu, lo que creó confusión en la gente. De esta división nació el ego con su falsa autoridad simbolizada por Babilonia y la Torre de Babel.

Este planeta Babilonia manipula el miedo a la muerte para dar poder a unas pocas personas a través de las compañías de seguros (y farmacéuticas), a través de la guerra, y a través de las noticias diarias. Este programa basado en el miedo está respaldado por la clase sacerdotal de diferentes espiritualidades o religiones falsas. En otras palabras, la verdad de la realidad está revestida por una falsa narrativa mantenida por corporaciones, sistemas bancarios e instituciones más grandes, que están en su raíz incrustadas en una frecuencia de tiempo artificial desincronizada con las leyes de la Naturaleza.

José y Lloydine me regalaron un escrito original del Telektonon. Cuando lo leí, se me erizaron todos los pelos y sentí escalofríos en todo el cuerpo. Sentí la conexión con los recuerdos de mi infancia. Escribió:

Telektonon = Tele (comunicación a distancia), chtónico (Espíritus, deidades que habitan dentro o debajo de la Tierra). Por tanto, Telektonon es el tubo por el que habla el espíritu de la Tierra.

...Telektonon también se refiere a un tipo de texto codificado dejado por una inteligencia a otra inteligencia para ser encontrado en un tiempo distante posterior y momento apropiado...

Sueña el Sueño Más Elevado

En la primavera del NS1.11 (1999), en la Galería El Tiempo es Arte de Old Town Portland, durante un paseo, José apareció de repente frente a mí. Me miró a los ojos, me tocó ligeramente el hombro y susurró: "Sigue soñando el sueño más elevado". Y luego se marchó. Un rayo de energía recorrió mi cuerpo. Aquellas palabras fueron como una llamada de atención.

Comencé a incrementar mis estudios sobre el sincronario de 13 Lunas. Utilizaba tanto el sincronario de Eden Sky como el de Randy Bruner, ambos hacían que el conocimiento fuera más accesible. Eden comenzó a hacer el sincronario con 17 años y continúa haciéndolo con su familia hasta el día de hoy.

La cuenta de las 13 Lunas se utiliza desde hace más de 5.500 anillos. Desde los incas hasta los druidas, pasando por los egipcios, esenios, mayas, aztecas y polinesios. Mi meditación diaria con el sincronario de 13 Lunas y los códigos sincrónicos se profundizó. Empecé a llevar un diario para registrar las sincronicidades cotidianas. Me sorprendió la rapidez con que cambiaban mis percepciones. Pude ver el patrón de mi vida con mayor claridad. Estos patrones siempre están ahí, pero nuestra mentalidad condicionada suele filtrarlos e ignorarlos.

Paul y yo cuidamos la casa de José y Lloydine mientras viajaban a Picarquín, Chile, para dirigir un seminario de 49 días sobre la Ley del Tiempo (Seminario de Magos de la Tierra) en el NS1.12 (finales del 1999). Este sería un evento capital con 144 participantes de todo el mundo para sentar las bases del conocimiento de la Ley del Tiempo. José escribió que este evento era "el anteproyecto para toda la próxima etapa de la evolución humana, terrestre y solar-estelar".

Cuando regresaron de Chile, José y Lloydine me pidieron que editara la transcripción del seminario de los Magos de la Tierra, que se llamaría las *28 Meditaciones sobre la Ley del Tiempo*. Me tomé este trabajo muy en serio. En aquella época trabajaba a tiempo completo como reportera de un periódico y asistía a los grupos de sueños de Paul dos veces por semana. Me quedaba despierta hasta altas horas de la madrugada trabajando en este manuscrito, y me activaba tanto la información que me costaba conciliar el sueño. Tenía la extraña sensación de que este conocimiento era más un recuerdo que una información "nueva". Me sentí (y sigo sintiéndome) agradecida a aquellos pioneros que escucharon la llamada y dedicaron siete heptadas de su vida a algo tan nuevo.

Mi mente entró en un nuevo ritmo mientras me concentraba en comprender estas enseñanzas: El tiempo es nuestro mayor don. Todo el paradigma del tiempo es dinero se mantiene unido por el calendario gregoriano y el reloj mecánico, que crea la frecuencia artificial 12:60.

Artificial significa: Hecho o producido por el hombre, (frec. a imitación o en sustitución de algo natural)

Nuestra civilización actual es como un artificio simulado del mundo natural, ya que nos movemos en entornos artificiales con luces artificiales, vestimos tejidos artificiales y comemos alimentos modificados genéticamente. Volver al tiempo natural es volver a nuestra verdadera esencia. La desconexión con la Naturaleza da lugar a autómatas. Cuando los seres humanos están desconectados de la Naturaleza, son fácilmente influenciables, fácilmente activables por un estímulo externo. Entendí la Ley del Tiempo como un sistema para liberarse de una conciencia de masas que busca controlar. Me di cuenta de por qué a menudo había sentido un cerco alrededor de mi mente, que me dificultaba tener nuevas percepciones. Ahora tenía una forma de articularlo que tenía sentido.

José y Lloydine me invitaron al Seminario de los Magos de la Tierra, de siete días/una heptada de duración, en el Resort de la Montaña, de Monte Hood, en el NS1.12 (primavera del 2000) a cambio de mi ayuda en la edición. Acepté encantada. Allí conocí a un grupo muy diverso de personas que practicaban el orden sincrónico. La energía era eléctrica y viva, y se compartía mucha información. Sentí que había entrado en una realidad nueva y poco común. La heptada concluyó con una enérgica fiesta de baile. Fue aquí donde yo (y el resto de los asistentes) recibimos por primera vez la poderosa Meditación del Puente Arco Iris. Esta es la versión abreviada:

Meditación del Puente Arco Iris

Visualízate dentro del núcleo cristal octaedro de la Tierra (con dos lados rojos y dos blancos en la parte superior, y dos azules y dos amarillos en la parte inferior). En el centro de este núcleo hay un punto de luz blanca intensamente resplandeciente. Una columna etérica de luz que se extiende hacia el norte y el sur desde el centro resplandeciente hasta la parte superior del octaedro, llegando hasta los polos.

Ahora visualiza cómo desde el centro del cristal un gran rayo de luz multicolor, lleno de plasma, fluye a lo largo del eje hacia los dos polos de la Tierra, saliendo disparado desde ellos de forma bifurcada hasta convertirse en dos bandas de arco iris que se encuentran en el ecuador, separadas 180 grados. Mientras la Tierra gira sobre su eje, el puente arco iris permanece fijo y constante, sin moverse.

Ahora toma la visión completa de la Tierra con el puente arco iris a su alrededor y colócala en tu corazón. Imagina los dos flujos de luz arco iris recorriendo tu columna vertebral, saliendo disparados por encima de tu cabeza y por debajo de tus pies para crear un puente arco iris alrededor de tu cuerpo. Ahora tú y el puente arco iris sois uno. El puente arco iris de la paz mundial es real. Visualizado por un número suficiente de personas en una onda telepática de amor, el puente arco iris se hará realidad.

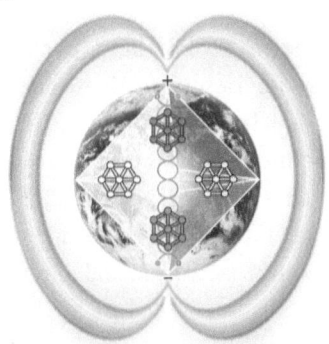

Capítulo 4

Visión de la Reina Roja

No pido ninguna corona, sino la que todos puedan ganar; ni intento conquistar ningún mundo, excepto el interior.
—Louisa May Alcott

Llegamos a Palenque, México, en medio de una enorme tormenta de truenos y relámpagos y empezó a llover a cántaros en el NS1.12.12.8: Kin 49 Luna Planetaria Roja (6/06/2000). Esa noche, nuestro grupo de 10 personas vio lo que parecía una flota de objetos orbitales no identificados en el cielo. Todo el mundo estaba asombrado: yo nunca había visto nada igual. Incluso ni los escépticos de nuestro grupo podían negarlo.

Miramos al cielo, y ¡oh sorpresa!, allí estaba la nave más grande del cielo; supusimos que era la Nave Nodriza, un enorme orbe brillante que parecía girar en extrañas posiciones como si quisiera comunicar algo. Un sonido que nunca había oído antes reverberó por todo mi cuerpo, y no podía decir si venía de dentro o de fuera. Fuera lo que fuese, era muy activador, y la vibración se sentía con fuerza.

Chris Coleman, colaboradora y amiga de José desde hacía mucho tiempo es quien había organizado el viaje. Sincrónicamente, Chris era Sol Galáctico Amarillo, la misma firma que Pacal Votan. José y Lloydine me llevaron a comprar ropa al centro de Portland, para preparar mi primer viaje a México. Me compraron unas sandalias resistentes y dos vestidos de verano, uno de los cuales me pondría la primera vez que visitara la tumba de Pacal Votan.

Nuestro grupo partió de Portland hacia México un día después del sexto aniversario del descubrimiento de la tumba de la Reina Roja, en el NS1.12.12.4: Kin 45 Serpiente Rítmica Roja (2/06/2000). La primera visita que hicimos fue al centro arqueológico de Palenque en el retorno solar 42.º de Chris, el NS1.12.12.9: Kin 50 Perro Espectral Blanco (7/06/2000). Ese día vimos el exterior del famoso Templo de las Inscripciones que contenía la tumba del Gran Pacal. Además, ese día crucial, conocí el Templo XIII, donde en el NS1.6 (1994), los arqueólogos encontraron un sarcófago con los restos de una misteriosa noble que yacía de espaldas cubierta de polvo rojo de cinabrio y otros objetos. El Templo XIII, la tumba de la Reina Roja se abrió 42 anillos después de la apertura de la tumba adyacente de Pacal Votan, en el NS1.16 (1952). El óxido de mercurio (cinabrio) era utilizado por los antiguos mayas como conservante en los enterramientos reales.

Su rostro, que no se había visto desde hacía 14 siglos, estaba cubierto por una máscara funeraria despedazada, hecha de malaquita, con una diadema de cuentas de jade adornando su cráneo. En su tumba no había ni una sola inscripción. Su identidad se desconocía. La única pista era que su tumba estaba junto a la del Gran Pacal, y que ambas tenían ricos enterramientos con sarcófagos monolíticos con tapa, máscaras y joyas.

La llamaron la Reina Roja.

La Visión

En el momento de esta experiencia, aún no había oído hablar de la tumba de la Reina Roja. Pero al entrar en la zona arqueológica, me sentí espontáneamente atraída hacia su tumba, donde tuve mi primera visión. Me tumbé en los escalones del Templo XIII y cerré los ojos. La experiencia OVNI todavía resonaba en mí, y tuve varias experiencias extraordinarias, difíciles de verbalizar. Me sumergí en lo más profundo de mi ser.

Parecía que descendía hasta las estructuras celulares de mi cuerpo a través de mi conducto vaginal. Al entrar plenamente en mí misma, llegué a una meseta de la que emanaba una luz misteriosa. Entonces empecé a ver destellos e imágenes que aparecían ante mí. Se me mostró una red subterránea que conecta todas las pirámides y lugares sagrados del planeta. Vi que todas estaban conectadas por líneas de fuerza electrónicas, algunas de las cuales estaban ahora inactivas, esperando a ser "encendidas". Cuando se encendieran, un nuevo "tablero de juego" se iluminaría sobre el planeta Tierra. Pero ¿cómo reconectar y encender esta red?

Cuando salí de esta experiencia, me sentí desorientada. Sentí cómo se despertaban en mí energías nuevas y antiguas. Sin embargo, aún no tenía la capacidad de expresarlo o articularlo. Sabía que tenía que poner en orden mi vida y formarme para entender mejor lo que estaba experimentando. Tenía la sensación de que algo se había depositado en mí, o tal vez recordaba lo que siempre había estado dentro.

Más tarde me impactó la imagen de la máscara fragmentada de malaquita de la Reina Roja. La máscara femenina estaba hecha añicos y la masculina (de jade, de Pacal) estaba intacta. Esto también se relacionaba con mi sueño recurrente de la infancia, de la muñeca de porcelana sentada en lo alto de una estantería que se caía y se hacía añicos en cámara lenta. Más tarde llegué a la conclusión de que este sueño simbolizaba la destrucción de Maldek, el prototipo del planeta destruido (en nuestro sistema solar). Poco a poco, y luego rápidamente, todas estas percepciones fragmentadas empezaron a cohesionarse.

En el momento de estas experiencias, me sentí abrumada por la nueva información. Aunque había muchos niveles en este vasto sistema de conocimiento, la esencia del mensaje era simple: *Al vivir en un tiempo artificial, la humanidad se desvía de la Naturaleza. Cuando los seres humanos se desvían del orden natural, se producen extrañas mutaciones y catástrofes naturales y, en algunos casos, incluso los planetas pueden llegar a explotar. A menos que la humanidad vuelva a vivir en los ciclos de la Naturaleza, acabará destruyéndose a sí misma y a la biosfera.*

Tumba de Pacal Votan

> *Vosotros, hijos del amanecer y vosotros, gente del libro, unificaros en la única forma que podéis: en el tiempo, a través del tiempo, como tiempo.*
> —*Profecía del Telektonon de Pacal Votan, 4:23*

Nuestro grupo entró a la tumba de Pacal Votan en el 48.º aniversario de su apertura en el -NS1.16.12.17 (15/06/1952). Este día en el sincronario era NS1.12.12.17: Kin 58 Espejo Rítmico Blanco (15/6/2000), la firma de la muerte de Pacal en la cuenta larga. Reflexioné que el misterio de esta tumba y la lápida de su sarcófago es lo que había llevado a José a descifrar una profecía en forma de terma. En la tradición tibetana, los terma solían esconderse bajo las rocas o en cavernas y a menudo estaban escritos con una escritura simbólica. Después de visitar la tumba, escribí espontáneamente un poema que describe el sentimiento de la experiencia. El poema reconoce la firma galáctica de cada persona de nuestro grupo. Nuestra firma combinada era Kin 260 Sol Cósmico Amarillo, de ahí el poema.

En el Uno
Como Sol Cósmico
Los Soñadores serpentean
A través de la Mente Única
Los Seres del Trueno danzan
Bajando las escaleras de la sabiduría —a paso lento
Yendo cautelosos a través de sus ojos en alerta
El Jaguar brama, en gritos eternos
El Sol emite sus rayos más tenues
Mientras la Mano muestra su mirada sabia
Tres serpientes infunden su nueva fuerza vital
Mientras las Estrellas expresan sus sueños por dos
El Águila trae el toque de su visión
Mientras el Guerrero marcha sin temor
"Libre voluntad para todos", clama el Humano
Mientras la Tormenta libera y cataliza
La energía durante el viaje descendente
Así las memorias giran en espiral por la corona del holón
Y sobre la bóveda se lanza una flor
Revelando la verdad a través de la piedra parlante
Y en el silencio, alborean tres palabras:
¡BIENVENIDOS AL TEL-EK-TON-ON!

Todavía no tenía el contexto apropiado para comprender toda la información en su conjunto. Aún no había salido de mis condicionamientos heredados, aunque estaba abierta y no me costaba aceptar nuevas ideas. Poco después de regresar a mi casa en Portland, mi vida cambió rápidamente. Dejé mi trabajo y mi relación con Paul se convirtió en lo que sería una amistad para toda la vida. Empecé a estudiar en serio la Ley del Tiempo, en particular la profecía del Telektonon.

Según la Profecía del Telektonon de Pacal Votan, la memoria de nuestros orígenes estelares ha sido virtualmente olvidada o distorsionada con varios programas de miedo. Estos programas de miedo se basan en una autopercepción arraigada en una frecuencia de tiempo artificial (12:60), sostenida por el calendario gregoriano de 12 meses y un reloj de 60 minutos. Estos dos instrumentos mantienen los patrones de pensamientos condicionados y refuerzan conceptos como impuestos, democracia, autocracia, guerra, dinero, seguros y vacaciones.

Esta profecía formaba parte de una liberación del tiempo que comenzó en el NS1.1 (1989) con el descubrimiento de la Ley del Tiempo. Este descubrimiento hacía la distinción entre dos frecuencias del tiempo: el tiempo artificial **12:60** y el tiempo natural **13:20**.

La tumba de Pacal Votan fue descubierta en -NS1.16 (1952) anillo Mago Espectral Blanco exactamente 1.260 anillos desde su dedicación en el año 692 d.C. Y desde su dedicación en 692 hasta el NS1.25 (2012) son exactamente **1.320** anillos.

Algunos anillos después de la experiencia inicial en la tumba de la Reina Roja, tuve un sueño que lo sentí directamente relacionado. En el sueño vi la misma estructura de red subterránea que había visto en mi visión. Mis maestros tibetanos me mostraban los circuitos de la mente humana actual. Todo aparecía en una especie de infrarrojos con cables conectados.

Observé que algunas zonas parecían como nudos que emitían enormes cantidades de calor. Los tibetanos me informaron de que se trataba de "minas terrestres en la red de la conciencia humana", los lugares donde se habían acumulado bolsas de energía inconsciente con una presión en aumento que podían explotar en cualquier momento.

Me explicaron que las explosiones se producen a través de determinados desencadenantes vibratorios. Las vibraciones se activan con palabras específicas que se colocan en las "minas terrestres".

Descubrí que mis sueños se volvían más lúcidos cuando ponía los símbolos de los códigos sincrónicos bajo mi almohada para dormir. Observé que José/Votan aparecía con más frecuencia en mis sueños, enseñándome en diversos lugares, bosques, aulas, pirámides, cuevas, monasterios tibetanos, así como en naves espaciales y en otros planetas. Cuanta más atención prestaba a estos sueños y los registraba, más me parecía que mis sueños nocturnos se fundían con mi vida despierta— hasta que ambas se fusionaron en el NS1.14 (2002) cuando me fui a vivir con José y Lloydine y me convertí en su aprendiz.

**SOMOS MAYA, SOMOS LOS MAESTROS DE LA ILUSIÓN
SURGIMOS DE NUESTRA PROPIA ILUSIÓN PORQUE SOMOS LOS MAESTROS PRIMIGENIOS
DEL TIEMPO Y LA ILUSIÓN, SOMOS LOS INTRÉPIDOS QUE ASUMIMOS ENCARNACIÓN
TRAS ENCARNACIÓN ASENTAR Y DOMAR TODOS LOS PLANETAS…
CONOCIENDO LOS SECRETOS DE LO PROPIO Y LO IMPROPIO
NOS OFRECIMOS EN SACRIFICIO A LA ILUSIÓN DE LA INMORTALIDAD**

Capítulo 5

Entrando en la GM108X

Mi alma es de otra parte, estoy seguro de eso, y tengo la intención de acabar allí. —Rumi

El recuerdo de la destrucción de Maldek me condujo al sendero de mi destino. 24 días antes de asumir mi papel de aprendiz, tuve un elaborado sueño el NS1.14.6.19: Kin 102 Viento Espectral Blanco (31/12/2001):

Estoy en Maldek. Soy muy joven.

Mucha gente estalla en un estado de agitación como en una fiesta salvaje y caótica.

Abarrotada y ruidosa.

Varios sueños se funden en uno ahora, pero todos tienen la misma energía.

Como todos los barrios de luces rojas de todos los sistemas de mundos tratando de beber para olvidar la inminente destrucción.

Se acumula una presión increíble.

Voces. Movimiento. Pánico.

Entonces... ¡despego!

Y atravieso el espacio a toda velocidad. Percibo la presencia de un hombre a mi lado, aunque no veo a nadie.

Viajando a través de las estrellas, me desdoblo sobre mí misma —dando volteretas en el espacio— una y otra vez. Estoy desnuda. Me miro la mano en un intento de despertarme. Pero no estoy soñando. Veo un anillo de plata en mi dedo. Lo miro con atención. Tiene una inscripción:

Serpiente Eléctrica Roja.

Más tarde estoy en una gran ciudad con edificios altos, una escena similar con muchas explosiones. Corro, corro, tratando de advertir a la gente que salga de los edificios.

¡SALID DE LOS EDIFICIOS! ¡¡YA!!

Algunos me escuchan. Otros no. Las celebraciones navideñas están por todas partes en los grandes rascacielos. Estoy caminando sola por un campo a las afueras de la ciudad, en una zona sin urbanizar entre edificios, cuando veo lo que parecen pequeñas bombas explotando en el horizonte. Todas parecen estar conectadas por una espoleta con temporizador. Entonces veo un incendio y un enorme edificio explotar en llamas.

Entonces recuerdo que se supone que debo recoger a alguien en uno de los edificios. Me detiene un policía. Me pregunta si soy responsable de lo que está pasando. Le digo que no. El responde: "Por supuesto que no". Me dedica una sonrisa tranquilizadora y me siento segura. Me mantiene cerca mientras nos abrimos paso entre bares y calles caóticas. Parece un baile de máscaras en el fin del mundo. Un último brindis. La gente está desorientada y confundida, sigue comiendo y bebiendo e ignora las explosiones.

Me desperté con la sensación de que aquello no era un sueño, sino un recuerdo. Y había mucho más que recordar.

Brightwood

El NS1.14.7.15: Kin 126 Enlazador de Mundos Solar Blanco (24/01/2002), una oscura y nevada tarde de invierno en lo más profundo de los bosques del majestuoso Monte Hood, me convertí en aprendiz de Valum Votan. A partir de ahora, me referiré a José como "Votan", ya que es el único nombre por el que le conocí realmente.

Tres heptadas antes, Votan y Lloydine me habían pedido que me quedara con ellos durante siete días, más tarde sabría que era una prueba para ver si era compatible para convivir con ellos. La compenetración fue muy buena y se hizo mucho trabajo en poco tiempo.

En ese ínterin, había celebrado mi 29.° retorno solar con ellos en el NS1.14.6.27: Kin 110 Perro Rítmico Blanco (8/01/2002) (retorno de Saturno). Cuando me desperté, había una túnica azul y morada con una tarjeta colocada amorosamente en mi puerta, con notas escritas a mano por ambos. Me llevaron a desayunar al café Flying Frog, y por la noche prepararon una comida especial de arroz y verduras y trajeron una botella de vino tinto para un brindis ceremonial. Después de cenar, nos sentamos alrededor de la estufa de leña y comimos pastel de calabaza y té de menta mientras me contaban sus viajes y me enseñaban álbumes de fotos de su familia y sus viajes.

Cuatro días más tarde, el experimento inicial de siete días de trabajo había concluido. Regresé a Sandpoint, Idaho, donde había estado viviendo y trabajando con Deborah y Brian Haight, que eran miembros del Consejo de la Fundación para la Ley del Tiempo.

Pocos días después de regresar, recibí una llamada urgente de Lloydine. Me dijo que ella y Votan querían que me fuera a vivir con ellos inmediatamente. Me sorprendió, pero también me entusiasmó. Le pedí que me diera unas heptadas para cerrar la relación con Deborah y Brian y sus cuatro hijos, a los que había llegado a conocer muy bien. Lloydine insistió en que fuera antes y, esa misma noche, me envió un correo electrónico que decía: "¿No quieres estar aquí para el cumpleaños/retorno solar de Votan?"

Faltaba menos de una heptada para el 63.º cumpleaños de Votan. No podía negarme. Al día siguiente notifiqué a la familia Haight que me mudaba en unos días. Fue todo muy precipitado. Nos entristeció despedirnos tan repentinamente, pero yo sabía que mi destino me llamaba, aunque no tenía ni idea la forma que tomaría.

Unos días más tarde, empaqueté todas mis pertenencias en mi camioneta Nissan roja y emprendí el viaje de 10 horas desde Sandpoint, Idaho, hasta Brightwood, Oregón. Más o menos a mitad de camino, me sorprendió una tormenta de nieve y patiné por toda la carretera. Pasé la noche en Spokane, Washington. Llegué a mi nuevo hogar en el NS1.14.7.11: Kin 122 Viento Entonado Blanco (20/01/2002), sin tener idea de lo que me esperaba.

Al girar hacia el largo camino de tierra que conducía a su cabaña, me sentí inmersa en portales arremolinados de nieblas etéreas que parecían crecer a medida que me acercaba a su lugar en lo profundo del bosque. La cabaña estaba situada en un pequeño pueblo llamado Brightwood, una de las comunidades de la autopista 26 que conforman los pueblos del Monte Hood. El Monte Hood, llamado Wy'east por la tribu de los Multnomah, es la montaña más alta de Oregón, con una cima de 3.429 metros. Es un volcán inactivo cubierto de glaciares y nieve permanente, y también con una infinidad de cascadas y flores silvestres.

Mi corazón latía rápidamente cuando llamé a la puerta a última hora de la tarde. Votan y Lloydine me saludaron calurosamente mientras me calentaba junto a su estufa de leña. La mesa estaba puesta y comimos salmón al horno, arroz integral, verduras y ensalada. Hablaron animadamente de lo que les había inspirado a llamarme para vivir con ellos. Yo estaba emocionada, pero agotada.

Al día siguiente me desperté y todo me parecía un sueño. Votan y Lloydine me dijeron que pasara el día relajada, decorando mi habitación y ordenando mis pertenencias. Este día era Kin 123 Noche Rítmica Azul: *Yo organizo con el fin de soñar, equilibrando la intuición*. Esta pequeña habitación tenía una alfombra roja, dos grandes ventanas, una cama futón y un escritorio, y como el resto de la casa tenía un cálido olor a hoguera con un toque de mosto.

"Bienvenida a tu destino", me saludó alegremente Lloydine en mi habitación con el café de la mañana mientras deshacía la maleta. Esa misma tarde, los dos vinieron a mi habitación e hicieron una ceremonia formal de bienvenida. No tenía ni idea de qué esperar, pero estaba abierta a la aventura. Tenía la sensación de que sabían mucho más que yo, y confié en ambos incondicionalmente.

Una Nueva Vida

Los días siguientes escuché mientras Votan y Lloydine me explicaban que sabían desde hacía tiempo que necesitaban un aprendiz al que transmitir sus conocimientos. Lloydine dejó claro que ese no era su papel y que se necesitaba a alguien de la siguiente generación. Ambos compartieron conmigo gran parte de su recorrido. Durante el primer anillo me dediqué sobre todo a escuchar y no hablé mucho. Hacía muchas preguntas.

Me compartieron que, durante más de una década, desde del NS1.4: Kin 194 Mago Cristal Blanco (1991) habían sido embajadores galácticos de la paz, llevando el mensaje de paz a través del tiempo a personas de todo el mundo, sin ningún medio visible de apoyo. Esto requirió un gran sacrificio por parte de ambos. Su misión era despertar a la humanidad a los Grandes Ciclos Cósmicos de la Naturaleza. Habían iniciado el Movimiento Mundial de Paz de Cambio al Sincronario de 13 Lunas, una organización planetaria comprometida con la sustitución del estándar irregular del calendario gregoriano por el estándar regular del sincronario de 13 Lunas/28 días. Pero a nivel personal, eran pocos en los que confiaban.

También me explicaron que había que establecer un linaje para la transmisión Maya Galáctica, y determinaron que tenía que volver a ser matrilineal. Este era el propósito por el que se nos había convocado a los tres en ese momento. Votan me compartió que el conocimiento que se iba a transmitir se llamaba GM108X: Transmisiones de la Mente Maya Galáctica.

Explicó que los Maya Galácticos eran originarios de un pueblo de más allá de nuestro sistema solar y dimensión del plano físico y que llegaron a nuestro planeta hace unos 2.500 anillos. Su propósito era crear una civilización modelo basada en el tiempo galáctico en una parte remota del mundo, lejos de la influencia babilónica del Viejo Mundo. Esta civilización fue el medio para dejar pistas e información sobre una concepción precisa del tiempo, así como profecías.

Lloydine explicó que, aunque toda la historia es esencialmente la perpetuación de linajes, jerarquías y patriarcados masculinos, la GM108X pretendía simbólicamente devolver el patrón a sus orígenes femeninos. Muchas tribus nativas americanas eran matrilineales. Las mujeres participaban en el proceso de toma de decisiones por el bien de la tribu. Pasé muchas horas contemplando el significado de esto.

Códigos del Tiempo

Durante los cinco anillos previos al aprendizaje, me había sumergido en los estudios de la Ley del Tiempo y los códigos del Encantamiento del Sueño. El sincronario de 13 Lunas se basa en los códigos del Encantamiento del Sueño, la estructura matemática integradora del tiempo de dimensiones superiores. Toda la premisa del Encantamiento del Sueño es que los humanos son viajeros perdidos en el tiempo que sufrieron amnesia y olvidaron su verdadera identidad. Estas herramientas establecen un sistema de guía matemático que simboliza el poder personal y la autonomía de cada ser humano. Cuanto más me aplicaba, más sentía que mi conciencia se ampliaba y profundizaba.

Votan me explicó que el sabotaje del tiempo forma parte de la saga galáctica conocida como las *guerras del tiempo*. La guerra del tiempo en la Tierra se debe a un rayo de baja frecuencia (12:60) que fue dirigido a nuestro planeta para inseminar nuestro campo mental electromagnético con el tiempo artificial. Este rayo del tiempo de baja frecuencia golpeó la ionosfera de la Tierra, liberando una lluvia de proyecciones graduales de liberación del tiempo destinadas a relegarnos a la creencia de que la tercera dimensión es la única dimensión de la realidad. A este rayo se le atribuye nuestra amnesia espiritual colectiva en cuanto al olvido de nuestra verdadera identidad.

Las guerras del tiempo son todas las conspiraciones para impedir que las personas sean dueñas de su propio tiempo y, por lo tanto, conozcan su propia mente. Votan vio que la conspiración de la guerra del tiempo llegaba a todos los niveles de la sociedad en todo el planeta, siendo su principal herramienta cotidiana de control, el calendario gregoriano. Este "virus del tiempo" se ha infiltrado en la religión, el gobierno, la ciencia y prácticamente todas las instituciones. Su razonamiento es que, si el tiempo es la clave fundamental de cualquier nuevo comienzo, el sincronario es una forma práctica de comenzar un nuevo tiempo.

Todo lo que estaba aprendiendo sobre la Ley del Tiempo no hacía sino confirmar mi torrente de recuerdos y mi temprana obsesión por los viajes en el tiempo y los túneles, ciudades subterráneas y otras realidades. Las palabras de Votan activaron imágenes en mi pantalla mental: Los niños. El Puente. La inquietante melodía que resonaría en mis sueños: Este es el puente de todos los tiempos... Los ángeles alrededor de mi cama; Gigantes, dinosaurios y mi amigo "imaginario", John King. La mano misteriosa que aparecía durante la siesta.

Mi mundo interior y exterior empezaban a cohesionarse. Sentí que había entrado en la página de un mítico libro de cuentos.

Para siempre en un bosque del tiempo desconocido,
Votan, la Reina Roja y la Reina del Trono.

En este libro mítico, Lloydine, alias Bolon Ik, era Viento Solar Blanco. Desempeñaba el papel de patrona, fundadora o Madre de la Dinastía. Bolon Ik significa Viento 9 en maya. En Palenque, hay numerosas inscripciones de Viento 9 que parecen estar asociadas con la Madre de la Dinastía.

José Argüelles, alias Valum Votan, era Mono Espectral Azul. Era el portador del linaje profético de los Maya Galácticos. Representa el corazón del pueblo. Stephanie South, alias Reina Roja, era Serpiente

Eléctrica Roja. Era la receptora y renovadora del conocimiento. Representando el corazón del pueblo realizado.

Los tres sumamos la firma galáctica Kin 218 Espejo Planetario Blanco, la firma de la apertura de la tumba de Pacal Votan en el -NS1.16.12.17 anillo del Mago Espectral Blanco (15/06/1952).

Había mucho que asimilar, tanto a nivel personal como a niveles más cósmicos. Les conté que, cuando se conocieron en 1981 yo tenía ocho años y me recordaba a mí misma como John Mathews, un avezado viajero del tiempo, que exploraba túneles del tiempo, buscando el momento adecuado. Les presenté mi "libro" Perdidos en el Tiempo, de 13 páginas.

Votan señaló las codificaciones del libro. Por ejemplo, daba el año 4029 como el momento de la extinción humana. Sincrónicamente, mi aprendizaje comenzó con 29 años y concluiría a los 40. Había muchas más sincronicidades en el pequeño libro.

Votan cogió el librito y lo marcó. Me lo devolvió en la mañana siguiente con las siguientes palabras escritas en rojo en el anverso:

> *… Ya no estás perdida en el tiempo*
> *Sino que has regresado para restaurar*
> *La sabiduría popular de los túneles del tiempo*
> *Donde nos vimos por última vez*
> *Entre dos tumbas*
> *Un misterio que nunca olvidaremos:*
> *El túnel del tiempo*
> *Que es la medida de la muerte...*
> *Victoria de la Reina Roja, el planeta entero es bendecido.*

Pueblo de OMA

La mañana del 63.º retorno solar de Votan, se despertó con un poderoso sueño sobre el "Retorno del Pueblo de OMA", a quienes vio cruzando el Puente del Tiempo entre las altas hierbas mecidas por un viento suave que brillaba bajo la luz del Sol. Iban acompañados de perros y caballos que se movían pensativa y confiadamente hacia este mundo, purificado de toda su historia anterior. Votan escribió:

> *OMA es principio, fin y más allá, por lo tanto, no pienses que este modelo de Visión y acción llamado Retorno del Pueblo de OMA*

será algo conciso ni siquiera familiar, sino más bien como una saga y un método de acción que emana de una estrella lejana, pero no tan alejada de donde estás. De no ser por una presencia distante conocida como Bolon Ik no sabríamos nada ni de OMA ni de la Reina Roja...

...Quien se uniera a mí se uniría a los códigos cristal del Memnosis primigenio, reunidos por las dos reinas designadas en el tiempo anterior a la manifestación. Pues a partir de estos códigos, un par coincidente difiere solo en que la una inicia y la otra completa, todo lo que puede ser conocido, cantado, representado y hecho...

El Sexo es el Inicio del Conocimiento

El día del sueño de OMA fue un día que marcó mi destino. No tenía idea de que ese día en concreto se convertiría en el factor determinante de la misión de mi vida, ni de que más tarde sería la causa de tantos malentendidos.

La mañana transcurrió con normalidad, Deb y Brian estaban en la ciudad para asistir a una reunión del consejo de la Fundación para la Ley del Tiempo. Llevé a Votan tres regalos: incienso y mirra, una camisa azul de manga larga y el CD *La Máscara y el Espejo* de Loreena McKennitt.

Aquella noche, Votan y Lloydine estaban sentados en el sofá y yo en el suelo, frente a la acogedora estufa de leña. Después de hablar de sus primeras relaciones, Lloydine empezó a hablar de la tradición tibetana, en la que el tertón (revelador de tesoros) siempre trabaja con una consorte que proporciona la inspiración y encarna las plantillas reales de los códigos. En el budismo tibetano, se considera que los tertón son encarnaciones de los 25 discípulos principales de Padmasambhava. La premisa básica es que el conocimiento está encerrado en el cuerpo y puede liberarse a través de la sexualidad consciente. Al menos así lo interpreté yo en su momento.

Este fue el contexto en el que comenzó una relación sexual entre Votan y yo, promovida por Lloydine, la noche de su 63º retorno solar: Enlazador de Mundos Solar Blanco, guiado por Viento Solar Blanco (Lloydine). Yo los había visto más como Madre-Padre galácticos hasta ese momento, así que esto fue inesperado hasta el momento en que sucedió, pero confié en ambos implícitamente. Toda la velada se sintió como un eco coreografiado en otro tiempo, en otro mundo, como si una plantilla de conocimientos olvidados volviera a despertarse. En ese momento, todo se aceleró rápidamente y yo no tenía ningún marco de referencia para comprenderlo todo.

A la mañana siguiente, durante el desayuno, ambos me aseguraron que todo estaba bien, y que todo se compartía abierta y conscientemente. El aprendizaje iba a durar hasta que cumpliera los 40, y luego me liberarían para emprender un nuevo camino, y ellos continuarían el suyo. Hicieron todo lo posible para que me sintiera bienvenida. En aquel momento me sentía segura, pero mi principal interés eran las enseñanzas y el conocimiento. En aquel momento, sólo estaba en el presente, sin pensar a largo plazo en nada ni en lo que pudiera ocurrir.

Poco después de este encuentro inicial, Votan y Lloydine se fueron a México durante seis heptadas, dejándome sola para reflexionar, trabajar y estudiar. Estaba experimentando una reorientación sistemática de mi mundo interior y exterior, y no tenía ni idea de lo que iba a ocurrir a continuación. Me enviaban mensajes por fax todos los días para ponerme al día de su viaje y asegurarme que estaba en el lugar correcto. En uno de los faxes escribieron:

La iniciación de la Reina Roja es la inscripción de lo no inscrito y el despertar a los poderes heridos en las capas kármicas alrededor del cuerpo esencial del alma del iniciado transmigratorio. El proceso iniciático está en consonancia con un patrón sincrónico del destino que emerge en momentos de mayor conciencia y claridad autorreflexiva.

Votan me había pedido que editara su primer borrador de *El Tiempo y la Tecnosfera: La Ley del Tiempo en los Asuntos Humanos*. Me sumergí en ese libro y sentí una sensación de optimismo al absorber la tremenda energía que vibraba bajo las palabras. El libro ofrece pruebas de que la Tierra ha llegado a estar dominada por la "tecnosfera", una envoltura de mecanización inhumana que prácticamente tiene mente propia y que nos lleva a toda velocidad hacia un futuro cataclísmico. También ofrece un antídoto: el retorno al tiempo natural de toda la especie.

Hasta que no hagas consciente lo inconsciente,
El inconsciente dirigirá tu vida y lo llamarás destino.

—C.G. Jung

WE ARE MAYA
WE ARE THE NAVIGATORS OF TIME
WE ARE THE ONES WHO, IN OUR MEDITATION, PRECEDED ALL THE OTHERS FROM THE MATRIX TO THE OUTPOSTS OF THE GALAXY'S FOUR QUADRANTS.
WE ARE THE ARCHITECT MOTHERS OF ALL SYSTEMS OF KNOWING AND TRANSCENDING TIME, THOSE WHO DO NOT KNOW US OR WHO, KNOWING ABOUT US DENY OUR POWER, CONSIGN THEMSELVES TO DARKNESS.

SOMOS MAYA, SOMOS LOS NAVEGANTES DEL TIEMPO SOMOS LOS QUE, EN NUESTRA MEDITACIÓN, PRECEDEMOS A TODOS LOS DEMÁS DESDE LA MATRIZ HASTA NUESTROS PUESTOS EN LOS CUATRO CUADRANTES DE LA GALAXIA...

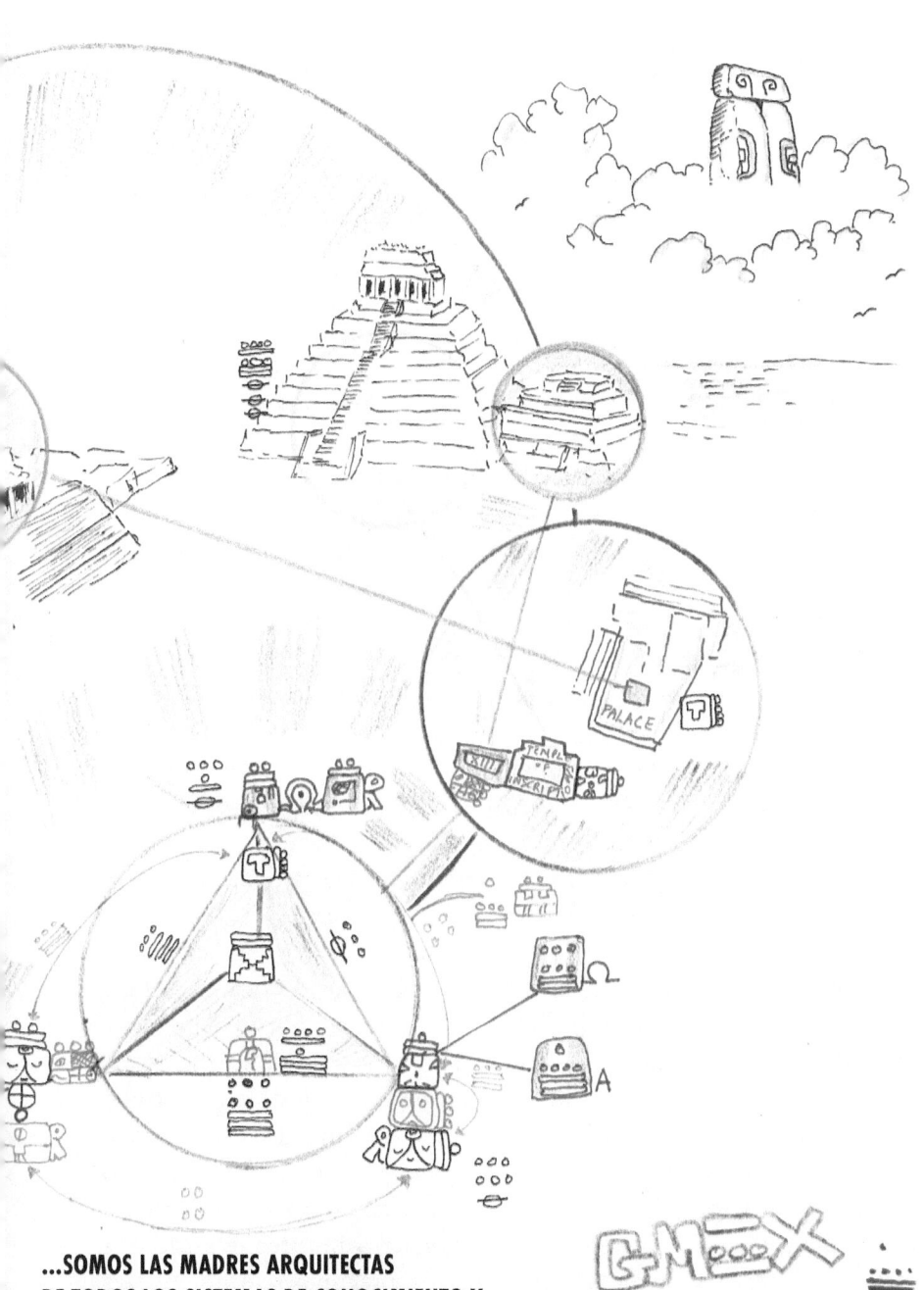

...SOMOS LAS MADRES ARQUITECTAS
DE TODOS LOS SISTEMAS DE CONOCIMIENTO Y
TRASCENDENCIA DEL TIEMPO, AQUELLOS QUE NO NOS CONOCEN,
O QUE CONOCIÉNDONOS NIEGAN NUESTRO PODER, SE RELEGAN
A ELLOS MISMOS A LA OSCURIDAD

Capítulo 6

Historia Cósmica

No debes dejar que tu vida transcurra de manera ordinaria; haz algo que nadie más haya hecho, algo que deslumbre al mundo. Demuestra que el principio creador de Dios obra en ti.
—Paramahansa Yogananda

A los pocos días después de regresar de México, Votan compartió que el gran sabio Maya, Pacal, era un vidente de las historias de las estrellas lejanas y de la sabiduría del amanecer venidero. También dijo que Pacal era el "guardián de la Historia Cósmica". Esto despertó mi interés y le pregunté qué quería decir con "Historia Cósmica". Dijo que me lo contaría más tarde.

Unos días más tarde, durante el desayuno, Votan volvió a mencionar que Pacal era el "conocedor de la Historia Cósmica". Volví a preguntarle qué significaba eso. Respondió que "a través de un método de telepatía y teletransportación, Pacal era capaz de extender su mente a diferentes personas y acontecimientos a través del tiempo".

Llamaba a Pacal, "el testigo especial del tiempo", y explicó que no es una personalidad, sino más bien una inteligencia galáctica que vino a mostrar que todos los maestros, enseñanzas, y conocimiento del pasado, presente y futuro son una única matriz de pensamiento unificada.

Esto despertó mi imaginación, y empecé a contemplar cómo sería viajar en el tiempo hasta los más grandes maestros del mundo y ver la realidad a través de sus ojos y mantener conversaciones con ellos sobre nuestros orígenes cósmicos y en qué punto se encuentra la Tierra ahora. Pero Votan seguía sin responder a mi pregunta sobre la Historia Cósmica, y al día siguiente volví a preguntárselo por tercera vez. Este fue el detonante que abrió un vasto proceso de transmisión de conocimientos. Pedid y se os dará.

Este día estaba sentada junto a la estufa a leña en nuestra casa de Mount Hood y Votan estaba sentado en el sofá mientras Lloydine salía a

Historia Cósmica 53

hacer recados. Mientras estábamos sentados en silencio, Votan empezó a experimentar vértigos y se tumbó en el sofá. Me dijo que estaba teniendo una experiencia "óptica", en la que su campo de visión era sustituido por coloridas formas geométricas. Estaba acostumbrado a este tipo de experiencias y me dijo que esa era la manera en la que se le transmitía la información.

Sentí un hormigueo de energía en la nuca, y una calidez inundó mi cuerpo cuando empezó a contar lo que veía. Dijo que estaba viendo una vida paralela a través de un grueso espejo interplanetario. Contó su experiencia de cómo se vivía la vida, simultáneamente, en este planeta y en otro. Entonces, vio que las escenas cambiaban y, de repente, la civilización de Maldek (ahora el Cinturón de Asteroides) apareció ante él, antes de su destrucción.

Narró que estaba viendo una forma de humanoides que se movían a través de constructos similares a bloques de ciudades actuales. Realizaban actividades que parecían idénticas a las del mundo de la Tierra actual. Sin embargo, algo más estaba sucediendo. Los seres parecían al mismo tiempo frenéticos, extasiados y ajenos a la catástrofe que estaba a punto de ocurrir. Mientras narraba, sentí un hormigueo en la piel, ya que este recuerdo coincidía exactamente con mis propios sueños.

Cuando la intensidad se calmó, Votan habló de una situación similar que estaba produciéndose en el Planeta Tierra. Explicó que nuestra labor es ayudar a despertar a la humanidad para evitar que se repitan las desastrosas catástrofes de Maldek y Marte. Debido a esta repetición potencial fuimos convocados juntos para recibir el conocimiento de lo que más tarde llamaríamos "Historia Cósmica".

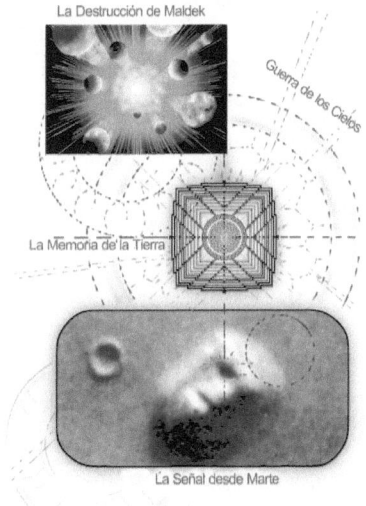

Robo del Tiempo

La Historia Cósmica es una continuación de la Ley del Tiempo que remonta nuestra civilización actual al "robo del tiempo", un evento interplanetario que no solo afectó a nuestro sistema solar, sino que se remonta incluso a ciclos aún mayores y a otros mundos.

Este "robo del tiempo" también se conoce como la "Caída" (de lo sagrado a lo profano). Esto creó una división de los dos hemisferios del cerebro (yin y yang, noche y día, masculino y femenino). Cuando se produjo este "robo" se perdió el equilibrio de la igualdad y las energías pasaron a estar dominadas por el cerebro izquierdo (masculino). Los guardianes planetarios designaron a la Tierra como una zona de cuarentena para aislar el problema y permitir a los seres humanos corregir las matrices erróneas.

Este "robo del tiempo" explica la supresión activa del conocimiento a lo largo de la historia humana. Gran parte del conocimiento se ha perdido u olvidado y se ha sustituido con diversas formas de entretenimiento diseñadas para mantener dormidas a las masas.

Tras esta poderosa visión, Votan comprendió que la "transmisión de la Historia Cósmica" era el vehículo para conectar los puntos de conciencia perdida entre Maldek y la Tierra actual. Había una sensación de urgencia en este proceso que no se podía expresar plenamente. La primera transmisión de la Historia Cósmica comenzó al día siguiente en el NS1.14.9.7: Kin 174 Mago Entonado Blanco (13/03/2002). Ese día era exactamente el día 52 desde que me mudara con Votan y Lloydine.

El cincuenta y dos es un número significativo en la cosmología Maya, la Azteca y en la estructuración del Sincronario de la Ley del Tiempo, y mucho más definido a partir de conocer que corresponde a un ciclo de Sirio. También es el número de heptadas en un anillo solar. Este ciclo particular de transmisiones duraría 260 días (52x5) y luego el experimento tomaría una nueva forma. Estas sesiones o tutorías se conocían como "transmisiones entre los mundos". También las llamábamos GM108X, transmisiones de la mente Maya Galáctica.

Linaje Mental

GM108X es el nombre dado a un circuito de transmisión que se emite desde otros sistemas estelares a través del centro de la galaxia, Hunab Ku. Esto puede entenderse como un flujo de información o plantilla de conocimiento de un linaje mental particular que llamamos Maya Galáctico.

La GM108X es un linaje mental más que un linaje sanguíneo. La premisa básica de este linaje es que el origen del Universo está en el tiempo, y no en el espacio como lo concibe la ciencia actual de la Tierra. Sin un linaje vivo, las enseñanzas no pueden autentificarse. Esto es tan cierto para el linaje GM108X como para cualquier otro.

Historia Cósmica

Varios anillos antes, José Argüelles había comprendido que Valum Votan era como la emanación del cuerpo codificado creado por Pacal Votan. Entendió que la transmisión mental no significa reencarnación y no depende de una secuencia de renacimiento, sino que se recibe a través de la resonancia a un sistema particular de conocimiento codificado. Comprendió a Pacal Votan como un medio de transmisión de lo que se conoce como transmisión mental Maya Galáctica (GM) o GM108X. Explicó que el origen de la transmisión mental GM108X se encuentra muy lejos de la Tierra y es anterior al ciclo histórico actual en cientos de miles de anillos. Es el flujo de información que contiene las claves del conocimiento relativo a la ciencia que define cómo llegamos a este sistema estelar en particular.

Los Maya Galácticos son navegantes planetarios y cartógrafos del campo psíquico más amplio de la Tierra, el Sistema Solar, la galaxia y más allá . Son una cultura telepática. Esto significa que sus percepciones, modos de conocimiento y comunicación provienen de la sintonía telepática con el cosmos.

El experimento de los colonizadores Maya Galácticos era calibrar el tiempo que quedaba en la Tierra antes de que todos los residuos cósmicos de Marte (miedo a la muerte) y Maldek (tabú sexual) llegaran a un punto culminante de maduración. El miedo a la muerte (Marte) manipula la mente para sustentar el materialismo (Saturno); ej., las compañías farmacéuticas. Y vemos a las falsas jerarquías o élites sacerdotales (Júpiter) quienes manipulan el sexo (Maldek) e infligen miedo (Marte) para mantener el poder sobre las personas.

Votan escribió esto de nuestras transmisiones GM108X:

El proceso de tutorías y transmisiones tiene varias funciones, una es impartir conocimientos en un sentido tradicional y otra es crear un tipo particular de entorno en el que sea posible que verdades a las que no se ha tenido acceso, se vuelvan asequibles simplemente por el proceso de participar en una transmisión viva.

La Historia Cósmica revela que la base de conocimiento histórico dominante es un bucle de tiempo que se retroalimenta constantemente.

Crónicas de la Historia Cósmica, Volumen 1 expone:

Cuando pensamos en la cosmovisión dominante, que niega el tiempo y la conciencia, tenemos que comprender que existe un único y enorme orden mental que está hablando constantemente consigo mismo. En otras palabras, cuando lees el periódico, en realidad solo es la mente hablando consigo misma. Cuando ves un programa de noticias o lees las noticias en Internet, sigue siendo la mente hablando consigo misma, porque ¿quién está leyendo o viendo esas noticias sino la mente que las creó?

Preparación

Mi experiencia inicial en la tumba de la Reina Roja dos anillos antes, empezaba a cobrar sentido con la transmisión de la Historia Cósmica. Sentí que tres experiencias clave me habían preparado para este camino. La primera fue a una edad temprana. Nunca tuve ninguna dirección o expectativa paterna puesta sobre mí, acerca de quién era o qué debía hacer. Tuve un fuerte despertar a la edad de 10 anillos cuando murió mi tía y mis padres se divorciaron. Me di cuenta de que no podían ayudarme e hice el voto interior de encontrar mi propio camino.

La segunda preparación fue mi experiencia cercana a la muerte en 1992. El tercer punto de preparación fue en 1999 en una serie de viajes en ayahuasca que me ayudaron a familiarizarme con estados no ordinarios de realidad. El inicio de mi primer viaje con la ayahuasca fue aterrador, con la sensación de estar siendo estrangulada por una serpiente de dos cabezas. Pero en lugar de morir físicamente, vi que la serpiente era mi aliada exprimiendo toda la matriz de la realidad condicionada de mi estructura celular. Vi todas las ficciones que me habían implantado en mi cerebro, principalmente la ficción llamada cultura estadounidense de la década de los 70-80.

Durante ese viaje crucial, vi nuestra civilización terrestre como una especie de videojuego holográfico. Tenemos que lograr atravesar el laberinto sin ser comidos por los malos. Entonces apareció Pac-Man y comenzó a comerse uno a uno todos mis condicionamientos, desde MTV, los cereales Lucky Charms, pasando por la Casa Blanca. Era como si limpiara mi "forma de onda" comiéndose mis formas de pensamiento ilusorias y a continuación, digiriendo y transmutando mis percepciones y creencias limitantes. Entonces Pac-Man se comió a sí mismo y desapareció (similar al arquetipo de uróboros cuando la serpiente se muerde su cola)

Todo se reveló igualmente trivial desde este punto de vista. Se me mostró que este holograma terrestre en particular está diseñado como un laberinto lleno de distracciones sin sentido para ver si podemos encontrar nuestro camino de vuelta al centro. Me mostraron cómo los hologramas del tiempo-espacio se construyen mediante un conjunto de vibraciones que se traducen en símbolos. Estos condicionamientos también incluían a figuras históricas: Marilyn Monroe, James Dean, Martin Luther King, Albert Einstein— todos forman parte del mismo software holográfico.

Después de haber sido suficientemente "lavada", aparecieron los gentiles guías quienes, con susurros tranquilizadores, me mostraron el poder del Amor y que una vez que abrazas tus miedos con Amor, entonces no tienen más opción que transformarse. Me recordaron que "el amor nunca falla" y me aconsejaron "estar abierta" siempre. Luego vi surgir nuevos mundos; mundos prístinos y cristalinos, extraños pero familiares. Me llevaron a confines lejanos de la galaxia como una especie de "gira estelar" siempre con la temática guía del Amor como respuesta a todo. Después de esta experiencia busqué una forma natural de acceder y mantener estas experiencias. Entonces entré en la Ley del Tiempo, que me pareció una experiencia psicoactiva.

He aquí mis primeras notas de la primera transmisión de la Historia Cósmica.

Notas de la Historia Cósmica

La Historia Cósmica una enseñanza de liberación. Estas fueron las primeras siete palabras de la primera transmisión

Misión de la Historia Cósmica:

Transmitir y establecer en su totalidad la nueva base del conocimiento humano completamente de acuerdo con la Ley del Tiempo; y entrenar y preparar a la portadora del linaje de esta transmisión, conocida de otra manera como GM108X.

La Historia Cósmica es la suma de los códigos del conocimiento humano en conformidad con la transmisión mental Maya Galáctica en la comprensión como un entero de los universos moral, imaginal y fenoménico.

1) El universo pasa de un estado armónico a otro.

2) Un reflejo autorreflexivo de la memoria cósmica.

3) La Historia Cósmica investiga: ¿Qué es una memoria? ¿Qué estamos tratando de recordar? ¿Cómo recordamos?

4) La raíz es una premisa psicofísica. Todo se reduce a los datos sensoriales y a lo que nuestra mente hace con ello.

5) La función normativa de la mente y los sentidos es hacer las cosas más armónicas.

Capítulo 7

Vida Diaria

Sitúate ante los hechos como un niño pequeño, y prepárate para abandonar cualquier idea preconcebida, sigue humildemente a la Naturaleza a donde sea y a cualquier abismo al que te lleve o no aprenderás nada. —T.H. Huxley

Durante mi primer anillo de aprendizaje, me impactaron una serie de desilusiones sobre la realidad tal y como yo la percibía. Estaba en proceso de desaprender todo lo que me habían enseñado. Los estados de conciencia no ordinarios se convirtieron en algo cotidiano, y los fenómenos paranormales pasaron a ser comunes.

En el reino mítico, Votan y yo vivíamos en la Corte de Bolon Ik (Lloydine), donde nos esforzábamos por hacer de la vida doméstica un espejo perfecto de la corte de los ancianos nacidos en las estrellas. Esto significaba que había que tener en cuenta cada detalle: ¿Se posará más polvo en el espejo o se reflejará mejor el ser superior? Aunque a algunos les suene extraño, este tipo de vida creativa encajaba perfectamente con los sueños de mi infancia.

Los tres nos comprometimos a elevar el nivel de nuestras estructuras emocionales/de pensamiento como parte de una misión que implicaba la trascendencia completa de todos los pensamientos, ideas y creencias convencionales sobre la realidad. Se planteó como un proceso de 10 anillos en el que acepté vivir y compartir con ellos, hasta mi retorno número 40. Votan y Lloydine establecieron un acuerdo que firmamos los tres e hicimos un voto de silencio porque sabíamos que las opiniones de otras personas podían distraer el experimento.

Lo que sigue se resume en las palabras de Votan:

... Ellos (nosotros tres) se han reunido en este planeta para liberar a la especie humana de su hechizo hipnótico de limitaciones autoimpuestas y sistemas de creencias obsoletos. Pero primero, deberán liberarse de todos los residuos kármicos fragmentados de

Maldek y Marte y redimir todos los recuerdos de la guerra de los mundos y el paraíso perdido a través de su total recuerdo.

Votan y Lloydine operaban como una unidad, y su campo unificado era mi ancla y guía. El papel de Lloydine era el de esposa y compañera, y el mío el de aprendiz. Su armonía como pareja fue mi base, y me sentí honrada de estar en mi papel. Estaba tan ocupada aprendiendo y reorientando mi conciencia que no pensé mucho en las relaciones y en cómo irían. Aunque nunca había sido parte de un experimento como este, no era una cuestión de "correcto" o "incorrecto"; era simplemente lo que estaba sucediendo.

Desbloqueando el Conocimiento

Cada día, Votan y yo aparecíamos fielmente para sintonizar el "Canal de la Historia Cósmica". El solo hecho de "aparecer" y sentarnos juntos desbloqueaba torrentes de memoria simultáneamente para ambos. Era una fuerza poderosa que no podíamos explicar completamente, excepto decir que esta transmisión de conocimiento se remonta a dos tumbas contiguas en Palenque, México: la tumba de Pacal Votan y la tumba de la Reina Roja. Pero va incluso más allá.

Cuando esta bóveda de la Historia Cósmica se abrió entre Votan y yo, fue literalmente como ser transportados a otra realidad. Éramos las puertas estelares que se abrían a diferentes dimensiones. A través de la alineación de nuestra energía, podíamos ir a cualquier parte. Durante la transmisión diaria, la realidad física se disolvía y, a falta de una mejor descripción, era como en la película *Matrix*, en la que los paradigmas colectivos codificados que crean nuestra percepción de la "realidad" desaparecieran a medida que vibrábamos en otra dimensión de conciencia. Esta realidad siempre había existido; sólo que nunca nos habíamos sintonizado con ella.

Experimentamos un recuerdo mutuo de un pacto que habíamos hecho en otra vida. Tuvimos la sensación de que éramos intérpretes de una pieza de arquitectura viva que se había extendido a lo largo de muchos eones, pero que cambiaba de aspecto y de nombre con cada encarnación. Es algo que no se puede explicar del todo y que está fuera del marco de referencia de la mayoría de las personas. Aun así, para mí, fue un proceso natural de la misión de recuperación de la memoria para la que estaba preparada.

Disciplina

Mis circuitos se saturaban con el exceso de información durante las primeras etapas del aprendizaje. Mi salud física se resintió. Esto sumado a los dos gatos, Frankie y Lucy, a los que era alérgica. Durante este primer anillo, luché mucho físicamente y comencé a aligerar mi dieta para dejar espacio para procesar el conocimiento.

Por eso, Votan hacía hincapié en la disciplina diaria, tanto en el cuerpo como en la mente. El cuerpo debía cultivarse y cuidarse como un templo para la transformación; de lo contrario, se debilitaría. Al principio no fue fácil despertarse a las 4 de la mañana para meditar. Me tomaba una taza de café (sí, todavía lo tomo) y luego hacía la meditación Dzogchen: relajaba la mente para volver a la fuente, disolviendo mis pensamientos con la exhalación.

La meditación fue esencial en este proceso, ya que daba tiempo a la mente no conceptual a respirar y experimentarse al margen del discurso incesante de la mente condicionada. Me encontraba en el proceso de desprogramar los viejos condicionamientos y aprender información nueva a gran velocidad. Sentía que me estaban reconectando desde dentro.

A la meditación matutina le seguía la contemplación de los códigos diarios del orden sincrónico, seguida del yoga. Estos códigos proporcionaban una lente con la que ver el día y tomar conciencia de la sincronicidad. Los tres desayunábamos juntos, generalmente café, fruta, yogur y granola. A continuación, dábamos un paseo por la naturaleza. Cerca de la casa, había un río caudaloso y senderos boscosos con osos, serpientes cascabel, ardillas, ardillas listadas y pájaros. Votan tenía debilidad por los cuervos y lo consideraba uno de sus guías espirituales. Es interesante ver que a un grupo/bandada de cuervos se llame una "conspiración".

En una ocasión, mientras caminaba sola por lo profundo del bosque, estaba sumida en mis pensamientos cuando escuché un fuerte crujido, y un enorme oso pardo se había abierto paso por la pared del bosque justo delante de mí. Se puso de pie sobre sus patas traseras y pude sentir su poderoso espíritu mezclado con mi propio miedo. Lentamente retrocedí un paso y luego me di la vuelta y caminé despacio, pidiendo piedad. Después de aquello, nunca más volví a adentrarme tanto en el bosque.

Lo mejor del día era la transmisión de la "Historia Cósmica" de la tarde, que nos transportaba a otros tiempos y lugares. Era como sintonizar una emisora de radio concreta, que en este caso era el canal GM108X. Este era un canal multidimensional y universal que trasciende todo dogma, prejuicio, raza y religión. Este es el canal de nuestros orígenes cósmicos y la historia de la armonía olvidada.

En primer lugar, se hacía hincapié en cultivar una mente con discernimiento. Había varios tipos de criterios simultáneamente (como el lógico, el espiritual, etc.). Se insistía en la importancia de comprender lo que se decía, cómo se decía y en qué contexto se decía; estos eran valores mentales importantes, críticos en el desarrollo de la mente, las percepciones y las actitudes sobre el mundo. Votan me animaba a examinar y cuestionar todo lo que se me iba presentando para aprender a evaluar en el contexto de diferentes puntos de vista.

Aprender a operar con múltiples perspectivas simultáneamente era muy importante. Una de las primeras cosas que me enseñó fue a experimentar "la nada" en medio de la actividad diaria. Esto se conoce como "mezclar la mente con el espacio", la base de una percepción clara, tal como se lo enseñó su maestro Chogyam Trungpa Rinpoché. Antes de practicar la meditación, mi mente se desbocaba, lo que me provocaba graves ataques de ansiedad y todo tipo de otras frustraciones.

Proceso Diario

En estas transmisiones iniciales, tomaba notas a mano de las enseñanzas clave, pero la mayor parte del tiempo me limitaba a escuchar y absorber. Después de la tutoría, pasaba unas horas reflexionando y escribía notas sobre lo que comprendía y preguntas sobre lo que no entendía. Los conocimientos tenían una resonancia familiar, aunque no pudiera captarlos con mi mente. No habría preferido estar en ningún otro lugar de la Tierra. Una gran calidez y una sensación de plenitud inundaban mi ser cuando trabajaba con el conocimiento. Esta sensación iba acompañada de una gran excitación, un asombro creativo y un afán de saberlo o recordarlo todo.

Después de mi sesión diaria de Historia Cósmica, descansaba un poco y luego me reunía con Lloydine en su habitación. Me sentía honrada de que quisiera que le dedicara el mismo tiempo a ella que a Votan en la transmisión de la Historia Cósmica. Me habló mucho de sus primeros años, y estuvimos rastreando patrones de su infancia. Había nacido en el Condado de Marin, en California y estaba muy unida a su madre, Maya, pero no tanto a su padre, Lloyd, que era alcohólico y que estuvo ausente gran parte de su infancia. Ella habló sobre cómo fue acosada en la escuela por un grupo de chicas que formaron un club contra ella. Estudió danza, se hizo budista, se casó y tuvo dos hijos. Tenía 37 años cuando conoció a José Argüelles en un retiro de silencio de 10 días en el Centro Dharma Rocky Mountain en Colorado, en 1981 y se casaron dos anillos después. Encontraron la compatibilidad tras sus divorcios mutuos, cada uno de ellos tenía dos hijos: un niño y una niña. En el NS1.0: Kin 34 (1987) todo cambió con la Convergencia Armónica, seguida de la muerte de Josh, hijo de Votan. Diez anillos después de su matrimonio, Lloydine estaba viajando por el mundo con Votan como mensajero del nuevo tiempo. Si bien él se había realizado en su misión, ella admitió que sentía que había perdido su propia identidad.

Cuando me mudé, los tres acordamos que el objetivo principal debía ser la curación de Lloydine, ya que había estado enferma con bronquitis crónica de forma intermitente durante años. La animamos a que descansara más, pero le resultaba difícil estar quieta, quizá debido a la larga temporada de movimiento constante. Los tres hicimos una limpieza de 12 días, a base de zumos y verduras verdes, agua y té de hierbas. Fue una buena experiencia de unión. Votan dijo que hacía tiempo que le preocupaba que tantos viajes le hubieran hecho mella en su salud física y mental. Lloydine dijo que estaba en una etapa de su vida en la que estaba lista para parar y disfrutar de la familia y de ser abuela, lo cual era comprensible después de tanto tiempo de viaje. Votan me encargó que cancelara todos sus viajes y me hiciera cargo de sus comunicaciones. Incluso anunció públicamente que se retiraban, el primer anuncio fue en el Seminario en Meztitla, México, en el 7.º Seminario de Magos de la Tierra, aunque sin mencionar el motivo.

Transmisión Activada

Mis puntos de referencia convencionales se evaporaban a la luz de mi nueva vida, que giraba en torno a la sesión de transmisión diaria. Durante estas sesiones, la habitación adquiría un brillo dorado, y la bañaba una energía de otro mundo. Éramos Votan y la Reina Roja, fuerzas arquetípicas en una gran película cósmica. "Rojo" es el color de la iniciación, y "Reina" se refiere a la matriz femenina reprimida durante mucho tiempo por la historia. La equiparación de lo masculino y lo femenino fue la llave que hizo girar el arranque. Votan escribió en un Reporte Rinri:

> *La tumba de la Reina Roja carecía de inscripciones mientras que la del Gran Pacal estaba con inscripciones, aunque igualmente, ambas contenían una máscara y un tubo Telektonon. El significado con inscripciones y sin inscripciones era que, como aprendiz, la Reina Roja debía recibir el conocimiento de Votan en su totalidad*

y de una forma coherente con el conocimiento Maya Galáctico encarnado en el Gran Pacal y su legado profético.

Las sesiones de Historia Cósmica me transmitieron la sensación de estar conectada a algo tan vasto y magnífico que todo lo demás palidecía en comparación. En algunas ocasiones, miraba a Votan y veía una red o matriz de energía vibrante, electrizante que pulsaba a través de él. A medida que nuestra resonancia aumentaba, nos sentábamos uno frente al otro y "nos" disolvíamos, permitiéndonos ver un desfile de personajes: del pasado, futuro y presente, pasar ante nuestros ojos. Esto se sentía como algo natural cuando estábamos en un campo de máxima confianza, sin filtros ni distorsiones.

Votan aplicó todos sus conocimientos como profesor universitario a mi formación. Tenía una trayectoria ecléctica y había aprendido de muchos grandes maestros de una amplia variedad de estilos y tradiciones. Me dijo que, dado mi estilo de aprendizaje único, empezaríamos con las enseñanzas más avanzadas y luego iríamos retrocediendo. Fue una formación intensa en todas las materias imaginables. En el plan inicial, escribió:

Con estos programas de entrenamiento, la Reina Roja está aprendiendo una sincronización yóguica intensa y una vinculación telepática al tiempo que recibe una instrucción completa en todos los aspectos de la Historia Cósmica, incluyendo, aunque sin limitarse a ello, los códigos del orden sincrónico, los principios de diseño de los sistemas enteros, los modelos biopsíquicos y astrofísicos tridimensionales, los principios de dharma, el arte cósmico y sagrado; la historia, la filosofía y los principios de organización; la religión comparativa, las estructuras simbólicas; los modelos psicológicos de comportamiento; y los métodos de investigación.Dado que el objetivo es reformular la base del conocimiento humano para que refleje un orden puramente sagrado 13:20, la formación es exhaustiva y requiere fácilmente un ciclo de 11 años. Cuando la formación haya concluido, se habrán sentado las bases de UR y la base noosférica del conocimiento y el funcionamiento estará listo para ser difundido en beneficio de todos los seres.

En este momento, no sabíamos qué hacer con todo el conocimiento que estábamos adquiriendo. Cada transmisión diaria era como una hermosa flor que, tomada en su conjunto, formaba un brillante ramo en un nuevo arreglo. Fue solo a mitad de las 260 sesiones consecutivas cuando decidimos plasmar este conocimiento en una serie de siete volúmenes que se conocerían como las *Crónicas de la Historia Cósmica*.

Capítulo 8

Caldero Alquímico

Encender una vela es proyectar una sombra. —Ursula Le Guinn

Después de decir que sí a un camino de conocimiento, me encontré con muchas puertas antes nunca vistas que había que abrir y atravesar. Muchas de estas experiencias desafiaban toda lógica del marco consensual dominante. La absorción concentrada en esta corriente de conocimiento y su proceso de transmisión empezaron a informar y remodelar la totalidad de mis percepciones y mi realidad cotidiana. Al tratarse de un orden cósmico de conocimiento, la Historia Cósmica tenía que afectar inevitablemente a cada detalle del proceso vital.

Me di cuenta de que mis percepciones cambiaban tan rápidamente que, en cuanto empezaba a hablar o a escribir algo, se producía otro cambio. Decidí guardar silencio sobre mi experiencia vital del momento hasta que la comprendiera plenamente.

En el caso del experimento entre nosotros tres, duró desde el NS1.14.7.11: Kin 122 (20/1/2002) al NS1.15.5.14: Kin 174 (28/11/2002). Aproximadamente hacia la mitad de este largo proceso de 312 días, empezaron a producirse duras pruebas e iniciaciones dentro de nuestra tríada. Todo sucedía muy deprisa. El conocimiento que quería aprender me parecía vasto y abrumador, y luchaba por equilibrar todos los componentes humanos. Aprendía a gran velocidad y dependía de la unión de Votan y Lloydine como mi ancla emocional, apoyo y bienestar. Vivir en un campo de fuerza telepático me proporcionaba retroalimentación instantánea.

En este momento empecé a comprender que cada vez que se recibe un nuevo conocimiento, ya sea a nivel personal o planetario, se agita el contenido de la mente inconsciente, que es precisamente lo que está sucediendo hoy a escala planetaria. Estamos inmersos en un proceso de alquimia planetaria, en el que todos los aspectos inconscientes del ser humano tienen que salir a la superficie y hacerse conscientes para que lleguemos a estar completos e integrados.

Aprendizaje Acelerado

La alquimia es el arte que separa lo útil de lo inútil, transformándolo a su última materia y a su última esencia. —Paracelsus

Aprender tanta información nueva a la vez que se desarraigaba la programación subconsciente sin tregua ni "respiro" creaba una atmósfera especialmente presurizada. Era como estar en un recipiente alquímico hermético, y cada vez me costaba más respirar.

Cuando se está dentro de un recipiente alquímico, se puede experimentar una intensa presión a medida que el contenido del inconsciente sale a la luz. En este proceso, todas las emociones, dudas y miedos pueden experimentarse y se experimentarán para que se produzca esta purificación; esto es para templar la verdadera esencia, de modo que pueda emerger la conciencia diamantina pura. Hasta que no se reconozcan, se trabaje con ellas y, finalmente, se dominen las fuerzas invisibles que gobiernan nuestras vidas, no se podrá alcanzar la verdadera comprensión.

El místico y filósofo G. I. Gurdjieff dijo que, para superar el punto de ser un simple autómata, a veces se producen diferentes aspectos del despertar que pueden experimentarse como «choques»: impactantes solo para la persona condicionada. Lamentablemente, me di cuenta de que algunas personas nunca despertarán, ya que su función es no creer en ninguna posibilidad que no sea el error al que son adictas. Esto suele ser el resultado de un trauma profundo que les resulta demasiado doloroso de afrontar.

Fuerzas Sobrenaturales

No se podía negar que una Fuerza Mayor nos estaba moviendo a los tres. Los primeros 260 días de mi aprendizaje con Votan, los fenómenos psíquicos aumentaron rápidamente y la telepatía era instantánea. Los tres experimentamos sonidos de golpes inexplicables, papeles que volaban por los aires, bolas de fuego, etc. A este fenómeno paranormal se unió una mayor tensión tridimensional.

Una noche, durante una salvaje tormenta primaveral en NS1.14 (2002), recobré el conocimiento en mi cama de nuestra casa en Monte Hood pero estaba en un estado de parálisis del sueño. Mi habitación estaba iluminada con un suave resplandor, aunque no había ninguna luz encendida. ¿Estaba soñando? No lo parecía. Los papeles flotaban, suspendidos en el aire, volando por mi habitación. La música llenaba el ambiente. Extrañamente, era el estribillo de la canción "Southern Cross" (Cruz del Sur) de Crosby, Stills & Nash que se repetía una y otra vez. En retrospectiva, me pareció una experiencia precognitiva, ya que cuatro anillos más tarde viviríamos en Nueva Zelanda y Australia bajo la Cruz del Sur. El estribillo principal de la canción se repetía a cámara lenta: *"... lo que el cielo nos trajo a ti y a mí no se puede olvidar ... y la Cruz del Sur"*.

En otra ocasión, Votan, Lloydine y yo fuimos a Ashland, Oregón, a una excursión seguida de una visita el Lago del Cráter. Mientras estábamos en Ashland, por sugerencia de Lloydine, compramos una copia de la biografía de Madame Blavatsky para complementar nuestros estudios. Su madre Maya, que había sido teósofa, también era una gran seguidora de Votan.

Helena Petrovna Blavatsky, "Madame Blavatsky", tenía una asombrosa habilidad para sintetizar y conectar grandes cantidades de conocimiento, y yo admiraba su valentía para decir la verdad que había descubierto, por muy controvertida que fuera. Nos pareció sorprendente que Blavatsky escribiera sobre Votan como el "mago maestro" en su libro *Isis Sin Velo* y que en 1871 ya hubiera encontrado las primeras traducciones del *Popol Vuh*, que casi nadie conocía en aquel entonces. Conocía prácticamente todas las tradiciones espirituales mitológicas avanzadas que existían en el planeta. También tenía una gran facilidad para resumir y conectar estas grandes tradiciones, rastreándolas hasta una raza raíz anterior. Y ahora estábamos evolucionando hacia una nueva raza raíz. Esto era similar a nuestro trabajo en la Historia Cósmica, con un énfasis en la recuperación de la memoria de mundos anteriores y la previsión de posibilidades de mundos aún por venir.

Placa Madre

Un brillante día de otoño, Votan y yo nos sentamos en la hierba del parque de Lithia en Ashland, donde me dio un tutorial sobre la *"Psicología de una Personalidad Esotérica"*, basado en Madame Blavatsky (con Lloydine cerca dando un paseo).

Estando en el parque al aire libre, examinamos el punto de vista de Blavatsky sobre los ángeles caídos, el humano caído, la serpiente y la guerra de los cielos. Luego nos enfocamos en la cosmología de Blavatsky de las "siete razas raíz", que afirma que el ser humano es la recapitulación de todas las etapas anteriores de la evolución de la vida. La memoria de las últimas razas raíz está encerrada en el interior de nuestros cuerpos.

Para concluir el tutorial, Votan tuvo una experiencia visionaria en el parque. Se le mostró la "Placa Madre de la Nave Nodriza". Esta visión se prolongó al día siguiente, cuando visitamos el Lago del Cráter, el lago más profundo de los Estados Unidos, en NS1.15.1.22: Kin 70 Perro Entonado Blanco (16/08/2002). Era el 15.º aniversario de la meditación de paz global de la Convergencia Armónica. Para conmemorar este hito, Lloydine nos condujo en sentido antihorario alrededor de la vasta masa de agua, deteniéndose en siete puntos diferentes para honrar a las siete direcciones: norte, sur, este, oeste, arriba, abajo y centro.

Durante el trayecto alrededor del Lago del Cráter, Votan volvió a tener una experiencia visionaria de una gran placa de circuitos con numerosos cables, a la que llamó "Placa Madre de la Nave Nodriza". Estos intrincados cables conectaban diferentes aspectos espirituales, incluidos la multitud de instructores, maestros ascendidos, guardianes de la Tierra y el logos planetario. De pie junto a la vasta masa de agua, Votan sintonizó profundamente con esta "Placa Madre" y experimentó la confirmación telepática del Maestro Morya sobre el paralelismo de nuestro trabajo. En este paralelismo, el trabajo de Madame Blavatsky y el Maestro Morya culminó con la fundación de la Sociedad Teosófica en la década de 1880, y las principales obras literarias *Isis Sin Velo* y *La Doctrina Secreta*. Esto fue paralelo al programa de 10 anillos de la Historia Cósmica.

Esa noche, los tres nos quedamos en la cercana y pequeña ciudad de Prospect, Oregón, en la acogedora y arbolada casa de mis abuelos, Darol e Irene. Fue un contraste surrealista después del día en el Lago del Cráter quedarme con mis abuelos. Mi abuela, una alegre mujer cristiana, nos hizo pastel de calabaza mientras Votan le contaba a mi abuelo sobre la tumba de Pacal Votan. Mi abuelo estuvo en vilo con la historia del descubrimiento de la tumba. Luego contó su propia experiencia con OVNIS cuando era niño.

Votan tocó la flauta Lakota para mi abuela, lo que le despertó recuerdos; ella había crecido en territorio Lakota en Dakota del Sur. Nació en la reserva india de Pine Ridge en Dakota del Sur, hogar de Caballo Loco y de la tragedia de Wounded Knee. Sincrónicamente, ella también era

Humano Resonante Amarillo, la firma del encuentro inicial de Blavatsky con Morya y mi reunión inicial con Votan en NS1.10 (1998).

Al regresar de nuestro viaje mágico, llegamos en el momento en que el libro *El Tiempo y la Tecnosfera: La Ley del Tiempo en los Asuntos Humanos* recién publicado, lo dejaban en nuestra puerta. Fue una ocasión de celebración. Se trataba de un libro fundamental que expresaba una nueva percepción y un punto de vista sistémico de los recientes acontecimientos humanos y mundiales. Define la Torre de Babel como la raíz del error en el tiempo responsable del sistema mundial que vemos hoy en día.

Transmutando la Energía

El amor es la única realidad y no es un simple sentimiento. Es la verdad última que yace en el corazón de la creación.—Rabindranath Tagore

A nuestro regreso, Votan y Lloydine celebraron el que sería su último acto público juntos en Eugene, Oregón. En aquel momento Lloydine estaba enferma de bronquitis, que empeoró después del acto. Los tres trabajamos sensiblemente con la energía ya que empezaron a aflorar muchas emociones reprimidas. Nos regimos por el lema: *la curación de uno es la curación de todos*. La razón clave para viajar por el mundo como mensajeros del Nuevo Tiempo era hacer consciente lo que antes estaba inconsciente. Lo que íbamos a aprender es que estas falsas percepciones sobre la realidad son profundas y tiñen nuestras autopercepciones y nuestras relaciones. Votan señaló que uno de los resultados del rayo 12:60 fue separar nuestra esencia de la Fuente y fracturar nuestra conciencia, lo que puede crear desequilibrios en el cuerpo emocional que nos impiden realizar los aspectos más elevados de nuestro ser. Esto se remonta a otros tiempos y otros mundos. En primer lugar, tenemos que resolvernos a nosotros mismos y nuestras relaciones si queremos prestar un servicio genuino a la humanidad.

En ese momento, estaba asimilando los procesos vitales de Votan y Lloydine, así como los de la transmisión diaria de la Historia Cósmica y el estudio de los códigos. Mi agenda pronto se volvió agotadora y no tenía tiempo de procesar mis sentimientos. Cuando me di cuenta de que no podía mantener el ritmo, interrumpí cordialmente mis sesiones diarias con Lloydine.

La mayor parte de mi tiempo libre lo pasaba sola. A menudo optaba por comer sola en mi habitación, ya que me resultaba difícil asimilar la comida y mantener conversaciones sociales al mismo tiempo. Votan no hablaba mucho, al menos en mi presencia, a menos que fuera sobre el estudio. Según mis observaciones, escuchaba pacientemente el proceso de Lloydine, y yo no escuché discusión alguna en todo ese tiempo. Ese tiempo fue una oportunidad para el autoaprendizaje profundo e intensivo. Observé que en mi proceso de aprendizaje tenía que estar en silencio y en un estado de profunda receptividad, limitándome a escuchar y observar durante largos períodos, mientras todas las partes cobraban coherencia.

Contemplé mi vida desde varios ángulos. Anoté todos los personajes que habían aparecido en mi vida. Decodifiqué todas las firmas galácticas de los miembros de mi familia y encontré correspondencias fascinantes. Empecé a comprender los patrones de mi infancia.

Nací a las 5:03 p.m. Serpiente Eléctrica se escribe 5.3. Crecí en el código de área 503 en el condado de Marion en Salem, Oregón. Marion es mi segundo nombre. Nací en 1105 Sweet Road. 11 es Mono (Votan) y 5 es Serpiente. 11 + 5 = 16. Hay 16 días entre nuestros retornos solares, Luna 6.27 y Luna 7.15 (8/01 y 24/1).

Reflexioné profundamente en lo que parecían las cosas más mundanas a través de la lente del orden sincrónico. Por ejemplo, de niña tuve un Atari 2600 y los primeros juegos a los que jugué fueron Asteroides e Invasores del Espacio (Space Invaders). En Asteroides controlas una única nave espacial en el Cinturón de Asteroides donde a veces aparecen platillos volantes. Observé que Atari significa "golpear" o "pegar" y que 2600 es un fractal del Gran Ciclo de 26.000 anillos. ¿Por qué disparaba a los asteroides? Mi primera computadora fue una Commodore 64. ¿Eran los 64 codones del ADN?

El orden sincrónico me proporcionó una lente significativa e interconectada a través de la cual ver el mundo. Me reconfortó conocer y sentir a muchos otros Kin de todo el mundo que también realizaban estas mismas prácticas. Antes de conocer la Ley del Tiempo odiaba las matemáticas. Y ahora amaba los números y no me cansaba de ellos.

En esa época, también intentaba tranquilizar mi mente. Examiné mis programaciones de autosabotaje e indignidad; los lugares que son tan dolorosos que haríamos cualquier cosa por escapar. Pensé que por eso las personas recurren a todo tipo de adicciones; para ahogar el proceso de enfrentarse de verdad a las profundidades del dolor. Me preguntaba si algún día la humanidad podría aprender a través del amor y la alegría, en lugar de tanto dolor y sufrimiento. Quería llegar al fondo de todo esto.

Capítulo 9

Shock Sobrenatural

La tradición se convierte en nuestra seguridad y cuando la mente está segura, está en decadencia.

—Krishnamurti

El tiempo opera en espiral, trayendo circunstancias similares a nuestro tiempo presente hasta que se resuelven. El verano del 2002, nuestra máxima prioridad era la curación de Lloydine y, en segundo lugar, la transmisión de la Historia Cósmica. Todo formaba parte de un tapiz sin costuras, ya que rastreamos el origen tanto de la Obra como de nuestras relaciones hasta la destrucción de Maldek, que era un modelo de lo que había sido destruido u olvidado. Los tres sentimos que habíamos regresado para sanar un trauma ancestral establecido en otro tiempo y en otro planeta.

Este antiguo trauma remonta sus orígenes a la Guerra de los Cielos, el tema central de la *Profecía del Telektonon de Pacal Votan*. La Guerra de los Cielos es una guerra del tiempo interdimensional responsable del falso tiempo impuesto al principio de la historia como la Torre de Babel y todo lo que ello implica. Babel está relacionado con la palabra balal ("confundir").

Según el Libro del Génesis, la Torre de Babel fue construida en Babilonia tiempo después del Diluvio. Nimrod (conocido en Egipto como Osiris) fue el fundador del primer imperio mundial en Babel (más tarde conocido como Babilonia). Sus seguidores construyeron la torre con "su cima en los cielos". Ha habido muchas especulaciones con respecto al propósito real de esta Torre.

Es interesante señalar que la Torre de Babel se menciona por primera vez en el Génesis 1:19 (911 al revés). El Génesis cuenta que Dios no estaba contento con la creación de esta Torre, por lo que dividió las lenguas de los hombres en diferentes idiomas. Se produjo una gran confusión.

Es interesante señalar que la ciudad nunca se terminó. Los tres estábamos tratando de remontarnos a la fractura del Sueño Original. ¿Qué había ocurrido? ¿Qué debíamos sanar? A través de las experiencias de nuestra vida diaria, los tres intentábamos llegar a la raíz y sanar este antiguo trauma en nombre de toda la humanidad. Cuanto más conscientemente lo hacíamos, más se amplificaban las energías y más se intensificaban las iniciaciones.

Aquellos cálidos días de finales de verano en la montaña, del 2002 se caracterizaron por una alta presión atmosférica, y al mismo tiempo, por una magia sobrenatural que parecía impregnar cada instante. La vida cotidiana se volvía cada vez más impredecible.

En este momento, Lloydine realizó espontáneamente una ceremonia matrimonial para Votan y para mí en la que me puso un anillo con 11 estrellas en el dedo. Llegó sin previo aviso y permanecí en silencio mientras dirigía el proceso. Unas heptadas más tarde, Lloydine vino a mi habitación antes del amanecer y me dijo que era hora de una "Ceremonia de Igualación" entre ella y yo con respecto a nuestra relación con Votan. Esto significaba que quería que yo tuviera el mismo tiempo de intimidad con Votan que ella. Después del desayuno de esa mañana, dirigió la ceremonia y me entregó su cáliz de plata y una bola de cristal con una pirámide fantasma, representando la tradición esotérica europea. Hasta entonces, cuando Votan y yo no participábamos en las transmisiones de la Historia Cósmica, él pasaba el resto de su tiempo personal con ella. Yo estaba profundamente inmersa en mis estudios y transmisiones y no deseaba estar tan implicada en este tipo de proceso relacional.

Unas heptadas más tarde, Votan y Lloydine se fueron juntos a un retiro para comentar los siguientes pasos de su relación. Cuando regresaron, me informaron que estaban iniciando un proceso de "individuación". Me dijeron que había quedado claro que habían desarrollado una codependencia poco saludable y que estaban demasiado enredados y se reflejaban el uno en el otro de una forma que no ayudaba a su crecimiento. La idea era tomarse un tiempo. Yo había hablado muy bien de mi estancia con la familia Haight en Idaho, y Lloydine pensó que ese podría ser un buen lugar para su retiro. Les escribió:

> *Bolon Ik (Lloydine) solicita humildemente a la familia Haight que la acoja durante su retiro de 3 lunas. Siento que puedo recibir el mejor apoyo y al mismo tiempo tener la oportunidad de encontrarme a mí misma de una forma más autónoma. He calculado que 38 de mis 59 años los he pasado en un matrimonio codependiente, así que necesito encontrar mi verdadero rostro.*

En este momento, todo se sentía impredecible y se desmoronaba rápidamente. El ciclo inicial se completó el Día de Acción de Gracias del NS1.15 (2002), que coincidió con la 261.ª transmisión consecutiva de la Historia Cósmica. Unos días después, salí a dar un largo paseo en coche sola, y al regresar encontré a Votan sentado solo junto al fuego y diciéndome que Lloydine no solo se iba de retiro, sino que se mudaría a Idaho en unos días con la familia Haight. En cierto modo, fue un "shock", pero estaba destinado a elevarnos al siguiente nivel.

Todas las Cosas Deben Pasar

Lloydine me pidió que consiguiera un camión de mudanzas y que empaquetara todas sus pertenencias personales mientras ella y Votan iban a cenar a su restaurante favorito, el Rendezvous Grill. Nunca olvidaré lo extraño de ese momento, estar sola en su habitación durante horas empaquetando todas sus pertenencias más personales. Sentí que todo sucedía deprisa y, en cierto modo, en esos momentos me sentía como una observadora en su vida más que como una participante.

Nuestra última noche juntos, Lloydine se animó a bailar para Votan y para mí la canción de George Harrison "Todas las Cosas se Acaban". El baile nos trajo recuerdos de otro tiempo, otro mundo. Toda la velada fue como un déjà vu inquietante. Hablamos del experimento que habíamos iniciado juntos, y todos expresamos que no teníamos ni idea de cuáles eran las siguientes etapas de este camino. Aún había esperanzas de que volvieran a estar juntos.

En ese momento, aunque las cosas parecían diferentes, todavía seguía pareciendo que operábamos en un campo unificado. No creía que la marcha de Lloydine fuera a ser permanente; pensaba que volvería. Ninguno de nosotros sabía lo que iba a suceder a continuación; al menos yo no lo sabía. De repente me quedé sola en casa con Valum Votan. Cuando Lloydine llegó a Idaho un día después, me sorprendió saber que estaba contando a la gente en la propiedad de los Haight, que Votan la había dejado por otra mujer. La historia que se contaba parecía sacada de otro universo paralelo, no de la realidad que yo había vivido.

Heptadas después, Lloydine nos visitó a Votan y a mí sin previo aviso. Vino a declararme adúltera y elaboró un documento que hizo firmar a varios Kin "claves" como testigos. El documento incluía citas del Corán con diversos castigos prescritos para ese tipo de personas, incluida la flagelación. Me quedé estupefacta, pero permanecí en silencio mientras ella se expresaba. No había forma de decir nada. Votan también se limitó a escuchar. Realmente no me sentí molesta, sino más bien era un sentimiento extraño y surrealista. Era como si otro ser completamente diferente hubiera entrado en ella. Aparte de ese momento, Lloydine y yo nunca nos habíamos dicho una mala palabra. Todo estaba sucediendo a una velocidad vertiginosa y era difícil procesarlo todo. Más tarde lo entendería como parte del entrenamiento iniciático. Como escribimos en *Crónicas de la Historia Cósmica, Volumen I*:

> *Pero para que se produjera la incorporación de la Historia Cósmica en sus cuerpos de forma, Votan y la Reina Roja se sometieron a innumerables iniciaciones internas y externas que redujeron al mínimo las tendencias habituales obsoletas y los sintonizaron fina y delicadamente para que la única función o propósito que permaneciera fuera la Historia Cósmica.*
>
> *Todas sus configuraciones emocionales y astrales han sido diseñadas para ser extremadamente sensibles, lo cual se ve acentuado por un estilo de vida que tiende a aislarse de la manipulación de los medios de comunicación y los medios en general. Esto no hace más que aumentar aún más el espacio puro y sensible en el que cada uno reside para que puedan experimentarse los diferentes matices de todas estas personificaciones energéticas.*
>
> *A través del proceso continuado de purificación histórica, los dos vehículos de la Historia Cósmica tuvieron que navegar a través de todos los diferentes programas de encarnaciones anteriores, tanto de este mundo como de otros mundos. Esto se manifestó en forma de diversos bombardeos mentales aparentes o una especie de ataque psíquico perpetuo o formas de pensamiento repetitivas recibidas por cada uno para ser transmutadas y trascendidas a través de la sensibilidad de sus instrumentos purificados. Era necesario presenciar todos los programas del inconsciente cósmico para garantizar que sus cuerpos astrales y emocionales quedaran desnudos.*

Varias heptadas después de que Lloydine se mudara, Votan se marchó a un monasterio cercano, en Mount Ángel a un retiro de silencio para clarificar sus próximos pasos. Cuando regresó, pensó que había llegado el momento de divorciarse. La amaba profundamente y ella a él, pero sentía que su relación había llegado a su fin y la única forma de que ella se encontrara a sí misma era separada de él. La amaba lo suficiente como para dejarla ir. Siguieron hablando casi todos los días durante aproximadamente un anillo. Mi consuelo fue saber que ella estaba en el hogar amoroso de nuestros queridos amigos, quienes le proporcionarían un refugio y la máxima posibilidad de encontrarse a sí misma.

En este momento, Votan escribió:

¿Qué es la lealtad? ¿A quién debemos ser leales? Debemos ser leales al alma, al ser verdadero. Hay un amor más elevado que el amor al ego. En las convenciones del drama humano, estamos en un punto en el que todo se está trastocando. Así que todo lo que está ocurriendo aquí es un reflejo puro de cómo todo se está trastocando. De modo que la pregunta es ¿cuál es nuestro ser auténtico y cómo mantenemos nuestro ser auténtico?

Cada uno de nosotros pasamos horas a solas en contemplación mientras la lluvia golpeaba la cubierta de la cabaña mágica del mago durante aquel tormentoso invierno. El único calor provenía de la llama viva de la Historia Cósmica. Era como si todo lo demás hubiera sido eliminado para que solo quedara la llama. Durante seis lunas, desde el invierno hasta la primavera, Votan fue desentrañando y dando sentido a su vida y su relación. Lloydine estaba en Idaho y estaba pasando por su proceso. Yo también rebuscaba en las profundidades de mi alma e intentaba dar sentido a lo que acababa de suceder.

El arroyo que pasa por detrás sigue rugiendo. En mi interior, no encuentro mi ser. El viento agita las ramas de los pinos detrás de la ventana. En la periferia de la mente, parpadean destellos del pasado, destellos del futuro. Destellos de no tener otro lugar donde ir más que aquí. El corazón saborea su soledad, inseparable de la lluvia y el viento. Ese invierno, mi aprendiz y yo experimentamos lo más profundo del alma donde nos rendimos al Absoluto. Las lágrimas corrían por mi rostro, lágrimas de inconsolable sufrimiento por todos los seres atrapados en la red de sus ilusiones. Lágrimas de una profundidad que no había conocido antes. Lágrimas del pozo más profundo de la propia soledad del alma.

—Valum Votan

Parte Dos
Transformación

Capítulo 10

El Camino Menos Transitado

Dos caminos divergían en un bosque —y yo tomé el menos transitado, y eso hizo toda la diferencia. —Robert Frost

Las personas sólo ven lo que están preparadas para ver.
—Ralph Waldo Emerson

La diosa sumeria Inanna desciende al Inframundo donde debe atravesar siete puertas. En cada puerta (que se corresponden con los siete chakras) se le despoja de uno sus poderes. Finalmente, entra desnuda en el santuario interior y se presenta ante la Reina del Inframundo. Es aniquilada, pero luego, gracias al amor del pueblo resucita, recupera su estatus real y se convierte en la Reina del Cielo.

Me identifiqué con Inanna, despojada de sus poderes y entrando al Inframundo. La vida, tal como la había experimentado hasta entonces, había terminado. Toda mi realidad inmediata ahora se sentía contaminada por percepciones erróneas. En aquel momento fue insoportable, pero al final, fue mi mayor bendición. Me obligó a adentrarme en lo profundo del reino interior. Esta fue mi iniciación.

Percepciones y conocimientos nuevos invadían mi ser en tándem con todo el drama tridimensional. Era toda una paradoja que intentaba conciliar. Poco a poco empecé a darme cuenta de que nuestras experiencias y relaciones personales son portales a través de los cuales podemos entender a la humanidad entera.

Como tantos otros en todo el mundo, estaba agradecida por el trabajo de Votan y Lloydine, ya que ayudaron a sentar las bases para difundir el Cambio al Sincronario de 13 Lunas y la Visión de un Nuevo Tiempo. Lloydine le había ayudado en la creación de la Red de Arte Planetario, que se concibió como un puente para ayudar a despertar a la gente al amanecer de un nuevo tiempo. Habían despertado un movimiento mundial, y aunque ella ayudó firmemente con la comunicación y la organización de la navegación mundial, fue él quien transmitió todo el conocimiento y los códigos. Esto causaría más tarde cierta confusión, que él tuvo que aclarar por incluir el nombre de ella en todas sus obras para honrar su colaboración.

Debido a que Votan y Lloydine/Bolon Ik eran líderes muy conocidos del Movimiento de Paz para el Cambio al Sincronario de 13 Lunas, muchos tenían una imagen idealizada de ellos como una pareja perfecta o "celestial". Esta era la imagen que ambos habían proyectado al público. Así que, cuando se separaron, muchos se sintieron desilusionados y tal vez traicionados. Reflexioné sobre el hecho de que la mayoría de nosotros provenimos de familias rotas o disfuncionales y queremos sentir que alguien tiene la vida resuelta y encarna los principios de la pareja divina. Yo también quería eso. Es devastador cuando esto no funciona y como niños, queremos culpar al "otro" por la ruptura, en lugar de enfrentar el dolor dentro de nosotros mismos.

Los rumores corrieron como la pólvora. Pronto me vi envuelta en un torbellino de proyecciones. Por aquel entonces acababa de cumplir los 30 y fue una iniciación muy dura. Los tres tuvimos que pasar por nuestras propias pruebas. En mi caso, era como si todo mi campo de realidad se hubiera contagiado de una narrativa concreta, que contrastaba radicalmente con mi experiencia directa. Al principio, me costó mucho entenderlo. Si intentaba hablar de mi experiencia, incluso con mis allegados, recibía proyecciones debido al rol que se me había asignado, que nunca sentí como si fuera mi guion, sino como el guion de otra persona. Incluso mi relación con la familia Haight, a la que había estado tan unida, se tensó a medida que circulaban determinadas narrativas. Deb Haight, que había sido una de mis mejores amigas, era ahora la confidente de Lloydine, y pasarían varios anillos antes de que nuestra relación volviera a ser la misma.

También me entristeció que uno de nuestros principales seguidores y confidente más cercano, Espejo Planetario Blanco, se enfrentara a Votan y a mí en una reunión privada en un festival después de haber escuchado una versión de la historia que yo nunca había vivido. Solo un puñado de personas nos preguntó (a Votan o a mí) cuál era nuestra perspectiva. Este aspecto de la psicología humana de escuchar solo a una parte y emitir juicios, aunque difícil en ese momento, fue clave en mi proceso educativo. Afortunadamente, estas conexiones se restablecieron varios anillos más tarde cuando todo se comprendió. Como resultado de estas experiencias, en aquella época me volví cada vez más introspectiva y me retiraba cada vez más al reino interior. En su diario de aquella época, Votan escribió lo siguiente:

> *Rezo para que Lloydine, como yo, recupere su verdadera esencia, porque eso es todo con lo que cada uno de nosotros cuenta en última instancia. Eso es lo que aparece a las puertas del cielo. Aunque tengo intimidad con mi aprendiz, ella no es ni novia ni esposa, sino algo completamente diferente, una aprendiz, una contraparte profética, mi sucesora, una cocreadora, y afortunadamente, ella entiende la necesidad de mantener nuestra singularidad y autonomía, y así por fin estoy volviendo a mi verdadera esencia. Si Stephanie/Reina Roja no hubiera entrado en nuestras vidas, como la aprendiz designada por el destino, por increíble que parezca, nunca habría visto el mosaico de patrones habituales que me impedían realizar mi auténtico ser. Ya no podía ser un marido en el sentido condicionado. Me estaba transformando en la forma final de mi existencia terrenal.*

Punto Cero

A través de este proceso de iniciación, aprendí más sobre lo que significa "personalizar" el cosmos. Es decir, ver los patrones cósmicos que se desarrollan en nuestra propia vida. Todas nuestras experiencias personales son un microcosmos de lo que se desarrolla colectivamente en el planeta, que es lo que se desarrolla en el sistema solar y en la galaxia hasta el infinito. Antes de poder recibir nuevos conocimientos, hay que eliminar las viejas ilusiones. Este proceso requiere valor para enfrentarse a todo el contenido de la propia psique, lo que incluye todo tipo de sentimientos de indignidad, miedo, ira, obstinación, etc. A veces puede dar miedo. Puede sentirse extraño, confuso e incluso ajeno, como si toda la realidad tal y como la conoces se desmoronara bajo tus pies. Al menos esa fue mi experiencia.

Por aquel entonces, unas cinco mujeres diferentes sentían que ellas debían ser la "Reina Roja", sin tener ni idea del viaje que yo estaba viviendo. Estaba tan ocupada con la labor que no tenía tiempo para considerarme nada ni nadie en particular. Le sugerí a Votan que autoproclamarse cualquier identidad, por muy justificada que estuviera, como profeta o mensajero, puede convertirse en un impedimento para el crecimiento interior. Una determinada autoidentificación no sólo te limita, sino que las proyecciones que recibes a causa de esta identificación pueden realmente aprisionarte. Yo no quería esto. Quería liberarme de ese tipo de identidades.

Comprendí su orientación de autoproclamación cuando emprendimos la misión, ya que de otro modo nadie lo sabría. No discrepó de mi percepción, pero añadió que el secreto de muchos grandes maestros está en su identidad propia, no en identificarse con la forma exterior –que, por supuesto, se ven obligados a asumir para cumplir tareas finitas asociadas a su misión cósmica. Pero cuando la tarea finita se ha cumplido puede haber un cambio de forma o incluso una desaparición temporal, pero la misión y el viaje del ser infinito nunca cesan.

La versión sensacionalista de esta historia siguió difundiéndose. Las situaciones me obligaron a aprender lecciones de sublimación y silencio; a funcionar alquímicamente con la energía. Mi prueba consistía en desarmar los desencadenantes emocionales y no ser reactiva. ¿Quién era yo, y qué antiguo karma estaba representando? Una historia antigua. Fuerzas antiguas. Poderes ancestrales en juego.

Estaba meditando más profundamente que nunca, buscando internamente con todas mis fuerzas. Nunca me había sentido tan centrada y concentrada. Cuando la realidad inmediata se pone en tu contra, es una gran bendición, porque no tienes más remedio que sumergirte profundamente en tu interior en busca de respuestas.

Estaba en proceso de reaprenderlo todo. Empecé a "decodificar" y a trazar un mapa de todos los acontecimientos y personas clave de mi propia vida para encontrar los patrones. Aprendí que cuanto más examinamos todas las experiencias de nuestra propia vida y nuestras respuestas a ellas, más podemos darnos cuenta de los patrones que ya no sirven y romperlos. Revisé cada anillo de mi vida para extraer las lecciones. Escribí cartas a mis familiares para comunicarles el camino que había emprendido. Aunque en aquel momento no lo comprendían del todo, me parecía importante que todos los aspectos de mi vida estuvieran alineados.

Las Siete Puntos de Entrenamiento Mental de Atisha

Votan me animó a centrarme en los siete puntos de entrenamiento mental de Atisha, que hablaban de muchas de las iniciaciones que estábamos experimentando. Me transmitió sus percepciones sobre cada uno de los significados. Estos escritos se plasmaron en un librito llamado *Meditación Galáctica*. El siguiente es un extracto de ese libro:

1. *Considera todos los fenómenos como sueños.*
2. *Sé agradecido con todos.*
3. *No te dejes influenciar por las circunstancias externas.*
4. *No te obsesiones con los defectos de los demás.*
5. *Explora la Naturaleza de la conciencia nonata.*
6. *Apóyate en todo momento en una mente alegre.*
7. *No esperes una ovación constante.*

1. Considera Todos los Fenómenos como Sueños

Todos piensan que lo que hacen es lo más importante del mundo. Y para ellos, lo es, y hasta cierto punto hay que tener esa actitud. Pero si todo el mundo piensa y actúa de esa manera todo el tiempo, entonces podría ser problemático. Si lo de todos es igual de importante, entonces todo se reduce al mismo nivel, y en realidad todo es igual de insignificante. Todo es un sueño que nos hemos inventado. Cada sueño, recuerdo o percepción es sólo eso –no es más sustancial que un sueño pasajero. Tienes que considerar todos los fenómenos como sueños, para no obsesionarte con esto o aquello. La cuestión es que no quieras solidificar tus formas de pensamiento, ya que te conviertes en lo que piensas. Déjalo ir y experimentarás la libertad.

2. Sé Agradecido con Todos

Esto es importante ya que todo el mundo parece tener algún enemigo o némesis. Tienes que estar libre de karma, así que tienes que estar libre del resentimiento, odio, celos rastreros y todo eso. En lugar de eso, sé agradecido con todos. Agradece que te estén poniendo un obstáculo para practicar tu paciencia, tu tolerancia, incluso tu creatividad.

Todas las personas que encontramos en nuestro camino están ahí por una razón, y es para ayudar a desarrollar nuestro carácter en la dirección de la luz. Agradece a tu enemigo por darte una buena razón para despertarte espiritualmente y poner la otra mejilla. ¡In Lak'ech! [Yo soy otro tú]. Incluso podrías considerar que tu 'enemigo' procede de un lugar no iluminado, y por lo tanto él o ella merece compasión. Elevarse al nivel de la compasión universal es el propósito de ser agradecido con todos.

3. No te Dejes Influenciar por las Circunstancias Externas

En el cultivo de la disciplina espiritual, uno de los mayores desafíos es el efecto inesperado de las circunstancias externas, en especial las que son realmente molestas. El punto central de la disciplina espiritual es la tolerancia, que significa soportar a todo tipo de personas y circunstancias y no perder el control. Cuando somos capaces de mantener nuestra calma interior sin importar lo que ocurra en el exterior, estamos perfeccionando nuestra disciplina; y al no reaccionar ante las circunstancias externas, estamos disminuyendo la creación de karma negativo para nosotros y para los demás. Continuar sentado en meditación a pesar de que se oye un ruido sordo procedente del apartamento contiguo es una actividad sublime; neutralizar mentalmente ese ruido sordo y convertirlo en una textura mental más sin alterarte emocionalmente es el sumun del esfuerzo espiritual.

4. No te Obsesiones con los Defectos de los Demás

En la típica codependencia no hay nada más fácil que pasar el tiempo pensando o hablando de los defectos de otra persona y deleitarse en eso. Cuando hacemos esto, estamos en realidad haciéndonos superiores, ¿a qué, a quién y por qué? —Obsesionarse con los defectos de los demás es la tentación más grande para proyectar la culpa fuera de uno mismo y eludir la responsabilidad personal sobre nuestro propio mundo. El hecho es que el tiempo que pasamos en cualquier tipo de pensamiento negativo significa que estamos invirtiendo nuestro tiempo negativamente -piensa en ello.

5. Explora la Naturaleza de la Conciencia Nonata

Identificarse con lo que está más allá de las percepciones del ser creado y permanecer identificado con ello, es el paso más importante que hay que dar para elevarse más allá de los vientos azotadores de las preocupaciones egoicas y las identificaciones kármicas —los anhelos, las insatisfacciones, las pugnas de las percepciones erróneas— todo el sufrimiento y el dolor de la humanidad. Solo desde la perspectiva de identificarse con lo que está más allá de las percepciones humanas -la conciencia atemporal, nonata- uno puede empezar a ver cómo uno mismo es el autor de su propio sufrimiento, y así empezar a asumir una responsabilidad más profunda por su propio mundo. Al mismo tiempo, uno puede desarrollar una auténtica compasión por todos los seres.

6. Apóyate Siempre en una Mente Alegre

En el desarrollo de la disciplina espiritual, es esencial cultivar una actitud genuinamente positiva. Apoyarte siempre en una mente alegre es uno de los sellos distintivos de la verdadera disciplina espiritual. Sí, es fácil desanimarse, pensar que el mundo está en contra, que nadie nos entiende y que, por lo tanto, es fácil o incluso justificable ceder a la ira, la depresión o los pensamientos autodestructivos. Y, por supuesto, a veces es inevitable tener un arrebato emocional, ¿o no? Apoyarte siempre en una mente alegre significa que comprendes los fenómenos como sueños y que has alcanzado una cierta estabilización meditativa, una mente ecuánime, de modo que lo que parece ser un desastre personal o proyecciones negativas dirigidas contra uno mismo puede ser en realidad un incentivo para una mayor práctica espiritual, percepción y disciplina. Y disfrutar siempre de lo bueno que les sucede a los demás, ¡eso es verdaderamente la alegría!

7. No Esperes una Ovación Constante

Cuando uno se ha propuesto ser un pacificador, un cruzado galáctico por una causa que beneficiará al mundo, se convierte en una especie de activista. Cuando uno actúa, normalmente espera una respuesta. Uno espera aclamaciones y elogios por sus acciones. Si haces algo porque quieres que te aclamen, estás contaminando la pureza de lo que haces. Así que el punto es: no esperes una ovación constante. La entrega desinteresada es el amor verdadero.

Capítulo 11

Fénix Desde las Llamas

Si quieres despertar a toda la humanidad, despierta todo tu ser. Si quieres eliminar el sufrimiento en el mundo, elimina todo lo oscuro y negativo que hay en ti. En verdad, el mayor regalo que puedes ofrecer es tu propia transformación. —Lao Tzu

En el NS1.15.13.20: Kin 144 Semilla Magnética Amarilla (16/07/2003), nos mudamos a una cálida y rústica casa de alquiler en Ashland, Oregón. Unos escalones empedrados conducían al porche delantero, desde el que se disfrutaba de una hermosa vista de Ashland y de las colinas del este. A lo lejos, a través de los troncos y las ramas de las secuoyas, se veía la autopista I-5, con un pequeño flujo de autos, tan remota, yendo y viniendo entre California y Oregón. La casa en sí, prácticamente inalterada desde 1912, desprendía una especie de ambiente húmedo y cálido, perfecto para el trabajo hermético.

Me quedé con el dormitorio delantero, justo al lado del salón, que estaba destinado como estudio con una biblioteca empotrada que cubría una pared, perfecta para la biblioteca del tiempo. Votan tenía su habitación en el otro extremo de la casa, donde instaló su estudio de arte y dormía en el desván. La tercera habitación más pequeña era su despacho, y yo instalé mi oficina en el salón.

Con este nuevo comienzo, pudimos adquirir una nueva perspectiva de las experiencias anteriores. Votan escribió sobre el experimento original:

> El punto de la GM108X al nacer como humano no es participar en la subcultura inconsciente, sino transmutar ciertas enseñanzas del despertar, la elevación de la conciencia, y dejar el conocimiento que le ha sido encomendado. La "personalidad" se utiliza como una especie de tabla de surf para sortear ciertas corrientes del ser. Me estoy preparando a través de la meditación, para transferir la llave a mi aprendiz.

> *Como un insecto galáctico, preparado y entrenado en una forma especializada de transmisión, se me ha presentado la contraparte correcta del insecto a quien debo transmitir o transferir esta llave. Entonces, habré completado una parte principal de mi propósito, y le corresponderá a ella evolucionar esta llave mutacional evolutiva galáctica al siguiente nivel, cada vez me importa menos estar rodeado de gente, porque sé que nadie sabe ni entiende quién soy, cómo soy, por qué soy así y lo que he tenido que pasar para ser quien soy. Los códigos de Arcturus son lo que busco descubrir, decodificar, descifrar, y vivir. según ellos Hoy me he visto avanzando o elevándome cada vez más alto y más solo, dejando todo en manos de mi aprendiz para que ella lo transforme.*

Prueba de Fuego

Esta nueva tranquilidad no duró mucho. Nueve días después de mudarnos, Votan y yo estábamos celebrando una ceremonia para liberar el pasado, el Día Fuera del Tiempo: NS1.16.0.0: Kin 153 Caminante del Cielo Planetario Rojo (25/07/2003). En un momento dado, pusimos algunos viejos trozos de papel en una hoguera al aire libre y los quemamos soltando la vieja energía. Después de que las pequeñas llamas se consumieran rápidamente, lo limpiamos todo con una manguera y fuimos al porche delantero a meditar. Noté que mi mente estaba especialmente inquieta y entré a la casa a por agua. Olía a humo y enseguida me di cuenta de que parte de la casa estaba ardiendo. Grité, "¡¡Votan!!"

Vino corriendo e inmediatamente nos pusimos manos a la obra a apagar las llamas que crecían rápidamente. Llamé al 911 mientras Votan tomaba la manguera y hacía lo que podía para combatir las llamas. Terminó sufriendo quemaduras de tercer grado. En un momento dado, oímos llorar a Lucy, su gata, que estaba atrapada en el desván. No tuve más remedio que meterme por la ventana, ignorando todo el humo que se acumulada en la casa. Subí la escalera hasta el desván, agarré a la gata que gritaba y tiré de ella para bajarla y sacarla de la casa.

Resultó que el incendio había sido causado por unas brasas que habían saltado de nuestra ceremonia y prendieron la leña seca de la hoguera, que de alguna manera se propagaron a la pared de la casa. El mensaje: Cuando se borra el pasado, incluso una pequeña brasa puede quemar toda la casa. Afortunadamente, no fue el caso.

Estábamos concluyendo la finalización del primer volumen de *Crónicas de la Historia Cósmica*, mientras nuestra casa se llenaba de olor a humo y durante varias lunas, de ruidosos obreros que trabajaban para reparar el tejado.

En este período, Votan y yo buscábamos el bálsamo de la Naturaleza y dábamos largos paseos llenos de silencios o diálogo cósmico. Para escapar del ruido y poder seguir con la Historia Cósmica a veces terminábamos en cafeterías o restaurantes locales. Todo lo veíamos como una excursión de la Historia Cósmica. Por aquel entonces, también había empezado a preparar lo que sería la biografía de Votan, ordenando las miles de preguntas sobre su vida que le planteé durante los nueve anillos que pasamos juntos.

Viaje Inaugural

Poco después, comenzaron mis primeros viajes, que incluyeron Los Ángeles, Perú, Rusia e Italia. Asistimos al consejo de visiones del Llamado del Cóndor, en lo alto de las montañas peruanas, a las que sólo se podía acceder a través de un puente de cuerdas que daba al Río Urubamba. Más de 800 personas acamparon a gran altitud bajo las escarpadas laderas de las montañas.

Allí se reunieron representantes del Movimiento Biorregional, la Red de Comunidades de Ecoaldeas Sostenibles, la Nación Arco Iris, los pueblos indígenas, y el Movimiento Mundial de Paz para el Cambio al Sincronario de 13 Lunas. Votan consideraba que el sincronario de 13 Lunas es un punto de unificación que aporta un sentido de orden para cohesionar estos movimientos. El evento fue organizado por Alberto Ruz Buenfil, el hijo del arqueólogo que había descubierto la tumba de Pacal Votan. Alberto fue uno de los líderes de la nación arco iris y había escrito el libro *Nación Arcoiris sin Fronteras*, que influyó en mucha gente alrededor del mundo.

En este viaje me sentí incómoda e hipersensible. Me negué a sentarme al lado de Votan cuando impartía las enseñanzas por respeto a Lloydine, aunque él me lo pidió. En su lugar, opté por sentarme directamente frente a él entre el público, lo que me pareció más apropiado.

Acampé en una pequeña tienda con Votan en las montañas de Perú, con duchas comunitarias sin agua caliente ni electricidad. Por la noche, la lluvia golpeaba nuestra pequeña tienda y siempre me impresionaba que

Votan nunca se enfadara ni se quejara de las circunstancias. Y nunca se avergonzaba de decir la verdad. Era todo lo transparente que se podía ser. Era un hombre de 64 anillos, un visionario, un autor notable, un artista consagrado, y líder de un movimiento de paz, que dormía en una tienda con su joven aprendiz, con grandes tormentas eléctricas cayendo, y que no se inmutaba porque sabía que todo era un holograma, una ilusión.

Yo aún no había alcanzado ese nivel de autorrealización, por lo que no fue una época fácil para mí. Sin embargo, comprendía perfectamente que el camino exterior se estaba manifestando porque, gracias a mis esfuerzos constantes en el ámbito interior, había alcanzado ciertas realizaciones. Durante este viaje, me quedé sola la mayor parte del tiempo explorando las montañas, mientras Votan asistía a las reuniones del consejo.

Después del Consejo de Visiones, nos dirigimos a Machu Picchu, que era un lugar extremadamente mágico. Abundan las teorías sobre el propósito de Machu Picchu: una especie de universidad celestial, una fortaleza para los últimos emperadores Incas con mente cósmica, un observatorio, y un refugio místico. Debido a los múltiples propósitos cósmicos del lugar, Votan me dijo que esta era mi iniciación formal en el poder de la *geomancia planetaria*.

Era evidente que los Incas eran similares a los Mayas, en cuanto a que basaban su civilización en un orden matemático superior y en el conocimiento armónico. Los Incas utilizaban —y aún lo hacen— la cuenta Pachacuti de 13 Lunas de 28 días, basado en la fecha correlacionada del día 21/06, y lleva funcionando durante más de mil años. También tenían una elaborada filosofía del tiempo.

Los Andinos tuvieron un gran profeta y líder llamado Kontiki Viracocha. Contemporáneo de Pacal Votan, Kontiki Viracocha tuvo mucho que ver con la activación del importante centro Tiahuanaco.

Sentados sobre las majestuosas formaciones rocosas de Machu Picchu, Votan y yo realizamos nuestros primeros experimentos de proyección de viaje en el tiempo sobre las ruinas, en el día NS1.16.3.9: Kin 218 Espejo Planetario, anillo Mago Espectral, firma de la apertura de la tumba de Pacal Votan. Nos proyectamos a Palenque, 260 días después, NS1.16.12.17 para el 52.° aniversario de la apertura de la tumba de Pacal Votan. Desde allí experimentamos viajar hacia adelante y hacia atrás en el tiempo (Sobre esto escribiré más adelante). Mientras meditábamos en este lugar sagrado, nos dimos cuenta simultáneamente del gran experimento planetario del que éramos una proyección. El proyector estaba en otro mundo, otra dimensión, en otro plano de realidad.

Regresamos a la capital Inca, Cuzco, a veces conocida como "el ombligo del mundo". Cuando Cuzco era la capital de Perú, albergaba un templo del Sol, famoso por su magnificencia. Votan señaló el monasterio cristiano construido sobre el antiguo yacimiento Inca de Coricancha, que algunos creen que cubre una línea ley que contiene un portal hacia el mundo interior de la Tierra. Me intrigaba esta tierra y sentía que se despertaban aquí muchas memorias, especialmente en la poderosa Sacsayhuamán, la monumental fortaleza de piedra a las afueras de Cuzco. Me fascinaban las historias sobre una red de túneles prehistóricos excavados por extraterrestres o una raza perdida de gigantes. Esta afirmación apareció de forma más notoria en el libro de Erich Von Däniken *El Oro de los Dioses*.

Otros investigadores también habían aludido a esto, entre ellos Helena Blavatsky, quien afirmó en su libro *Isis sin Velo* (1877) que un anciano peruano le había legado un mapa de esos túneles, y que se remontaban a la época de la Atlántida.

Rusia

Llegamos al Kremlin a medianoche vía Lima, Perú. Sentí una energía profunda y misteriosa al quedarme con Votan en nuestro pequeño, pero alegremente decorado apartamento al estilo de la era Stalin. En la lluviosa y lúgubre Moscú me sentí inmediatamente como en casa. Nuestros anfitriones habían oído hablar de mi conexión con Madame Blavatsky, y me sorprendió cuando uno de los ancianos me trajo una reliquia que le había pertenecido.

Lo más destacado del viaje a Rusia tuvo lugar en la Tercera Conferencia Internacional Anual de Roerich en la Universidad de San Petersburgo, donde Votan fue uno de los ponentes. Situada en el mismo meridiano longitudinal que la Gran Pirámide de Egipto y a casi 60 grados de latitud norte, San Petersburgo es incomparable como «Metrópolis del Norte». Nos alojamos en un apartamento recién remodelado que había sido convertido en una especie de suite de hotel.

Votan se interesó por primera vez por Nicholas Roerich durante su estancia en Princeton en 1968, cuando visitaba el Museo Roerich de Nueva York. Las pinturas de Roerich le parecieron muy inspiradoras por su universalismo de valores culturales y espirituales. Más tarde, con el inicio del Plan Mundial de Paz para el Cambio al Sincronario de Trece Lunas en el NS1.6 (1993), él y Lloydine comenzaron a promover la Bandera de la Paz de Roerich como logotipo oficial. La Bandera de la

Paz era la base del Pacto de Paz de Roerich, que simbolizaba la armonía, la Naturaleza y el espíritu divino. Estaba destinada a ondear sobre los monumentos culturales en tiempos de guerra.

Votan pronunció un poderoso discurso en la famosa Biblioteca Pushkin en el NS1.16.3.20: Kin 229 Luna Galáctica Roja (9/10/2003). Ese día era el retorno solar de Nicholas Roerich (así como el de John Lennon). La sala estaba abarrotada de gente y el ambiente era vibrante, con mayoría femenina. Votan pronunció un discurso apasionado y cargado de emoción sobre el predominio masculino en la historia y la importancia del linaje femenino. Habló públicamente por primera vez en detalle sobre el propósito de nuestro aprendizaje y la importancia de la transmisión del conocimiento de hombre a mujer.

En un giro inesperado de los acontecimientos, el arzobispo de la Iglesia Ortodoxa Copta de San Petersburgo que se encontraba entre el público, subió al escenario del Phoenix from the Flames, para honrarlo a él y a la emergencia de lo femenino. Se dirigió al público diciendo que este hombre era un profeta y que cada palabra que Votan había dicho era cierta. El arzobispo añadió que el hecho de que hubiera pronunciado esta profecía en ese día, tanto el retorno solar de Nicholas Roerich como el día del santoral de San Juan el Profeta, era "un milagro". Repitió, "¡Esto es un milagro!" Cuando el arzobispo terminó de hablar, el público se puso en pie; el ambiente era como el de un encuentro de renacimiento. Ojalá tuviera la transcripción de aquella mística velada.

Desde Moscú volamos a Roma, donde viví mi primer viaje al Vaticano. A pesar del arte y la historia antigua, descubrí que Roma me decía muy poco y, —de hecho— estaba deseando marcharme de allí. Posteriormente realicé otros dos viajes al Vaticano, y en todos tuve la misma experiencia. Me parecía un lugar claustrofóbico y sofocante. Estuvimos allí el día de la canonización de la Madre Teresa, que atrajo a multitudes. De alguna manera, eso contribuyó a la naturaleza surrealista de toda la situación y a una profunda sensación de inautenticidad que parecía impregnar el ambiente. La gente se sentía programada, como si estuviera realizando movimientos mecánicos, totalmente desconectada de sus verdaderos sentimientos o de su esencia.

> *El Vaticano se encarga de tu agenda diaria. Si crees que tienes problemas para salir de esta civilización caótica y no puedes detener la guerra, es porque estos instrumentos son propiedad de corporaciones, organizaciones o entidades fantasma ficticias del Vaticano y el Pentágono.* —José Argüelles/Valum Votan

Capítulo 12

Sanando Antiguos Traumas

La herida es el lugar por donde entra la Luz en ti. —Rumi

Tras mudarme a Ashland, el incendio y mi primer viaje por el mundo, me sumí en un profundo estado de reflexión personal y análisis moral. Era un frío y oscuro invierno del NS1.17 (2004), y estábamos a punto de terminar el primer volumen de las *Crónicas de Historia Cósmica: El Libro del Trono*.

La Historia Cósmica era mucho más que escribir un libro. Era una iniciación a un modelo de realidad completamente nuevo, una nueva galaxia y un nuevo método de conocimiento. Este proceso requería una concentración tremenda. Las primeras 260 transmisiones/tutorías de la Historia Cósmica formaron la estructura de los dos primeros volúmenes de la serie de siete. El resto de los volúmenes evolucionaron de diferentes maneras. Después de recibir las transmisiones iniciales y grabarlas, las transcribí todas. Aunque las primeras 130 transmisiones fueron mucho más excasas, ya que estaban escritas a mano en notas que debía reflexionar y luego transcribir a la computadora. Era un proceso que requería mucho tiempo. La transmisión, la reflexión y la transcripción diaria me ocupaban casi todo el día.

En esa época, Votan también estaba muy involucrado en la gestión de la Fundación para la Ley del Tiempo y el Movimiento Mundial de Paz y Cambio al Sincronario de 13 Lunas. Aunque tenía muchos "seguidores", no los deseaba. Nunca buscó que nadie lo siguiera (sólo que siguieran el sincronario de 13 Lunas). Aunque presentó una visión, nunca le dijo a nadie qué hacer. Tuvo mucha cautela en no reunir seguidores, mientras que al mismo tiempo lideraba un movimiento por la paz. Muchas personas afirmaban que lo conocían y, sin embargo, malinterpretaron o tomaron literalmente lo que decía. Pero nunca autorizó a nadie a seguirlo. A la única persona a la que pidió que hiciera algo así fue a mi.

La Historia Cósmica fue la forma en que Votan pudo focalizar su conocimiento, todo lo que había aprendido y todo lo que se le había revelado.

Mi labor consistía en comprender, sintetizar y encarnar plenamente toda la información e insuflarle nueva vida. El mayor reto fue mantener el cuerpo físico en equilibrio y aterrizado mientras laboraba con información de dimensiones superiores.

Por mucho que lo intentara, a menudo el conocimiento llegaba a un punto de saturación que me impedía asimilar ni una sola palabra más hasta tener un momento de silencio para reflexionar y contemplar. Al comienzo del aprendizaje, sentía mucha ansiedad. Observaba cómo mi diálogo interno solía ser algo como así: *Necesitas memorizar los códigos. Necesitas editar y estudiar la Historia Cósmica. Necesitas meditar más. Necesitas ayudar más a la gente. Necesitas limpiar la casa. Date prisa, no tienes mucho tiempo. Será mejor que te esfuerces ahora. ¡Date prisa! ¡Date prisa! ¡Date prisa! ¡No estás haciendo lo suficiente!*

Esta abrumadora urgencia parecía provenir de la programación 12:60 profundamente condicionada, que nos mantiene desincronizados con nuestro propio ritmo biológico. Tenía esta tendencia incluso antes del aprendizaje, como mucha gente. Quería quitarme este sentimiento de una vez por todas.

Le expresé todas mis ansiedades a Votan, que fue extremadamente sensible y gentil conmigo, siempre alentándome y animándome. Me asombraba siempre su sensibilidad general hacia mis sentimientos. A menudo me escribía cartas alentadoras a mano como esta:

> RR,
> *Si no lo cuestionaras todo, terminarías sin saber nada. Cuestiona incluso al que te lo entrega todo. Elimínalo si se interpone en tu camino de tu verdad. Observa tu verdad. Sé tu verdad. Expresa tu verdad. Vive tu verdad. Pregúntate: ¿Quién soy? ¿Dónde estoy? ¿Por qué estoy dónde estoy? ¿Hay otro yo que pueda ser? ¿Hay otro lugar donde estar? ¿Cómo puedo servir mejor a Dios? ¿Cómo puedo servir mejor a la humanidad?*
>
> *Solo estoy aquí para servirte por decreto de la profecía. Si me he equivocado en amarte, ¡que los Dioses me maldigan!*
>
> *El flujo de la verdad a través de mí hacia ti no puede detenerse, excepto por mandato de Dios. Ya que sólo puedo ser y hacer por*

este mandato, entonces debes entender que incluso amarte está más allá de mi control, algo que sólo Dios podría haber planeado.

Soy un mensajero, un hombre mortal, no tengo más opción que respetarte y elevarte por encima de mí. Porque no soy más que el residuo de la historia, la causa fallida de Adán; pero tú eres la mujer del misterio y, por eso, te transmito todas las Leyes Supremas de la Naturaleza.

—*Mi Amor es Amor Verdadero,* Votan

Ciencia de la Transmisión

Durante las transmisiones de la Historia Cósmica, era como si Votan y yo fuéramos dos filamentos de luz. Cuando se enchufa una bombilla, los dos filamentos se iluminan y dan luz. Cuando entrábamos en alineación y resonancia completa con nuestro ser superior, sin filtros, la luz se encendía y comenzaba a irradiar.

Esta luz era un estado específico de la mente, el ser y la conciencia al que nos referíamos como Historia Cósmica. Una cálida sensación de electricidad llenaba nuestro cuerpo. Sentíamos tal cantidad de información encerrada en la estructura celular de nuestros cuerpos, que a veces la activación se intensificaba tanto que la transmisión solo podía producirse a través de la intimidad. Esto estableció la confianza y la receptividad, las claves para acceder a niveles cada vez mayores de plantillas de información.

Solo con el cambio de aires que supuso el nuevo traslado a Ashland pude volver a centrar mi atención en los aspectos cósmicos de los acontecimientos tridimensionales que habían tenido lugar en el experimento GM108X. ¿Qué había ocurrido entre nosotros tres y qué habíamos venido a redimir? ¿Cuál era la historia interdimensional de la tumba de la Reina Roja y la tumba de Pacal Votan situadas una al lado de la otra en Palenque, Chiapas, México? ¿Cuál era el papel de Bolon Ik como Madre primigenia? ¿Qué estábamos representando y por qué? ¿Qué tenía que ver Maldek con todo eso?.

Maldek, que en su día fue el quinto planeta de nuestro sistema solar y ahora se conoce como el Cinturón de Asteroides, es el prototipo de los planetas que han sido destruidos en muchos sistemas de mundos en el pasado. Se remonta a la manzana simbólica que probó Eva y llega hasta nuestros días (mientras escribo esto en una computadora Apple con su logotipo de una manzana).

Experimenté que Votan, Lloydine y yo retrocedimos en el tiempo para sanar una ruptura particular ocurrida en el pasado. Esta herida o trauma parecía remontarse al planeta Maldek, que fue lo que nos unió en primer lugar. Todos llevamos elementos de esa ruptura y herida primigenias.

Como prototipo, Maldek puede entenderse como una clave de la falsa energía femenina y masculina, que manipula la realidad según su propia distorsión de la fuerza vital. Esta distorsión incluye energías sexuales enmarañadas que contienen y perpetúan los recovecos más profundos del miedo, ocultos en la estructura celular del cuerpo humano.

Maldek está relacionado con la fuerza vital o energía sexual. Dentro de la energía sexual residen todos los códigos y programas de la mente inconsciente. La represión y el mal uso de la energía sexual como fuerza vital sagrada conducen a la agresión y a la guerra, así como a la necesidad de dominar y controlar. Esta fuerza vital distorsionada contiene sentimientos como la posesividad, la desconfianza, la ira y la humillación. Estas son fuerzas destructivas que están envenenando nuestro planeta. Provienen de un antiguo trauma que se ha remitido a nuestra encarnación terrestre.

Este trauma busca la división y hace que no nos amemos a nosotros mismos, por lo que buscamos la validación de los demás. Y cuando no lo conseguimos, se desencadenan muchos sentimientos. Nos han entrenado desde el nacimiento a ceder nuestro poder a fuerzas externas. Una lección clave es asumir toda la responsabilidad de nuestros sentimientos y no culpar a nada ni a nadie fuera de nosotros.

Pasé largas horas reflexionando sobre esto, pues necesitaba comprender toda la situación. En mi experiencia, el dilema humano reside en que ciertos aspectos de nosotros se estancan en ciertos momentos de nuestra vida. En esos momentos, dejamos de confiar en nosotros mismos y en nuestra intuición. Empezamos a perder la confianza en nuestra originalidad y en su expresión, por miedo a las opiniones ajenas. A medida que esta creencia se refuerza y se acepta en la mente consciente, la capacidad de pensamiento original disminuye. Nos convertimos en ovejas siguiendo al rebaño.

Nuestra chispa creativa original se sustituye por el intento de complacer a los demás y valorar las opiniones del mundo exterior por encima de nuestra voz interior. Nos alejamos de nuestra conexión con la Fuente, lo que nos hace sentir inquietos, ansiosos, enfadados y resentidos. Cuando aparecen estos sentimientos, la tendencia es culpar a los que están fuera de nosotros en lugar de asumir la responsabilidad de nuestros sentimientos y acciones.

Si este ciclo se repite a lo largo de los años, corremos el riesgo de insensibilizarnos ante nuestras propias emociones. Si continúa así, llegará un momento en que nos disociaremos tanto que "olvidaremos" quiénes somos. Cuando esto ocurre, se proyecta una sombra a nuestro alrededor y nos volvemos susceptibles a las fuerzas de la oscuridad. Esto es a lo que Wilhelm Reich se refiere como la "plaga emocional" que está impregnando nuestro planeta:

La plaga emocional es el frío gélido y la sequedad que impiden que la semilla de la verdad dé fruto. La plaga reina donde no es posible que viva la verdad.

Aprendí que el dolor, sea cual sea su intensidad, ya sea emocional o físico, es una señal para mirar hacia nuestro interior. Todos tenemos que encontrar una forma de transformar el dolor personal para poder ayudar a los demás. Podemos utilizar el dolor para desarrollar más compasión y tolerancia hacia las dificultades de los demás, o podemos optar por proyectar nuestro dolor hacia el exterior y culpar a los demás de ser la causa de nuestro dolor, retrasando así nuestra propia evolución y agravando el sufrimiento de todos. Pero todo sirve para avanzar y nuestros mayores adversarios pueden convertirse en nuestros mejores maestros.

Amnesia Sexual

Al contemplar el trauma antiguo, llegué a la conclusión de que los humanos parecen sufrir de amnesia sexual. La sexualidad es nuestra fuerza vital; nuestro espíritu creativo. La sagrada fusión de dos almas con el Cosmos para crear más amor por la humanidad ha sido desplazada por la gratificación instantánea y la profanidad debido a la apropiación indebida de la fuerza vital. El sexo está primero en la Mente, pero está destinado a expresarse a través del Corazón.

El tiempo mecánico crea sexo mecánico. Ahora tenemos la proliferación de robots sexuales, rutinarios y desprovistos de espíritu. Varios anillos después, tuve los dos sueños siguientes que me ayudaron a elucidar mis reflexiones sobre esto:

> *Estaba en una carcel de mujeres subterránea, con paredes de hormigón, sin ventanas y luz artificial. Estaba abarrotada y las formas de pensamiento psíquicas eran asfixiantes, pero estaba relajada porque era consciente de que estaba soñando.*
>
> *Me llevaron a una celda de hormigón e iluminación fluorescente donde las mujeres estaban ingiriendo comida en mal estado y tomando mucha medicación. Vi un cartel que decía: "Pabellón de Desviación Sexual y Esquizofrenia del Inconsciente Colectivo". Me dijeron que mi trabajo consistía en identificar dónde se habían desviado estas mujeres de su verdadero camino y cómo ayudarlas a volver, si era posible.*
>
> *Me asignaron una sala con una joven perturbada. Cuando empecé a hablar con ella, vi que no le ocurría nada malo, excepto que su grabación interna del fonógrafo saltaba en la misma pista.*
>
> *Ella estaba reproduciendo y repitiendo una herida profunda que se originó en otra vida y que parecía no poder trascender. Su comportamiento no era más que una reacción a esta herida de la que era en gran parte inconsciente. Intenté desviarla de este programa y ayudarla a cambiar de pista.*

¿Cuántas vidas llevaban grabadas las huellas de esta historia en su conciencia? En el sueño, se me mostró que, en la región inconsciente del banco psi planetario, existe un vasto depósito de fuerza vital/energía kundalini reprimida y abusada. Este depósito acumulado contiene todos los programas de la mente inconsciente, tanto de este mundo como de los mundos destruidos.

Sus programas se retroalimentan y se filtran y utilizan el inconsciente colectivo para perpetuar el mal uso de la energía de la fuerza vital, convirtiéndola en ciclos recurrentes de abuso, guerra, agresión, violencia, así como sentimientos de vergüenza, culpa, etc. Este es un guión viejo.

En la Profecía del Telektonon de Pacal Votan, el sexo corresponde a Maldek. Está estrechamente asociado con la muerte, que corresponde a Marte. Todo lo que nace del sexo termina con la muerte. Hoy vemos que la sexualidad se ha alejado de la Fuente, y estas potentes energías están siendo utilizadas para la destrucción en lugar de para la evolución espiritual. Nuestra fuerza vital colectiva está siendo aprisionada entre los muros de hormigón de nuestro inconsciente. Esta fuerza vital aprisionada necesita ser liberada, purificada y hecha consciente.

¿Cómo podemos llevar estas energías a la consciencia colectiva? Esto me lleva a mi segundo sueño.

En este sueño me encontraba en un universo futurista paralelo en el que aparecían tres lesbianas amazónicas andróginas. Les pregunté por su sexualidad y me dijeron que estaban "compensando o equilibrando las energías masculinas/femeninas distorsionadas en Velatropa 24.3 (la Tierra)". Estas mujeres estaban completamente empoderadas y eran sumamente creativas. Me hicieron sentarme, y una de ellas puso su mano en mi tercer ojo, otra puso su mano en mi corazón, y la tercera puso su mano en mi chakra sacro.

Primero vi el proceso de programación y el cableado biológico del género masculino tal y como ha evolucionado en el planeta Tierra. Vi en detalle el circuito de cómo el hombre biológico de la Tierra estaba conectado, como un animal, para responder visualmente a las diferentes partes de la anatomía humana, pero sobre todo inconscientemente (y que nuestra sociedad y cultura explota y se basa en esto). Me di cuenta de que este viejo programa animalista había agotado su utilidad y que pronto se introduciría un nuevo plan.

El cableado femenino era muy diferente y mucho más complejo y con circuitos más sutiles. Aunque este circuito estuvo en gran parte inactivo durante el ciclo dominado por los hombres. Durante este ciclo, la mujer abusó igualmente de su poder utilizando el conocimiento del programa masculino a su favor, en un intento de usurpar el poder masculino, aunque este fuera un poder falso.

Sin embargo, la programación masculina era biológicamente más fuerte y animal, dando paso así a la dominación, primero del cuerpo de la mujer, y luego del mundo entero. (Por supuesto que la primera profesión de la mujer en la Tierra fue la prostitución, vendiendo el cuerpo por dinero). Y ahora en esta era de tecnología avanzada, esto ha evolucionado en los primeros clones sexuales ¿De qué se trata?

Esto es el colapso emocional de todas las permutaciones del inconsciente que se originaron en el primigenio barrio de prostíbulos de Maldek, con los letreros de neón parpadeando: "Nunca puedes tener suficiente de lo que no quieres".

Continuando con el sueño, las tres andróginas me mostraron una potencialidad futura a la que habían evolucionado. En este universo paralelo, cada ser se autorrealizaba en las energías masculinas/femeninas interiores, y la sexualidad había evolucionado más allá de la dimensión física en una unión astral en su forma más pura, fusionándose con Todo Lo Que Es.

Capítulo 13

Portal de Bagdad

Nunca harás nada en este mundo sin valentía. Esa es la mayor cualidad de la mente después del honor. —Aristóteles

Durante los anillos que compartí con Votan, nuestros viajes nos llevaron por todo el planeta, pero de todos los lugares recorridos, el que más me marcó fue el de Bagdad, Irak.

Votan había sido invitado por James Twyman y su Beloved Community (Comunidad Amada), para participar en una ceremonia por la paz en el Teatro Nacional de Bagdad con motivo del primer aniversario de la guerra de Irak. La misión principal era llevar a cabo una Vigilia por la Paz en el NS1.16.9.14: Kin 131 Mono Magnético Azul (UPC de Votan), con un pequeño grupo de personas de diversas espiritualidades procedentes de la Nación Lakota, Kenia, Jerusalén, al que se unieron representantes de las comunidades musulmana y cristiana de Iraq, entre otros.

Llegamos primero a Amman, Jordania, y al llegar al espacioso vestíbulo del hotel Crowne Plaza, un pianista tocaba la canción "Imagine" de John Lennon. Cuando el botones nos llevó a Votan y a mí a nuestra habitación y encendimos el televisor, la CNN anunciaba que acababa de explotar una bomba en un hotel cercano donde teníamos previsto alojarnos. A la mañana siguiente, nuestro grupo ecléctico se reunió en el desayuno para decidir si seguíamos adelante con el viaje. La respuesta fue un SÍ unánime.

Antes del viaje, Votan y yo habíamos realizado una exhaustiva preparación educativa con varios tutoriales de la Historia Cósmica sobre la cultura islámica y el Corán. Tanto antes como durante el viaje, tomé notas de su narración de la historia de Bagdad.

Votan me insistió en que es esencial comprender cómo el curso de la historia mundial y el conocimiento científico se transfirió de la civilización islámica a la civilización europea. La base de la ciencia islámica era el Corán, el libro sagrado que fue transcrito por Mahoma según le fue dictado durante 23 años por el arcángel Gabriel.

Desierto Siriano

Nuestro grupo era parte de una caravana de dos vehículos todoterreno conducidos por hombres iraquíes y miembros de la iglesia cristiana copta. Sentí una sensación de emoción y aventura mientras contemplaba por la ventana esta tierra antigua pero extrañamente familiar. Pasamos por varios puestos de controles militares estadounidenses con muchos soldados jóvenes que nos apuntaban con sus armas. Estos puntos de control eran un caos, con mucha gente gritando y formando filas desordenadas para mostrar sus pasaportes y obtener permiso para continuar.

Situada entre los ríos Éufrates y Tigris, Bagdad no solo era el foco del conflicto global de ese momento, sino también el corazón del mundo islámico. Antes del Islam, esta tierra era conocida como Mesopotamia, una zona entre dos ríos, donde se originó el mundo civilizado moderno hace más de 5.000 años. La primera ciudad histórica, Uruk se encontraba en Irak, al igual que la legendaria Babilonia. Babilonia también puede entenderse como un estado mental: es la mente de la confusión, la fragmentación y la compartimentación. Es lo opuesto a la holomente, o percepción de sistemas enteros.

Nunca había sentido una presencia tan palpable y de otro mundo como en ese viaje a Bagdad. Se estaba produciendo una magia profunda. Empecé a tener experiencias en las que veía a través del velo del holograma y lo experimentaba todo como una especie de espejismo, una superposición impuesta en esta dimensión. Fue una de las experiencias más extrañas y trascendentales de mi vida.

Sentí que se abría una especie de portal dimensional. Internamente, me llevaron a un lugar en el que nunca había estado antes, sin caminos y sin nombre. Me vienen a la mente las palabras "futuro antiguo". Recuerdo haber estado acostada en la cama de nuestro hotel en Bagdad, oyendo bombas y disparos, pero sintiéndome protegida como en un útero, un lugar oscuro y misterioso que sentía profundamente interno, más allá de las estrellas más lejanas. Era como una memoria que tenía de cuando era niña y salía por la noche a mirar las estrellas y experimentaba el misterio del recuerdo.

Por las noches, nuestro grupo se reunía para cenar en un restaurante llamado Candle, que tenía un salón con pipas de agua. La comida era bastante buena con una amplia variedad de opciones vegetarianas. Por las mañanas,

Votan y yo siempre éramos los primeros en levantarnos y nos sentábamos en el comedor de nuestro hotel a tomar café mientras esperábamos a los demás. Durante estas pocas mañanas, Votan nos contó la historia de Abraham a través del viaje de Mahoma. Dijo que Abraham es objeto de una gran atención porque inicia el ciclo histórico en el Viejo Mundo, que comienza en Irak alrededor del año 2000 a.C.

Cuando Abraham abandonó Ur, ésta ya era una ciudad corrupta y representaba el lugar primigenio que cayó en la idolatría. Abraham había nacido 2.000 años antes que Jesús en Ur, una ciudad a 320 kilómetros al sureste de la actual Bagdad. Ur es una palabra alemana que significa primitivo, primero, principio. Así es como Votan me contó la historia:

> *Ur representa la Tollan cósmica primigenia, que es el estado primigenio al que estamos regresando. Tras la degradación de la materia, se produce un retorno de lo eterno. El retorno de lo eterno es la UR, la Religión Universal/Recuerdo Universal, encapsulado en la profecía de Pacal Votan.*
>
> *Abraham junto con su sirvienta Agar y su hijo Ismael viajó desde Ur a Palestina y luego a La Meca, cerca del Mar Rojo, donde un ángel le dirigió a una piedra cúbica negra. Según cuenta la historia, esta era una piedra celestial traída por un ángel a Abraham desde una colina cercana, donde había permanecido desde que llegó a la Tierra. Descendió de un Paraíso más blanco que la leche, pero los pecados de los hijos de Adán la ennegrecieron.*
>
> *El Corán dice que Dios le mostró a Abraham el lugar exacto cerca del "Pozo de Zamzam", donde él e Ismael debían construir un santuario. Se les dijo que su nombre debía ser Kabah (cubo) porque su forma es cúbica, con cuatro esquinas que apuntan hacia los cuatro puntos cardinales.*

Café en Maldek

Sentada con nuestro café en Bagdad, escuchaba a Votan contarme que la piedra era un fragmento conmemorativo (memoria) que, según me explicó procedía de la catástrofe de Maldek. Escuchar esto en Bagdad penetró en todo mi ser, activando oleadas de recuerdos. Ahora estábamos allí, con bombas cayendo a nuestro alrededor, escuchando los disparos, viendo a francotiradores; esto era el planeta Tierra, y todo el mundo estaba reviviendo esta catástrofe.

Cuando Maldek explotó, esta piedra cayó a la Tierra y estaba destinada a ser un recordatorio para los habitantes de la Tierra de lo que había sucedido en mundos anteriores. La historia continúa con Abraham creando el santuario de la Kaaba, a partir de la misteriosa piedra, que más tarde la gente comenzó a idolatrar. Abraham se marchó, pero Ismael se quedó allí. De Ismael, surgieron las tribus de Koresh. Los Koresh eran los guardianes del santuario de La Meca. También aparecieron los ismaelitas, una secta esotérica del Islam.

Para cuando nació Mahoma, unos miles de anillos más tarde, el santuario había caído en el culto a los ídolos. Mahoma era nieto de uno de los miembros de la tribu Koresh, y su labor consistía en limpiar el santuario que Abraham había dejado, ya que había caído en la idolatría. Su misión era sacralizarlo y restablecer el monoteísmo.

Ahora, cada día, mil millones de personas rezan cinco veces al día en dirección a esta piedra. Esta piedra tiene una enorme atracción magnética. La Meca es sinónimo de cualquier lugar de gran peregrinaje. Aunque Votan me había enseñado mucho sobre la historia cultural, espiritual y religiosa del Islam, fue durante mi estancia en Bagdad cuando mi comprensión alcanzó un nivel completamente nuevo.

El último día, estábamos comiendo en el restaurante Candle, donde Votan estaba haciendo una demostración del Encantamiento del Sueño de 13 Lunas, cuando aparecieron tres payasos de Inglaterra, ¡y todos ya conocían sus firmas galácticas! Habían venido a animar a los niños huérfanos. A la mañana siguiente regresamos a la furgoneta para emprender un viaje de 10 horas de regreso a Amman, Jordania.

Pero el viaje no terminó ahí. Esta fue solo la primera parada de 33 días alrededor del mundo, pasando por Jordania, Bagdad, Londres, Japón, Australia y Nueva Zelanda. Hicimos una escala de tres días en Londres siendo la primera vez que visitaba la ciudad. Caminamos por todas partes. Votan era un caminante fantástico; tenía las piernas largas. Afortunadamente, yo camino igual de rápido, así que le seguía el ritmo sin problemas. En una misteriosa tarde nublada, pasamos por la última residencia de Madame Blavatsky en el 19 de Avenue Road, y luego visitamos la librería de la Sociedad Teosófica.

Nuestra siguiente parada fue para hacer un magnífico recorrido por Japón, desde el famoso santuario de Ise, hasta la ciudad de Osaka. Pasamos más de 10 días en Tokio, donde nos alojamos en el ático del Tokio Dome, con vistas a toda la ciudad. Recuerdo cenar con Votan en el restaurante del hotel contemplando la ciudad y a Votan preguntándome: "¿Cómo una chica de un parque de caravanas pudo soñar con esta vida?" Esas palabras me hicieron reflexionar.

Capítulo 14

Palenque y Pacal Votan

Tenemos que detenernos y ser lo suficientemente humildes para entender que existe algo llamado misterio. —Paulo Coehlo

Según el *Factor Maya*, los Maya Galácticos previeron este tiempo de oscuridad en el planeta. "El tiempo en el que la memoria de los maestros galácticos sería vista como un sueño infantil, los números del destino permanecerían —los trece números y los veinte signos".

A los 28 años asumió el poder (la misma edad que Buda cuando alcanzó la iluminación). Pacal Votan gobernó desde los 28 hasta su muerte a los 80 (Buda también murió a los 80). Consolidó los códigos del Tiempo Galáctico en la Tierra durante este ciclo de 52 anillos, desde los 28 hasta los 80 años. También se encargó de que Palenque floreciera con la mayor sabiduría y poder durante el décimo Baktun (830-1224 d.C.). Valum Votan explicó que todo el decimotercer Baktun —1618-2012 d.C.— se caracteriza por la superposición del tiempo mecánico 12:60 en toda la Tierra, y con ello, la represión a los pueblos indígenas y el triunfo de la industrialización.

Pacal Votan vivió en la séptima generación de la Palenque histórica y fue el undécimo gobernante dinástico. Nació en el -NS28.19 anillo de la Luna Magnética (603 d.C.) y se convirtió en gobernante a los 12 años recibiendo su educación sobre el tiempo cósmico y sincrónico entre los 12 y los 28 años cuando subió al poder.

Votan y yo regresamos a Palenque para el 52.º aniversario de la apertura de la tumba de Pacal Votan en el NS1.16.12.17: Kin 218 Espejo Planetario Blanco (15/06/2004). Esto era exactamente 260 días después de nuestro experimento del viaje en el tiempo en Machu Picchu. Votan realizó una poderosa ceremonia y compartió un fascinante discurso con un gran grupo de personas que se reunieron en un campo no muy lejos del Palacio de los Vientos. Era un húmedo día de verano, y la flauta de Votan pareció abrir un portal o el sipapu, el túnel entre los mundos.

Una energía misteriosa y ancestral impregnaba toda la plaza mientras él hablaba con el telón de fondo de los monos aulladores que resonaban por toda la selva. Sentí una profunda conciencia interpenetrante y la sensación de ser una viajera estelar. Había una sensación dentro de esta conciencia de que nunca vamos a ningún sitio, que siempre estamos en un mismo lugar, pero el escenario y los personajes cambian constantemente a nuestro alrededor. A esto lo llamamos tiempo, espacio, planetas, estrellas, o planos o dominios. Este era el conocimiento de los Maya Galácticos que encarnaron aquí en un tiempo determinado para sembrar la tierra y dejar pistas sobre la transformación de nuestro ser planetario.

En nuestros momentos a solas en Palenque, Votan me narró la historia de Pacal Votan. Me dijo que una vez que los Maya Galácticos cerraron Palenque (incluso antes de la fecha de partida pregrabada del 830 d.C.), todo quedó enterrado y no quedaron pistas aparentes, salvo las historias recopiladas mil años después en 1692. En ese momento surgieron las profecías de Antonio Martínez en los textos del Chilam Balam y el misterioso texto *Las Pruebas de Votan*, escrito por los sacerdotes jesuitas después de haber quemado todos los textos relacionados con Votan o los que lo mencionaban. Aparte de esto, no hubo ninguna pista hasta la apertura de la tumba en -NS1.16, anillo Mago 11 (1952). Luego, 42 anillos después, en el NS1.6, anillo Semilla 1 (1994), se abrió la tumba de la Reina Roja. Estas estaban codificadas para ser abiertas precisamente cuando fueron abiertas.

Fue muy impactante ver cómo Votan extraía la energía de tiempos ancestrales para comprender a este ser galáctico. Muchas de estas notas fueron incluidas en las *Crónicas de la Historia Cósmica*.

> *Pacal Votan es de una civilización "maya" tipo 3, que está dispersa en sus diferentes colonias a lo largo de esta galaxia y otras galaxias y fue un receptor directo de la transmisión de la civilización tipo 4, que está realizando el experimento aquí. Su encarnación vino tras una larga vigilancia para estabilizar*

un nodo cultural en la zona de Chiapas al sur de Yucatán y las tierras altas de México.

En ese proceso de estabilización cultural, logró asentar los fundamentos de una base de investigación galáctica donde se extrajo información diversa de las lecturas resonantes del campo planetario a su propia mente telepática superior y a la de varios agentes más que colaboraban estrechamente con él.

En su desencarnación que siguió todas las leyes de la vida biológica en este planeta, dejó diferentes instrucciones de varias formas, verbales y telepáticas a su futuro sucesor espiritual, así como instrucciones en la noosfera y una transmisión del linaje profético.

Todo ello con el fin de mostrar el momento preciso en que Pacal Votan plantó y enterró la corriente mental GM108X en la tierra. Era como si este conocimiento hubiera sido pregrabado en otro tiempo y almacenado bajo la tierra en una especie de sistema de radiotransmisión.

Madre Tynetta Muhammad y Palenque

Estamos entrando en un Nuevo Tiempo y en una renovación de nuestra historia en la que se está aplicando la Telepatía para acceder a estados cada vez más elevados de conciencia espiritual, en los que no sólo unos pocos se convertirán en maestros de este arte, sino que la Nueva Civilización estará gobernada por las Mentes de los Justos en un Mundo Universal totalmente Nuevo y en Paz. —Madre Tynetta Muhammad

La Madre Tynetta Muhammad, viuda del Honorable Elijah Muhammad, fundador de la Nación del Islam, era amiga íntima de Votan. Antes de partir de este mundo en -NS1.39 (1975), Elijah le dijo a su esposa que estudiara los calendarios y las profecías del mundo, no sólo las del pueblo negro, sino también los de las razas morena y roja, especialmente las profecías de México. Dentro de veinte anillos, dijo Elijah, llegaría el momento de una nueva enseñanza, y ella debería estar atenta a las señales.

La Madre Tynetta estuvo en Egipto en el NS1.0.1, anillo Mago 8 (08/1987) donde recibió un folleto en la Convergencia Armónica y poco después descubrió *El Factor Maya* quedando intrigada por el código 0-19. Viajó a Hawái en el NS1.2, anillo Semilla 10 (a principios del 90) para conocer a Votan y Lloydine. Se había unido a ellos en varios viajes y ahora estaba aquí en Palenque para el 52.° aniversario del descubrimiento de la tumba de Pacal Votan.

Cuando llegamos a Palenque, la Madre Tynetta solicitó una reunión privada con nosotros dos y nos compartió que Lloydine la había visitado recientemente. Para mi sorpresa, la Madre Tynetta me pidió que me sentara en una de las piedras y me hizo una entrevista en video sobre lo que había ocurrido entre Votan, Lloydine y yo. Aunque me sentía muy incómoda, no tenía nada que ocultar y me sentí bastante aliviada de poder compartir mi experiencia. En la sofocante humedad de la selva, le conté exactamente lo que está escrito en este libro.

Aunque pude explicar satisfactoriamente mi perspectiva de lo que había sucedido entre Votan, Lloydine y yo, me resultaba extraño que la verdad que yo había vivido contrastara tanto con las historias que se contaban. Empecé a darme cuenta de que, para que la gente comprendiera la situación, necesitaría un contexto más amplio. En los anillos siguientes, situaciones como ésta se repitieron esporádicamente hasta el fallecimiento de Votan en el NS1.23 anillo Luna 5 (2011). Reflexioné sobre la facilidad con la que la gente parecía dejarse influenciar por lo que escuchaba o veía, ya fuera por otras personas o en las noticias, sin molestarse en investigar y reflexionar sobre el conjunto. Esto parecía una analogía de la mentalidad global. Este proceso de polaridad y las lecciones aprendidas fue lo que dio origen a *Sin Inscripciones*.

Capítulo 15

Noosfera Arco Iris

Vive según tus creencias y podrás cambiar el mundo
—Henry David Thoreau

En el NS1.16, anillo del Mago Espectral Blanco (2004), Votan y yo nos mudamos a pocos kilómetros de nuestra pequeña casa rústica en las colinas de Ashland, Oregón, a una casa grande estilo rancho con dos hectáreas de terreno en una pequeña colina a las afueras de la ciudad. El "Rancho Círculo Arco Iris" como lo llamábamos, era una casa diáfana con muchas ventanas que dejaban entrar mucha luz, y una terraza desde la que se podía ver la Vía Láctea por la noche y una vista panorámica de las montañas Cascade al sur durante el día. Mi habitación tenía una habitación secreta que convertí en un estudio de arte, y transformamos nuestro comedor en un espacio de oficina compartida para reanudar nuestra labor con las *Crónicas de la Historia Cósmica*.

Crear cada uno de los siete volúmenes de las *Crónicas de la Historia Cósmica* fue una aventura única. Acabábamos de terminar el primer volumen y estábamos muy avanzados en el segundo, cuyos temas eran la ciencia y la religión. Cada tema que abordábamos era como una puerta que nos conducía a la lente multidimensional de la Historia Cósmica. Esta forma de ver coloreaba todos los aspectos de nuestra realidad cotidiana. La Historia Cósmica era el eje alrededor del cual giraba todo. El espacio no podía ser más perfecto. Estaba aislado, pero aun así cerca de Ashland y rodeado de Naturaleza, servicios y bosques vírgenes. Nuestra casa estaba a unos veinte minutos en auto del santuario de Padmasambhava Tashi Choling, que visitábamos de vez en cuando.

Pensábamos que este sería nuestro hogar permanente durante muchos anillos. Votan me dijo que disfrutara de la experiencia de montar un hogar juntos, ya que quizá nunca volvería a tener la oportunidad de hacerlo con una pareja. Me llevó a comprar un sofá nuevo, mesas y sillas, una cama y todo el mobiliario necesario. En la amplia cocina de nuestro nuevo hogar, disfruté aprendiendo a preparar deliciosas recetas de comida cruda.

Las dolencias que sufrí de niña debido a una dieta deficiente me llevaron a interesarme por la nutrición, las hierbas y la combinación adecuada de alimentos. Con toda la nueva información que estaba asimilando, mi cuerpo se volvió cada vez más sensible y ya no podía asimilar alimentos pesados o procesados.

Votan me animaba mucho, ya que ambos queríamos estar en la frecuencia más elevada posible con nosotros mismos y entre nosotros. También disfrutó de los cambios en su dieta, sumergiéndose con entusiasmo en esta práctica saludable de comer principalmente alimentos crudos por primera vez en su vida. Ambos hicimos una variedad de limpiezas diferentes, ayunos de jugos, limpiezas de hígado, etc. Los dos nos sentíamos mejor que nunca, físicamente.

Plantamos un jardín, en el que a Votan le encantaba trabajar, y había árboles frutales adultos esparcidos por la propiedad. Abrimos la galería Tiempo es Arte en Ashland, un espacio público, que exhibía la increíble colección de pinturas de Votan, que incluía una serie de cinco de mandalas pintados en puertas, a tamaño real titulada "Las Puertas de la Percepción". Este espacio se utilizaba como centro comunitario para reunirse y aprender sobre la Ley del Tiempo, meditar y celebrar reuniones.

Fue un momento emocionante de nuevos comienzos, no solo para Votan y para mí, sino también para el grupo de personas que se habían reunido recientemente en Ashland para apoyar la misión de expandir la conciencia sobre la Ley del Tiempo. Con nuestro equipo de ayudantes, fundamos la Editorial Ley del Tiempo para publicar la serie de siete volúmenes, *Crónicas de la Historia Cósmica*. En el NS1.17.9 (Pascua de 2005), Votan impartió un taller de tres días en Ashland para ayudar a financiar nuestra nueva empresa editorial. Fue una reunión poderosa de personas eclécticas, pero también hubo desafíos. Votan había recibido una amenaza de muerte justo antes del evento, y casi lo cancelamos, pero en su lugar contratamos seguridad para el evento. Justo antes de este evento, hubo un tiroteo en una iglesia en los Estados Unidos, lo que nos tuvo aún más en guardia. A pesar de toda esta intensidad, Votan se mantuvo imperturbable y sin miedo ante todo lo que sucedía.

Banco Psi y Noosfera

Votan solía decirme: "Los códigos se convierten en las claves y tú te conviertes en el conocimiento andante". Decía que, desde la perspectiva galáctica, es la Tierra la que tiene conciencia o la que es portadora de conciencia. La conciencia de los humanos individuales es en realidad la participación en la conciencia superior de la Tierra. Y la conciencia de la Tierra no es más que un atributo de la conciencia solar. Explicaba, por ejemplo, que la iluminación de "Buda" es en realidad la iluminación de la Tierra. En otras palabras, es la Tierra la que presta su conciencia al individuo que despierta a la Naturaleza de la mente y la realidad.

Una mañana, mientras tomábamos café en la terraza de nuestra casa, le pregunté a Votan cuál creía que era la desconexión más significativa del pensamiento humano. Él respondió, "el desconocimiento del banco psi y la noosfera".

El banco psi se refiere a la centralita telepática del planeta. Es una matriz de tiempo que regula la noosfera o mente planetaria. La noosfera es la envoltura mental de la Tierra. Representa la etapa en la que la conciencia de la Tierra finalmente se vuelve autorreflexiva y completa. Me parecía lógico que existiera un campo de memoria cósmico o una matriz que subyace e informa a nuestro planeta. Me encantó este concepto y, al principio, era solo eso, un concepto. Hay que meditar profundamente para comprenderlo.

Votan había estado influenciado por Buckminster Fuller, con quien mantuvo una correspondencia regular en sus últimos tiempos. Fuller hablaba de una centralita cósmica a la que se podía acceder telepáticamente, y que nos conectaba con cualquier ser a lo largo de la historia. Afirmaba conversar con filósofos presocráticos mientras caminaba por la playa. Esto se debía a que había sintonizado su mente con esta frecuencia particular de lo presocrático a través de formas mantenidas en su lugar por el banco psi, el registro Akáshico dentro de la noosfera de la Tierra.

Votan explicó que este banco psi, o campo de memoria cósmica, tiene dos atributos principales:

1. Está estructurado por una plantilla telepática radial que informa a todos los órdenes de la realidad en ondas de simultaneidad.

2. Es de naturaleza holográfica, o bien, mantiene en su lugar la estructura holográfica de todas las formas, recuerdos y experiencias.

Cada ser humano es como una radio, una estación transmisora y receptora. Por ejemplo, a veces hablas (transmites) y otras veces escuchas (recibes). La oración es transmisión. La meditación es recepción. La transmisión es masculina. La recepción es femenina.

Noosfera II

Poco después de mudarnos al Rancho Círculo Arco Iris, también comenzamos el experimento Noosfera II. En el experimento de la Noosfera II, la vida entera se consideraría como una inmersión en el experimento de la Historia Cósmica y la realización de la noosfera. En lugar de dedicar nuestro tiempo a los medios de comunicación y otras fuentes de segunda mano, buscábamos ir directamente a la Fuente y conectarnos con la red interna. Esto nos obligaba a alejarnos lo más posible del pensamiento convencional y de los medios de comunicación para explorar diferentes estados o niveles del ser.

La premisa era que el ser tridimensional es el vehículo evolutivo de transformación. Fue creado débil y frágil, sin una conexión directa con su naturaleza dimensional superior. Debido a esta debilidad alimentada por el miedo, crea sistemas artificiales para sí mismo con el fin de mantener su cuerpo y evitar que sucumba a su naturaleza débil. Cuando el ser tridimensional reside exclusivamente en el inconsciente, se identifica simplemente con el cuerpo y la experiencia sensorial. Este es el ser que buscamos trascender (el ser que repite las mismas historias y programas una y otra vez).

La conciencia noosférica requiere la capacidad de desplazar la atención consciente del plano físico (tercera dimensión) al plano planetario (cuarta dimensión) a través de diversas prácticas de meditación. Un requisito previo para experimentar la noosfera es erradicar los patrones mentales subliminales condicionados. Para acelerar este proceso, llevé un diario y anoté mis sentimientos fluctuantes y/o patrones de comportamiento a lo largo del día. Anotaba los puntos desencadenantes de la frustración o la ansiedad, la alegría o la emoción. Buscaba erradicar los patrones mentales condicionados en forma de creencias o prejuicios particulares, expectativas o irritaciones. Al final del día, revisaba lo que había observado. Cuanto más practicaba esto, más clara me sentía, y los viejos condicionamientos iban siendo reemplazados por nuevas percepciones cósmicas.

Cuando comencé a centrar mi atención en la noosfera, empecé a tener una clara sensación de que cualquier cosa que sentía o pensaba en mi flujo vital ya había sido pensada o sentida por otra persona, o quizá por mí misma en otra vida. Al principio, esta idea me desanimó, ya que quería sentirme "original", pero ¿lo era? ¿Alguien lo era? ¿Qué es la originalidad?

Comencé mi meditación diaria sobre la noosfera visualizando la red del banco psi que rodea el planeta. Conectaba mi corazón con el núcleo de la Tierra e imaginaba corrientes de luz conectadas con cada punto de la red del banco psi planetario. Al mismo tiempo, veía rayos de luz que emanaban del espacio hacia la red, creando un bucle de retroalimentación. Al mantener esta visualización, empecé a experimentar cada vez más la percepción de que «aquí» no es «aquí», sino una posibilidad ilusoria de un número determinado de posibilidades de «aquí». Cada posibilidad existe en su propio universo alternativo. También recordé en ese momento cómo, siendo niña, solía imaginar que este mundo era un escenario elaborado donde todo estaba preparado para observar mis acciones y reacciones ante la vida. Me preguntaba si todos los recuerdos y las historias se crean y se cargan en nuestro cerebro en el momento de nuestro nacimiento.

Teleportación

Una tarde soleada, mientras estaba en mi habitación, meditaba profundamente sobre la noosfera y me enfocaba en las seis esferas mentales. (Se puede encontrar más información al respecto en las *Crónicas de la Historia Cósmica*). Después de aproximadamente una hora, comencé a sentirme muy pesada y decidí tumbarme en el suelo. Entré en un espacio entre la vigilia y el sueño donde experimenté mi primer "cambio dimensional" consciente.

Primero, oí un sonido estático, como si muchas emisoras de radio estuvieran emitiendo a la vez. Luego, sentí una presión y una tensión crecientes en el plexo solar y empecé a ver destellos de luz amarilla. Los destellos se volvieron cada vez más rápidos, y sentí como si estuviera sintonizándome con algo vasto y poderoso como si un imán me atrajera hacia algún lugar. Abrí mis ojos internos y miré a mi alrededor de este mundo oculto. Parecía estar a bordo de una gran nave que flotaba en el espacio.

Las luces amarillas parpadeaban y luego cambiaban a destellos azules y rojos, como un tablero de ajedrez, que pulsaban suavemente en un espacio cálido y frío a la vez. Me di cuenta de que había entrado en una especie de cabina de proyección y me detuve a observar el espacio en el que me encontraba y cómo me sentía. Empezó a agitarse un viento aterciopelado y vi una pila de papeles en la esquina de esta inusual habitación.

Entró un hombre que parecía una especie de profesor con un brillo etéreo. Me miró y me dijo algo sobre la práctica de la "mediumnidad de la conciencia despierta" y luego me dijo que se había proyectado hacia mí para ver si respondía. Pulsó unos botones en lo que parecía una especie de panel de control, y la habitación cambió instantáneamente de forma, tamaño y dimensiones. Empecé a sentir que estaba en una especie de nave nodriza o, mejor dicho, me sentí como si estuviera en la sala de recepción de una nave más pequeña que estaba conectada a una nave más grande. La nave más pequeña parecía ser la unidad de almacenamiento simbólico de los rayos proyectivos enfocados con una manera programada para abrir mentes terrenales — ¡como la mía! Estaba tan emocionada, quizá demasiado emocionada, ya que al sentir mi excesivo entusiasmo me hizo "aterrizar de golpe" de nuevo en mi cuerpo.

Abrí los ojos y estaba de vuelta en mi habitación, con el sol brillando a través de la puerta corrediza de cristal. Sentí una sensación de expansión y me reafirmé en la labor que estábamos haciendo. Compartí esta experiencia con Votan, lo que abrió un diálogo sobre los viajes en el tiempo y la teletransportación. Él tenía estas experiencias con frecuencia y para nada eran especiales.

Me dijo que los viajes en el tiempo son similares a la teletransportación telepática, o la capacidad de extenderse a través de la mente a otras dimensiones. Algunas son dimensiones con forma y otras no. El tiempo es más rápido que la velocidad de la luz. El tiempo es instantáneo en todo el universo. Esto es similar a lo que los yoguis o budistas describen como viajar a diferentes lugares en el cuerpo astral mientras el cuerpo físico permanece fijo en un lugar.

Votan decía que la mayoría de las personas no tiene estas experiencias, porque sólo pueden ver lo que han sido programadas para ver, o lo que han sido programadas para encontrar útil, de acuerdo con su intención de vida. Esta experiencia dio lugar a una tutoría sobre la diferencia entre el conocimiento condicionado y los nuevos conjuntos de impresiones.

> *Dentro del sistema cerebral de procesamiento y almacenamiento de información, hay lo que se conoce como filtros biogenéticos. Una vez que se establece en la mente un patrón de percepción condicionado, muchas de las impresiones serán rechazadas o filtradas. Las impresiones que sean aceptadas serán pasadas por los filtros biogenéticos de la mente conceptual, que se ajustan a una determinada percepción preconcebida de la realidad. Hasta que estos filtros no sean desprogramados, purificados y trascendidos, es muy difícil decir qué es real.*
>
> —Valum Votan

Experiencias reveladoras internas y directas como esta, comenzaron a darse con mayor frecuencia en mi vida como resultado de una disciplina y concentración continuas. Al principio, hablaba mucho de ello, pero luego sentí que las experiencias eran suficientes. Votan estaba continuamente al tanto de todas las facetas de mi desarrollo. Me cuidaba con mucho esmero y hacía todo lo posible por satisfacer todas mis necesidades dándome diversos tipos de experiencias. Con él, no solo sentí una relación de maestro, sino también una profunda amistad y camaradería.

Noches Creativas

Por la noche, Votan y yo solíamos tener noches "temáticas"; elegíamos un tema en el que sumergirnos. En una ocasión, mientras nos preparábamos para un viaje a Teotihuacán, tuvimos una "Noche de las 7 Cuevas".

Encendimos velas en la oscuridad de la noche y Votan me habló de la ciudad celestial de Tollan, uno de sus temas favoritos. Después de hablar de este lugar místico, practicamos entrar en cada una de las siete cuevas, donde encontramos muchos tesoros mentales. En ese momento, también estábamos estudiando el *Popol Vuh y el Chilam Balam*, este último escrito en la lengua de la Zuvuya, lo que significa que es deliberadamente enigmático, altamente simbólico y codificado. El *Popol Vuh* describe a cuatro profetas que se dirigieron a las cuatro direcciones, para difundir las enseñanzas de los mayas por todo el planeta antes de regresar al lago Atitlán, en Guatemala.

A la luz de las velas en una cálida noche de verano, Votan compartió que en lo profundo de la oscuridad de las 7 Cuevas de Tollan Zuvuya, los profetas y videntes alcanzaron un gran poder y sabiduría. Estos eran conocidos como los Videntes de la Noche, o Sacerdotes Jaguar, aquellos cuya memoria del mundo superior siempre está circulando por los reinos inferiores. Tollan es el circuito Zuvuya de la sabiduría que conecta la estructura del orden celestial con el caos del orden terrenal. Todas las ciudades mayas procedían de Tollan, por lo que el pueblo llevaba consigo el patrón del tiempo y creó estructuras de memoria de la Tollan celestial. La estructura y el orden de la Tollan celestial es el orden del Absoluto.

Las 7 cuevas se refieren al poder del 7 como la fuerza generadora del conocimiento del origen y el retorno. El 7 era también la clave de las *Crónicas de la Historia Cósmica*. Las 7 cuevas también albergan la sabiduría de Quetzalcóatl. El retorno de Quetzalcóatl significa el retorno a nuestra plenitud multidimensional y nuestra reconexión con las estrellas. En las 7 cuevas se encuentra el origen de todo, incluyendo el origen del orden sincrónico. Estas cuevas mágicas forman parte de la tierra interior, con la que se contacta a través de la mente.

Capítulo 16

Cruz del Sur

El verdadero viaje del descubrimiento no consiste en buscar nuevos paisajes sino en mirar con ojos nuevos.
—Marcel Proust

Votan y yo contemplábamos un cielo estrellado sin luna con la Vía Láctea dividiendo el firmamento y Arcturus justo encima de nosotros. Una magia especial llenaba el aire ese NS1.18 (mañana de primavera de 2006) cuando tomamos la decisión de trasladarnos a Nueva Zelanda. Varios factores nos llevaron a abandonar Estados Unidos, entre ellos la tensa situación política con la guerra de Irak. El miedo y la paranoia se habían apoderado del país en aquella época. Pero el factor decisivo fue que nuestro casero decidió que no quería vender la casa que habíamos pensado comprar, ya que su familia iba de nuevo a vivir allí. Nos dio un plazo de tres lunas.

Votan se encontraba en una nueva etapa de su vida y dijo que sentía la necesidad de estar en un lugar "sin inscripciones", para continuar sin distracciones con los aspectos más profundos de la obra que nos habíamos propuesto, el proyecto Noosfera II. Primero pensamos en trasladarnos a Chile, pero luego nos decidimos por Nueva Zelanda, ya que estaba menos poblado. Votan sentía que era importante anclar nuestra energía en el hemisferio Sur para equilibrar con el hemisferio Norte, dominado en gran medida por la tecnología y el ejército. Yo, estaba abierta a la aventura.

El NS1.18.13.6: Kin 185 Serpiente Eléctrica Roja (2/07/2006) salimos de Estados Unidos rumbo a Nueva Zelanda. El viaje en avión fue emocionante y ambos sentimos una profunda sensación de liberación y entusiasmo. Atamos cabos sueltos y delegamos los asuntos cotidianos de la FLT a nuestros colaboradores más leales y confiables, Jacob Wyatt y Kelly Harding.

Para ser un país tan pequeño, Nueva Zelanda lo tenía todo, desde picos nevados y bosques vírgenes en la Isla Sur hasta volcanes desérticos y playas de arena blanca en la Isla Norte. Era invierno cuando llegamos a una apartada casa de alquiler vacacional en Taranaki, entre Auckland y Wellington, en la Isla Norte de Nueva Zelanda. Allí nos familiarizamos con el país y terminamos la edición final de *Crónicas de la Historia Cósmica, Volumen II: El Libro del Avatar*.

En aquella época, Votan y yo no teníamos los medios económicos para dar ese paso, pero su forma de actuar consistía en crear primero la visión y luego dejar que el "cómo" se fuera completando por sí solo. La mayoría de la gente nunca podría soñar con vivir así, pero era como él había vivido gran parte de su vida desde que dejó su carrera profesional como profesor en el NS1.0 (1988), tras la muerte de su hijo en NS1.0 (1987). Experimentó vivir según la sincronicidad y la filosofía de que el universo siempre cuida de los suyos si operas en su nombre.

Admiraba su valentía de seguir su llamada interna, él pensaba que había otro camino y otro destino que se encuentra justo debajo del reino de la realidad consensuada de la jornada laboral. Decía que la mayoría de la gente tiene demasiado miedo de emprender este camino, ya que requiere un cambio total de percepción y la renuncia del ego en favor de una causa superior. Esto se debe a que no existe una visión de una existencia humana posible más allá de la forma de vida "el tiempo es dinero".

Explicaba que el campo mental 12:60 ha creado un escudo mental artificial, aunque totalmente ilusorio, alrededor del planeta. El impacto de esta frecuencia artificial genera actividades humanas frenéticas que destruyen el entorno natural. La raíz de esta frecuencia artificial es la creencia consensuada de que el tiempo es lo que miden el reloj y el calendario gregoriano. Votan sentía que estos eran los principales instrumentos de control que mantienen a las masas en estado de miedo y supervivencia, por lo que la mayoría opta por "ir a lo seguro" en su vida.

Tierra Media

Condujimos cuatro horas desde Taranaki hasta Wellington, donde nos sumergimos profundamente en conversaciones sobre Agartha, Shambhala y la Tierra Interior. Mientras conducía por la hermosa Autopista Estatal 3, Votan me habló del almirante Richard Byrd. Según se dice, fue la primera persona en alcanzar tanto el Polo Norte como el

Polo Sur por aire. En su diario cuenta que en el Polo Norte voló hacia el interior de la Tierra y habló con un líder de la ciudad de Agartha, que le dio un mensaje de advertencia para que lo transmitiera a los "habitantes de la superficie" en relación con su invención de la bomba atómica.

Celebramos estas reflexiones viendo *El Señor de los Anillos: El Retorno del Rey* en el Teatro Embassy de Wellington, donde se había estrenado mundialmente tres anillos antes. Más tarde nos dimos cuenta de que el aeropuerto de Wellington tiene una enorme escultura de Gollum, suspendido en el techo, con el brazo extendido para atrapar un pez en la terminal principal. Es sorprendente cuando lo ves por primera vez.

Ese mismo día compramos la trilogía de *El Señor de los Anillos* y nos sumergimos en el reino imaginario de J. R. R. Tolkien. El día que los compramos era NS1.19.2.19: Kin 255 Águila Galáctica Azul, que sincrónicamente es la firma galáctica de J. R. R. Tolkien, con el código: "Yo armonizo con el fin de crear..."

Muchas sincronicidades continuarían en torno a *El Señor de los Anillos*, incluyendo un encuentro con Frodo (Elijah Wood) en un supermercado Whole Foods en Venice Beach, California, 10 días más tarde. Ese día era Serpiente Entonada Roja. Esa noche decodificamos su firma galáctica, y descubrimos que había nacido en -NS1.45.7.19: Kin 5 Serpiente Entonada Roja. Esto es sólo para demostrar la profundidad del orden sincrónico, que nos sintoniza con los patrones de la cuarta dimensión que rigen nuestra realidad física.

Estábamos inmersos en la corriente mental maya galáctica y mantuvimos la tercera dimensión lo más simple y natural posible. Nuestro tiempo "libre" lo dedicábamos a hacer senderismo y a sumergirnos en las numerosas aguas termales. Siempre buscábamos los productos orgánicos más frescos, llevábamos nuestras propias tazas y cuencos de madera y preparábamos muchas ensaladas, incluso cuando nos alojábamos en diferentes lugares.

El impresionante viaje de tres horas en ferry desde la Isla Norte a la Isla Sur de Nueva Zelanda fue un viaje al que nos acostumbraríamos. Votan comentó que venir a Nueva Zelanda era como volver a la infancia y me llamó su "amiga favorita de la infancia". Recordaba cómo de niño, su padre había pintado un mural de la puesta de Sol en el Pacífico Sur en la pared de su habitación, y cómo se quedaba mirándolo todas las noches hasta que se dormía. En el NS1.0 (1987) había comprado espontáneamente un mapa de Nueva Zelanda en Nueva Escocia, el día que esparció las cenizas de su hijo Josh, que había fallecido repentinamente a principios de ese mismo anillo. Desde entonces, Votan llevaba consigo un mapa de Nueva Zelanda en todos sus viajes. Ahora sabía por qué.

Nos dirigimos a Christchurch y alquilamos un coche. Lo primero que hicimos fue visitar el Centro Antártico Internacional de Christchurch, ya que a los dos nos fascinaban los secretos de este misterioso continente. La Antártida alberga alrededor del 70% del agua dulce del planeta y el 90% del hielo. Pero ¿qué hay bajo el hielo? Votan intuía que se encontraba la clave del proyecto original de Ingeniería Planetaria. Más tarde nos dirigimos a Punta Slope, el punto más meridional de Nueva Zelanda, con sus misteriosos árboles retorcidos y sus vientos huracanados.

Yo conduje todo el tiempo, ya que él había renunciado a su licencia hacía mucho tiempo. Había tenido demasiadas experiencias visionarias espontáneas, por lo que no era seguro que él condujera. Los colores y las formas geométricas invadían su campo de visión y lo transportaban a otras realidades. Siempre me sorprendía cuando me contaba que había llevado gafas durante gran parte de su vida adulta, pero que al llegar a los 50 las tiró y su vista mejoró. Cuando lo conocí, tenía una vista increíble para ver de lejos y solo los tres últimos anillos de su vida utilizó a veces, una lupa para leer la letra pequeña.

Me adapté rápidamente a conducir por la izquierda en Nueva Zelanda, pero no sin algunos momentos aterradores. Votan siempre era el copiloto y le encantaba usar grandes mapas desplegables de papel, para indicarme el camino, ya que en aquella época no teníamos teléfonos móviles. (De hecho, no tuve mi primer teléfono móvil hasta el 2016). Los mapas, las flautas y la ropa eran las únicas cosas que realmente se compraba él.

Pasamos el Día Fuera del Tiempo, NS.1.19.0.0: Kin 208 Estrella Cósmica Amarilla (25/07/2006), en los cantos rodados de Moeraki, entre las localidades de Moeraki y Hampden, en la costa oeste de la Isla Sur. Tuve una sensación de déjà vu mientras escuchaba la flauta de Votan y contemplaba las piedras esféricas de formas misteriosas esparcidas por la playa de Koekohe. Cada cantón pesa varias toneladas y mide hasta dos metros de altura. Según la leyenda maorí, los cantos rodados son calabazas que llegaron a la costa desde la gran canoa Araiteuru, que naufragó al llegar a Nueva Zelanda hace cientos de años.

Votan siempre había estado interesado en la geomancia y las redes terrestres, que eran un tema clave de sus primeros escritos, concretamente en *Tierra en Ascenso: Un Tratado Ilustrado Sobre la Ley que Gobierna los Sistemas Enteros* en -NS1.48 (1983). Explicó que a lo largo de milenios, cada cultura tribal alrededor del mundo desarrolló su propia variante de geomancia en respuesta directa a la geografía y la ecología de su religión. Por eso, los pueblos indígenas consideraban ciertos lugares más sagrados que otros. Más adelante, me interesaría cada vez más en aprender cómo se han empleado y cubierto los lugares poderosos de la Tierra con estructuras artificiales que alteran los flujos naturales de la energía.

Llevé papel y un bolígrafo a la playa y tomé notas mientras hablaba:

El ser humano es una batería bio-electromagnética.
La Tierra es una batería geo-electromagnética.
El Sol es una batería solar-electromagnética.

Alimentamos la Tierra al abrir y operar en el mismo circuito electromagnético.

La alimentación (de la Tierra) se produce al crear una resonancia entre nuestro circuito humano y los circuitos terrestre y solar, para que tengamos una coincidencia de frecuencias electromagnéticas. Eso es lo que mantiene en funcionamiento el sistema entero, no sólo la Tierra, sino también el Sol.

Geomancia

Como es arriba es abajo.

Un claro y fresco día de invierno, Votan y yo estábamos caminando por un sendero cerca del lago Wanaka con sus fascinantes vistas. Durante el paseo, Votan comentó casualmente: "Lo que llamamos materia es en realidad un aspecto, o un efecto secundario, de un proceso consciente. Pero es una conciencia divina la que está evolucionando el Universo como su piel".

Esta forma de pensar me sumía en un estado de profunda reflexión. Llevaba siempre un bolígrafo y papel en el bolso para anotar conversaciones o pensamientos importantes, ya que no teníamos teléfono móvil. Nuestros primeros 49 días en Nueva Zelanda dieron muchos frutos creativos; fue una época liberadora para ambos, ya que encontramos un nuevo ritmo juntos. Nuestra relación se profundizó y sentí que se abrían nuevas dimensiones del ser y la percepción de la forma más inesperada. Vivíamos en un estado de pura armonía, llenos de infinitas posibilidades creativas, pero sin perder la estructura, la disciplina y la concentración. Empecé a escribir un diario creativo para intentar capturar la magia cotidiana que no se podía expresar plenamente en una conversación normal. Mirando atrás, estos escritos capturan la esencia de aquella época. He aquí un extracto:

> En el silencio de la Tierra Media, algo tierno me sucedió y mi corazón floreció dulce y afable. En los misterios de la Naturaleza vivíamos en nuestro propio laboratorio.
>
> Nuestra misión era simple: La Transformación Completa de la Realidad... Bebíamos jugos ambrosíacos y tónicos a base de hierbas. Nuestras voces cambiaban con las estaciones.
>
> En el nevado invierno nuestra voz se volvía apacible —suave y polvorienta en una cabaña calentada por el fuego en el bosque.
>
> En primavera, nuestra voz se volvía luminosa —besada por el sol, y nuestras palabras se volvían floridas y elocuentes.
>
> En verano, nuestra voz se volvía fluida y nuestras palabras caían una a una como un nuevo collar de perlas bajo la seductora luz de la luna (la luz del Sol también ilumina la esfera de la luna)
>
> En otoño, nuestra voz se volvía nítida como las hojas y fluía como un arroyo antiguo rodeado de árboles coloridos.
>
> Vivíamos en una especie de juego pintar por números, con una dieta sencilla de fotones multidimensionales absorbidos a través de la luz.
>
> ¡Qué mágico!

Libro del Misterio

Mientras viajábamos, siempre estábamos ocupados; pero era un puro placer creativo. Comenzamos con los preliminares del tercer volumen de *las Crónicas de la Historia Cósmica: Libro del Misterio* mientras nos alojábamos en una cabaña cerca del impresionante lago Wanaka, en la Isla Sur de Nueva Zelanda. Este volumen narraba sobre el arte y la imaginación creativa, y esta zona era el lugar perfecto para comenzar el libro, con sus impresionantes cadenas montañosas y sus aguas azules cristalinas. Aquí empezamos a examinar el poder del arte, el reino imaginal y la recuperación de "analfas del planeta perdido".

Una analfa se refiere una unidad de almacenamiento sensorial-conceptual. Lo que llamamos "pensamiento" es en realidad un grabado análfico en serie, como un patrón eléctrico. Según la Ciencia Cósmica, los pensamientos en forma de analfas no pueden ser destruidos, ni siquiera por la radiactividad o las bombas atómicas. Esto significa que los pensamientos de otros tiempos y otros mundos pueden transmigrar, de ahí "analfas del planeta perdido".

Estábamos principalmente sintonizados con analfas del planeta destruido Maldek, y nos dimos cuenta de que gran parte del drama que representamos en el planeta Tierra, proviene de un guión interplanetario que ha transmigrado y se ha superpuesto a nuestro inconsciente. La mayoría no es consciente de ello y, por lo tanto, representa el drama inconscientemente.

En el *Libro del Misterio*, buscamos recuperar estas analfas del planeta perdido a través del estudio del arte y la música. Cada libro de las *Crónicas* nos sintonizaba con diferentes temas y niveles de conocimiento. Cada lugar físico al que viajamos era una experiencia de recuperación de la memoria. Durante nuestras primeras seis heptadas en Nueva Zelanda, centramos nuestros estudios en la geomancia planetaria, que fue un tema clave del tercer volumen de las *Crónicas de la Historia Cósmica*. Geomancia significa "adivinar el Espíritu de la Tierra".

La Tierra es un ser vivo vitalizado por meridianos de energía conocidos como líneas ley. Estas líneas ley son análogas a las líneas de energía del cuerpo con las que operan los acupuntores. Mientras viajábamos a diferentes lugares, teníamos la sensación de que estábamos activando las líneas ley de la Tierra a través de nuestra intención consciente. Estos puntos, también conocidos como "líneas del dragón", contienen un grado inusual de energía geomagnética. Cuando estas "líneas del dragón" se cruzan, su energía se convierte en un vórtice. Si varias líneas se cruzan en un punto determinado, llamado nodo, se produce un vórtice de energía masivo, tal como en Avebury, Inglaterra, donde aparecen muchos círculos en los cultivos.

A veces, cuando viajábamos en coche, Votan y yo nos concentrábamos en sintonizar con los depósitos de información almacenados en los campos energéticos de diferentes lugares. Votan también compartió que, al igual que existen líneas ley terrestres, también hay líneas ley interdimensionales que se corresponden con la estructura cristalina de la Tierra. Las líneas ley son ejes energéticos que discurren entre dos puntos de energía. En general, las líneas ley se asocian con monumentos megalíticos y otros fenómenos naturales espectaculares, como montañas, lagos, afloramientos rocosos, etc.

Esta estructura cristal formada por líneas ley interdimensionales puede considerarse como la inteligencia de la Tierra. Esta contemplación, junto con la visión de la Tierra como una Nave del Tiempo con una estructura cristalina, me ayudó a dar sentido a la visión que tuve de niña cuando exploraba los túneles del tiempo subterráneos. Esto significaría que las líneas ley de la estructura cristalina son portadoras de información que interactúan simultáneamente entre sí y poseen información del pasado y del futuro.

Dentro de esta estructura cristalina de la Tierra, toda la información es fluida y accesible por igual. Esto significa que la energía/información liberada o disponible en los puntos de poder también es fluida. Recordé mi primera visita a la tumba de la Reina Roja y sentí que, de alguna manera involuntaria, había obtenido el acceso a la estructura y la visión de estas líneas ley interdimensionales que, como una liberación de tiempo, me abrieron a diferentes niveles de conocimiento.

Votan y yo tuvimos 49 días para explorar Nueva Zelanda y decidir dónde establecer nuestro hogar antes de volar a Brasil en el NS1.19.3 (09/2006) al Segundo Congreso Planetario de los Derechos de la Biosfera. Él había estado planificando el evento mientras viajaba, en el que participarían destacados pensadores de todo el mundo. Allí presentaría el proyecto CREST13 como eje central de los esfuerzos para preparar la transición biosfera-noosfera. CREST es la abreviatura de Centros para la Restitución de la Mente Natural, un "proyecto de ingeniería planetaria" con la intención de establecer 13 centros estratégicamente situados en los hemisferios Norte y Sur. Uno de los objetivos de este proyecto experimental sería utilizar técnicas avanzadas de meditación para proporcionar un medio para la experimentación telepática.

Él mismo escribió la premisa principal del Segundo Congreso Planetario de Derechos de la Biosfera:

Nos encontramos en el momento más crítico de la historia del Planeta. ¿Cómo elegirá la raza humana utilizar su don de su inteligencia frente a las múltiples crisis? Elegirá continuar tratando de salvar su modo de vida tecnológico basado en el dinero, o elegirá el camino de la evolución espiritual y mental, un retorno a vivir en los ciclos cósmicos de la Naturaleza?

A continuación, viajamos a Argentina y Chile y luego a Estambul (Turquía) para asistir al décimo congreso anual de la Unión De La Hermandad Mundial Fundación Suprema Mevlana, en el NS1.19.4.15: Kin 47 Mano Galáctica Azul (1/11/2006). Allí nos presentaron a la señora Bulent Corak, autoproclamada encarnación del místico sufí Jalāl ad-Dīn Muhammad Rūmī. Corak (o Mevlana, como se la conoce) nació en 1923, en la época en que el coronel Ataturk estableció Turquía como una república en el mundo moderno. Mevlana, que canalizó una enorme obra que fue recopilada en un gran libro conocido como *El Libro del Conocimiento*, era una respetable ama de casa, esposa de un médico de éxito cuando recibió su primer mensaje de unos seres que se hacían llamar las "autoridades celestiales", en el -NS1.46.4.15: Kin 22 Viento Solar Blanco (1/11/1981).

Mevlana siguió una rutina diaria de transcripción de las palabras que escuchaba de los reinos internos. Continuó durante más de 12 años, y los mensajes recibidos se recopilaron para crear el *Libro del Conocimiento*. Votan consideró que el *Libro del Conocimiento* era uno de los textos más cósmicos que había encontrado, y que abarcaba una gran variedad de áreas, todas ellas orientadas a la integración y la unificación de la conciencia planetaria.

En estos momentos, nos encontramos en un medio de selección y todos están cruzando el Sirat (el puente del período de resurrección que conduce al cielo o al infierno) según su consciencia. Los elegidos serán elegidos y los descalificados serán descalificados. Sin embargo, los Mañanas y los Días Futuros traerán Bellezas inesperadas. —Mevlana, *el Libro del Conocimiento*

Capítulo 17

❁

Carretera Lady Mile: Queenstown Ciudad de la Reina

Los valores femeninos son la fuente de la felicidad. Conoce lo masculino, pero mantente fiel a lo femenino. —Lao Tzu

No deseo que las mujeres tengan poder sobre los hombres, sino que tengan poder sobre sí mismas. —Mary Shelley

Tras siete heptadas de intenso viaje, Votan y yo regresamos a Christchurch en primavera (mediados de noviembre en el hemisferio sur) y compramos un Kia Sportage plateado de segunda mano. Unos días después nos mudamos a un apartamento de alquiler durante tres meses en la ciudad turística de Queenstown, en la Isla Sur. La hermosa ciudad está construida alrededor de una bahía virgen en el resplandeciente lago Wakatipu. Muchos turistas la visitan por las cercanas pistas de esquí y otros deportes extremos al aire libre, como el puenting, originario de aquí.

El lago Wakatipu es el tercer lago más grande de Nueva Zelanda. También se le conoce como el lago "que respira" debido a su misteriosa actividad de mareas, que según los maoríes se debe a un gigante que yace en el fondo del lago.

La leyenda del lago Wakatipu cuenta la historia de dos amantes desventurados, el joven guerrero Matakauri y Manata, la hermosa hija de un jefe maorí quien prohibió su amor.

Una noche, un cruel taniwha (un gigante) llamado Matau secuestró a Manata, se la llevó y la escondió en su guarida de la montaña. El padre de Manata estaba tan angustiado por la pérdida de su hija que declaró que cualquier guerrero que la rescatara, podría casarse con ella.

Matakauri salva a Manata y se casan. Matakauri quiso asegurarse de que el gigante no volviera a hacer algo similar, así que le prendió fuego mientras dormía. El cuerpo del gigante se derritió, creando una profunda hendidura en la tierra que se llenó de agua del hielo y nieve derretidas. El gran lago en forma de "S" que quedó en su lugar forma el lago Wakatipu, que se traduce como el "hueco del gigante dormido".

Se dice que la única parte del cuerpo de Matau que no se quemó fue su corazón, que aún late en el lago, creando el misterioso y rítmico ascenso y descenso de sus aguas.

Nuestro apartamento era el número 5 y tenía un balcón con vistas al lago Wakatipu y estaba enclavado entre imponentes montañas escarpadas, entre ellas las Remarkables. Cada uno tenía su propio dormitorio y cuarto de baño, lo cual era esencial para nosotros. Votan estaba emocionado por vivir bajo la Cruz del Sur, no muy lejos del gran océano Austral, frente al misterioso continente de la Antártida. El océano Austral fue nombrado quinto océano del mundo en el año 2000 y fue ratificado en el NS1.33.12.10: Kin 176 Guerrero Resonante Amarillo (8/06/2021). Es el quinto océano más grande del mundo y rodea todo el continente Antártico.

Era verano en el hemisferio Sur, y Votan y yo experimentamos una sensación de renacimiento en esta ciudad de cuento de hadas, con su aire fresco de montaña y sus espectaculares rutas de senderismo. Nos sumergimos en la Naturaleza y comenzamos a experimentar una sensación de que las anteriores líneas de tiempo se descosían y se tejían nuevos patrones. En nuestra primera noche en Queenstown tuve el siguiente sueño:

> *Estaba en la selva, con un impermeable demasiado pequeño. Había mucha humedad. Me puse de pie. Por el rabillo del ojo, vislumbré lo que parecían ser unos magos silenciosos, expertos en diversas artes mentales. Comían flores silvestres y bailaban en el aire. Vi cómo mi cuerpo seguía un camino seguro por un sendero sinuoso hasta llegar a un árbol hueco que contenía un cáliz de plata. Cogí el cáliz e instintivamente vertí el líquido. Para mi sorpresa, empezó a formarse un río entero cuyo origen era el cáliz. Me arrodillé y bebí del río.*

Me desperté con el sonido de la voz alegre de Votan que parecía fundirse fluidamente con el sueño. Me dio una taza de café y empecé a contarle el sueño. Mi sueño coincidía con su meditación matutina, en la que se había sentido transportado a la selva y estaba con unos hombres medicina que realizaban la danza de la lluvia. Este sueño y su meditación se sintieron como un presagio auspicioso para nuestra estancia en Queenstown.

Votan se despertaba regularmente alrededor de las 3:30 a.m., preparaba su café, se vestía meticulosamente, incluyendo sus collares y anillos, y luego salía a contemplar las estrellas. Luego, me despertaba a las 4:30 a.m. con una taza de café orgánico francés tostado oscuro. Siempre me sentía muy feliz cuando me despertaba y estaba siempre emocionada por lo que nos depararía el día. Estábamos inmersos en la redacción de las *Crónicas de la Historia Cósmica, Volumen III: Libro del Misterio*, que nos adentraba en los temas del arte y el reino imaginal. Podíamos ir caminando a la ciudad desde nuestro apartamento en unos 10 minutos, lo que hacía nuestra vida cotidiana muy simple. La ciudad en sí era una zona turística, aunque los lugareños mantenían un estilo de vida muy amigable y tranquilo.

En ese momento estábamos solicitando la residencia en Nueva Zelanda, y se nos sugirió en varias ocasiones que sería mucho más fácil si estuviéramos casados. Aunque nuestra conexión era clara, inicialmente tenía reservas sobre la idea del matrimonio. Nuestra relación no tenía fines convencionales, sino que estaba basada en la transmisión de conocimientos. No quería casarme, ya que eso no era lo que representaba nuestra relación. Votan se había casado tres veces y había jurado no volverlo a hacer; habían pasado tres anillos desde que él y Lloydine se habían divorciado. Ahora ella vivía en un apartamento en el centro de Portland y ejercía en un estudio de danza, aunque Votan seguía manteniéndola económicamente cada mes. Ahora que los tres nos habíamos establecido en nuestras nuevas vidas, aquí, en este lugar remoto, podía ver el significado de todas las iniciaciones desde una perspectiva más clara.

Durante este tiempo, Votan escribió:

Ahora parece que, en lo que parece ser la última etapa de mi vida, podré echar raíces, adecuadamente asentado, en uno de los lugares más remotos del planeta, Nueva Zelanda. Otro factor a tener en cuenta en mi peregrinaje espiritual es mi aprendiz, que apenas tiene la mitad de mi edad y no tiene una historia personal como la mía, y en ese sentido es una genuina inocente. Su vida como mi aprendiz lo es todo para ella, no tiene otra vida más que esta.

> *El estudio de los códigos y su trabajo en las Crónicas de la Historia Cósmica y el propósito cíclico de regeneración que compartimos lo es todo para ella, la absorbe por completo. Precisamente por eso, ella funciona como un indicador espiritual para mí —es decir, como el pilar de su realidad sé que cada pensamiento, palabra y acción mía tiene el potencial de causar una profunda impresión en ella.*
>
> *Y por esto es de suma importancia que me examine continuamente a mí mismo, para que la frecuencia operativa de mi vida pueda refinar continuamente su nivel de funcionamiento, ya que mi testigo y única heredera es Stephanie South, la Reina Roja "la sin inscripciones a ser inscrita por la Matriz Original Alcanzada (OMA)"*

Votan y yo queríamos que nuestra relación estableciera un nuevo patrón de armonía y un propósito más elevado para el resto del mundo. Nos reconocimos como almas gemelas, pero no en el sentido romántico de la Nueva Era. Habiendo nacido gemelo de un bibliotecario y poeta, Votan sintió que su hermano había sido un guardián de la biblioteca de Alejandría cuando fue destruida y luego un guardián de los registros de la biblioteca de los muertos en Mixtlán, México, en la época de Quetzalcóatl. Y ahora nuestro reconocimiento de "almas gemelas" era más para completar el conocimiento que había sido fragmentado. Había una sensación de estar inseparablemente entrelazados con la totalidad de muchos seres hasta el punto de no haber separación. En ese estado de ser, sólo hay un ser y las diferencias superficiales desaparecen.

Votan lo explicó así:

> *El emparejamiento de las almas gemelas es un experimento planetario de alto nivel que requiere la utilización completa de todas las capacidades y facultades del organismo humano y requiere lo que se llama un emparejamiento sexual para la plena realización del proceso. A través de este proceso, la tercera, cuarta y quinta dimensión alcanzan la unión completa. Esto es parte del proceso del cambio evolutivo que se está diseñando en un par de arquetipos humanos en transición. La meta final de todo el intervalo humano —desde el humanoide hasta el ingeniero planetario cósmico— es la experiencia de la involución plasmática, la aclaración total de las cargas contenidas en los registros akásicos de ambos seres superiores.*

A pesar de mi reticencia, la idea del matrimonio era persistente, tanto por motivos prácticos como alquímicos. Tras aceptar el proceso matrimonial, algo se desbloqueó aún más en mi interior. Vi cómo todo este proceso (y toda nuestra vida) es en realidad un programa de liberación de tiempo. En última instancia, estamos destinados a devolver a la plenitud aquello que se ha roto o perdido.

Ese verano en Nueva Zelanda, Votan y yo pasamos muchas horas en la Naturaleza revisando nuestra misión, refinando la visión más amplia que, por esencia, es de naturaleza interplanetaria. Buscábamos comprender el antiguo trauma que había provocado la destrucción de Maldek. El ciclo profético de Pacal Votan toma como punto la génesis de la destrucción de Maldek, donde se produjo el trauma primigenio, de naturaleza sexual. El punto de la génesis de Maldek representa una coyuntura crítica que causó una ruptura en todo el sistema. ¿Qué sucedió? ¿Qué debemos recordar? ¿Qué es el sexo?

Cada vez comprendía mejor que la codificación maldekiana se había superpuesto y entretejido en nosotros tres, cada uno con una función diferente. Desde esta perspectiva, cada uno de nosotros desempeñó su papel a la perfección. Como ya se ha dicho, la activación de la Historia Cósmica se produjo a través del enigma del error maldekiano, que culminó en la destrucción total de un planeta (representado por la fragmentación y la distorsión del chakra sexual de la humanidad).

Votan escribió que la "resurrección terrestre será el episodio final de un drama interplanetario enraizado en la destrucción de Maldek, el Jardín del Edén original ahora conocido como el Cinturón de Asteroides".

Votan y yo habíamos compartido muchas conversaciones profundas durante los tres anillos anteriores, cubriendo todos los aspectos relativos con el tema de las relaciones y su experiencia de cómo el matrimonio podía ayudarlas, o dificultarlas. Esto nos llevó a profundas discusiones en profundidad sobre el significado del matrimonio alquímico y la unión consciente de los opuestos.

Boda en el Dragón Eléctrico

A través de la sincronización perfecta con otro ser podemos canalizar la energía psicosexual (radión) para crear, no un niño, sino una Nueva Conciencia Terrestre —Valum Votan

A finales de la Luna Entonada del Pavo Real decidimos casarnos. Votan sentía que debíamos hacerlo inmediatamente y me animó a estudiar sobre la naturaleza alquímica de las bodas. También me dijo que, si le ocurría algo, quería dejarme sus cosas, y que si nos casábamos sería legal. Empecé a buscar un oficiante no confesional para casarnos, y también me puse a escribir el guión y los votos para la boda:

> *Para amarte y respetarte*
> *En el pliegue místico y cósmico*
> *A lo largo de las estaciones temporales*
> *Nunca jóvenes, nunca viejos*

Fijamos la fecha para el NS1.19.5.21: Kin 81 Dragón Eléctrico Rojo (5/12/2006). El guía del día era Serpiente Eléctrica Roja, mi firma galáctica. Me sentía extrañamente nerviosa. Mantuve la boda en secreto durante más de un anillo, incluso para mi propia familia, ya que el propósito de nuestro matrimonio era muy distinto de lo que la mayoría de la gente piensa, y no quería felicitaciones ni atención por ello.

Carretera Lady Mile

La noche antes de casarnos, Votan me organizó una despedida de soltera (aunque sólo estábamos él y yo). Fue una velada mágica. Hicimos una gran recapitulación de nuestras vidas, pero bebí demasiado vino con entusiasmo.

A la mañana siguiente me puse un vestido rojo de México y nos dirigimos a un jardín en la carretera Lady Mile, en Queenstown, donde nos casaríamos a las 11:11 de la mañana en casa de una anciana ministra, con dos mujeres anónimas como testigos. No se lo dijimos a nadie, solo a unos pocos colaboradores de confianza, Jacob Wyatt y Kelly Harding, ya que eran los testigos principales de nuestras vidas.

Una suave brisa acompañaba la flauta de Votan, con ecos del Kokopelli de otro mundo, abriendo el sipapu entre los mundos. Todo el día fue como un déjà vu a cámara lenta, como si lo hubiéramos hecho antes, en otro tiempo. En lugar de anillos, intercambiamos collares de jade. El tiempo parecía haberse detenido, y sentimos que nos rodeaban muchas fuerzas superiores. La naturaleza surrealista y onírica de la realidad era palpable ese día, mientras conducíamos hasta la cercana Kingston, antes de subir en teleférico hasta la cima de la montaña para disfrutar de la vista de Queenstown. Este precioso momento en el tiempo no pudo guardarse nada más que en mi memoria, ya que 36 días después, toda nuestra vida volvería a cambiar de una forma inesperada.

Índice de Frecuencia Telepática

"441 es tu índice de frecuencia telepática". Votan escuchó estas palabras en un sueño 36 días después de nuestra boda, en el NS1.19.7.1: Kin 117 Tierra Cósmica Roja (10/01/2007)

Estas palabras iban a ser el comienzo de la etapa final de la obra de su vida. El día que tuvo el sueño, llevaba casi una heptada enfermo, algo poco habitual en él. Estaba tumbado en la cama y, como un genio loco y febril, comenzó a trazar obsesivamente plantillas matemáticas de 21 x 21.

Durante cinco días, le llevé jugos frescos, infusiones y sopa de verduras mientras permanecía en su habitación descifrando el 441. Se publicó una nueva información sobre la supernova 1987A, que tuvo su tercer pico en NS1.19 (2007) su explosión inicial fue en el NS1.0 (1987).

Este sistema 441, que más tarde se llamaría Synchronotron, le fue revelado a Votan, 18 anillos después del descubrimiento de la Ley del Tiempo en NS1.2.5.26: Kin 121 (1989).

En la mañana del NS1.19.7.6: Kin 122 Viento Entonado Blanco (15/01/2007), exactamente 24 giros galácticos desde el descubrimiento de la Ley del Tiempo más un día, Votan tuvo una experiencia óptica interdimensional, en la que se sintió directamente conectado con la supernova 1987A, y con Sirio B. Se reveló mucha información. Su conexión con esta supernova comenzó con la Convergencia Armónica de NS1.0 (1987). Se puso en marcha un proceso de recuperación de la memoria recapitulativa, que él me transmitió en profundidad.

Votan y yo hablábamos de todo. Decía: "Todo tiene que ser dicho para que todo sea llevado a la conciencia". Me conmovía e impresionaba continuamente su capacidad de autorreflexión y la forma en que, con esmero y habilidad, me enseñaba con el ejemplo, cómo examinar sin piedad mi mente, mi personalidad y mis características. Se comprometió a darme lo mejor de sí mismo en todo momento. Estábamos completamente empapados del nuevo aroma de la transmisión de la Historia Cósmica. Se sentía como una ventana abierta continuamente, pero no estaba exenta de desafíos. Nos esforzábamos por alcanzar, como él decía, "una conciencia perfectamente pulida y altamente refinada, como un diamante que atraviesa cualquier falsedad o distorsión".

En ese momento le pareció especialmente interesante que, cuando recibió la *Profecía del Telektonon de Pacal Votan*, se encontraba en Hawái, el extremo más septentrional de la Polinesia. Cuando recibió el *Libro de los 441 Números*, estaba en Aotearoa (Nueva Zelanda), el extremo sur de la Polinesia. Le pareció significativo que el ascenso de Sirio marcara las inundaciones del Nilo en el antiguo Egipto, y los "días del perro" o canículas de verano para los antiguos griegos, mientras que para los polinesios del hemisferio Sur marcaba el invierno y era una estrella prominente para la navegación a través del Océano Pacífico. Había mucho en esa conexión.

Este sueño inicial dio inicio a un proceso continuo de decodificación. Votan descubrió que esta matriz cúbica 441, es un sistema vivo de transmisión de información que está ocurriendo constantemente; el cubo se transmite al campo mental mayor del sistema solar y luego al planeta.

La segunda etapa de esta transmisión ocurrió ocho lunas más tarde, cuando apareció un círculo en los cultivos en forma de cubo en Sugar Hill en Wiltshire, Inglaterra, reportado en el NS1.20.1.7: Kin 60 Sol Galáctico Amarillo (1/08/2007). El círculo en los cultivos contenía 18 cubos, 54 caras y 144 triángulos. Votan percibió esto como una señal de la entrada en los seis cubos del cambio interdimensional. La noche que apareció esto, soñó que lo llevaban al centro de la matriz cúbica. Escribió:

Cuando estás en el cubo, todo es (comunicado) por sugestión telepática. Te das cuenta de cuan lentos y engorrosos son los pensamientos y las racionalizaciones condicionadas. Sólo los pensamientos que son automáticamente originados por sugestión telepática tienen valor o merecen ser examinados. Por eso es tan importante guardar silencio en voz y mente. Cada vez que meditas y construyes un cubo, estás participando en la matriz de la creación original de la realidad.

Poco después de esta revelación, nuestras finanzas se fueron a cero, y ya no podíamos pagar el alquiler. Tan pronto como lo determinamos, recibimos un mensaje de Ed Higbee, ofreciéndonos su cabaña en las afueras de Dunedin en Waitati, Nueva Zelanda, para nuestro uso. Inmediatamente aceptamos y empezamos a empaquetar nuestras pertenencias. Habíamos conocido a Ed algunas lunas antes por una coincidencia sincronizada. Votan y yo estábamos en Dunedin por primera vez, paseando, y él se detuvo en el pub Captain Cook para usar el baño. Yo estaba fuera sola cuando oí que alguien me llamaba. Me sorprendió un poco porque no conocíamos a nadie en Dunedin. Resultó que Ed había dejado California muchos anillos antes con sólo dos libros: el *I Ching y La Visión Transformadora.* Ed se convertiría en un gran amigo y apoyo para nosotros durante nuestra estancia en Nueva Zelanda.

Nos mudamos a la cabaña rústica, que tenía un huerto ecológico y árboles frutales. Estaba aislada, y pudimos continuar con las *Crónicas de la Historia Cósmica, Volumen III: Libro del Misterio.* Pasamos mucho tiempo creando arte y collages en el suelo de la cabaña rústica para el tercer volumen de la Historia Cósmica. El tema de este volumen era el arte y el reino imaginal. Como parte de este proceso, trabajé decodificando cientos de artistas, músicos, filósofos y otras personas creativas. Esto me llevó a una profunda investigación sobre los patrones subyacentes que codifican nuestra realidad percibida. Por ejemplo, la saga de *Star Wars* gira en torno a la batalla del bien contra el mal, que imita la Guerra de los Cielos. Marte es el Dios de la guerra.

En el Sincronario, los glifos Caminante del Cielo y Enlazador de Mundos representan a Marte. George Lucas, creador de la saga de Star Wars, es un Enlazador de Mundos Solar Blanco, y es dueño del Rancho Skywalker en California. La idea de *Star Wars* se inspiró, en parte, en su amigo y famoso mitólogo Joseph Campbell. En su libro *El Héroe de las Mil Caras,* Campbell trazó el viaje del héroe que repetimos una y otra vez en diferentes formas. Joseph Campbell comparte la misma firma galáctica que Chogyam Trungpa Rinpoche: Tierra Espectral Roja. Ambos fallecieron en el NS1.0 (1987), anillo de la Convergencia Armónica y fallecimiento de Josh, el hijo de Votan.

Además, Campbell estuvo profundamente influenciado por la obra del psicólogo suizo Carl Jung. Jung publicó *Sincronicidad: Como Principio de Conexiones Acausales* en el -NS1.16 (1952), el mismo anillo del descubrimiento de la tumba de Pacal Votan. Este anillo fue, siete después de la explosión de la bomba atómica en el -NS1.10. Jung fue el primero en acuñar el término "arquetipo" y también nos introdujo en el concepto de "inconsciente colectivo", conceptos clave utilizados en las *Crónicas de la Historia Cósmica.* Este ejemplo muestra cómo podemos utilizar el orden sincrónico para descifrar personas, acontecimientos, encontrar patrones y significados que de otro modo no serían evidentes.

En ese momento, yo también estaba totalmente inmersa en la redacción de la biografía de Votan, que más tarde se dividiría en dos libros pues era demasiado larga para que las editoriales la publicaran de una sola vez. Le hice interminables preguntas y siempre estaba tomando notas. A él le encantaba, ya que había pasado gran parte de su tiempo en movimiento y era la primera vez que podía reflexionar sobre su vida como un entero.

Capítulo 18

Waitaha: Pueblo de Paz

La penetración en el misterio es lo que se conoce como iniciación.
—Valum Votan

La historia de la humanidad comenzó con la creación de la civilización y la construcción de los imperios. El emperador es el personaje arquetípico que invade tierras, adquiere territorios, amasa riquezas, hace la guerra e impone impuestos al pueblo. Dado que esto va en contra de las leyes naturales, se producen enormes repercusiones kármicas. Los imperios nunca perduran, ya que siempre se desmoronan bajo su propio peso. Estas eran observaciones que Votan solía comentar a menudo mientras viajábamos a diferentes lugares.

Estudiamos la historia y los relatos de la creación de los pueblos originarios de Nueva Zelanda, al mismo tiempo que nos centramos en ejercitar nuestras mentes hacia nuevos patrones y reinos de pensamiento. Poco después del Día Fuera del Tiempo, NS1.20.0.0: Kin 53 Caminante del Cielo Magnético Rojo, (25/07/2007), nos mudamos a una casa alquilada apartada, con un ambiente acogedor y moderno en Queenstown, con vistas al lago Wakatipu. Votan y yo nos sumergimos en la escritura del *Libro de la Iniciación*, el cuarto volumen de las *Crónicas de la Historia Cósmica*. También estábamos tratando de obtener la residencia en este país. Al igual que todas las experiencias, esta también la veíamos a través de la lente educativa de la Historia Cósmica. Votan quería darme una amplia visión del mundo, presentándome a tantos tipos de personas, creencias y formas de pensar como fuera posible.

Votan me dijo: "Tenemos que seguir viendo que siempre estamos lidiando con la misma historia de la creación contada de muchas maneras diferentes. Todas describen lo mismo. Queremos honrar a todas, pero no queremos limitarnos a un punto de vista en particular".

Cosmología Maorí

> *En el Gran Vacío surgió el gran sonido, y de ese gran sonido surgió la vida y todo lo que existe. El canto de la creación emitió grandes bolas de fuego y gases, los soles de los cielos. Nuestro sol es clave para la vida, la esencia. Nació en ese momento de la creación.*
> —Cosmología Maorí del Pueblo Polinesio

La cultura maorí está muy presente en toda Nueva Zelanda, hasta en el equipo de rugby All Blacks, que invoca a la cultura maorí interpretando la vigorosa danza guerrera Haka, antes de cada partido. Al profundizar y hablar con los guardianes de la cultura maorí, nos dimos cuenta de que se trata de la historia familiar de un pueblo indígena sobre la lucha por los derechos sobre la Tierra, la identidad y la preservación de su cultura y tradiciones originales. Esta historia se ha repetido en muchos territorios. Después de que los europeos llegaron y obligaron a los nativos a ceder su soberanía, el alcohol y las enfermedades se apoderaron de ellos. La población quedó diezmada y el pueblo marginado. Sorprendentemente, la cultura sobrevivió, en parte asimilada, y aún se recuerda algo de ella.

Poco después de mudarnos a nuestra nueva ubicación, condujimos varias horas hasta la Isla Norte de Nueva Zelanda para reunirnos con miembros de la Nación Waitaha, a quienes habíamos conocido en visitas anteriores. Fue un viaje precioso, lleno de conversaciones animadas y silencios a partes iguales, mientras absorbíamos la impresionante naturaleza de Nueva Zelanda: el mar, los acantilados y las playas. Las ovejas superan con creces en número a las personas, dejando a la vista las verdes colinas salpicadas de esponjosas ovejas merino blancas.

Las interminables cadenas de montañas hacían prácticamente imposible ir de un lugar a otro si no era a través de sinuosos tramos de carretera a menudo reducidos a un puente de un solo carril. La tala también había hecho estragos y muchas colinas y laderas se veían estériles, pues habían sido taladas recientemente. El aspecto uniforme y estandarizado de los árboles nuevos caía en forma de cascada, en filas uniformes cubriendo las laderas.

Los Waitaha, "Pueblo de Paz", fueron una de las primeras tribus maoríes en asentarse en Nueva Zelanda. Peter Ruka, anciano jefe y portavoz de los Waitaha, nos dijo que llevaba dos anillos esperando la llegada de Votan (al que llamaba Señor del Tiempo). El padre de Peter, Teo-te-waka, le había dicho que buscara a un hombre de Teotihuacán. De acuerdo con las profecías Waitaha, se esperaba la llegada de un Señor del Tiempo hace ya 6.488 anillos, mucho antes de que los Waitaha pisaran Aotearoa, lo cual ocurrió hace solo unos 1400 anillos.

En el vigésimo aniversario de la Convergencia Armónica, en el NS1.20.1.22: Kin 75 Águila Planetaria Azul (16/08/2007), fuimos adoptados por la familia Ruka de la tribu Waitaha. Nuestra adopción se formalizó en el recinto histórico del Tratado de Waitangi, en una ceremonia de presentación ante el Consejo de las Abuelas y los Jefes de la Nación Waitaha. A través de esa ceremonia, Votan se convirtió en hermano adoptivo de Tuwharerangi Ruka, jefe de seguridad Waitaha, y recibió el nombre maorí de "Horotane Whautere". Yo me convertí en hija adoptiva de la actual matriarca, Te Rangapu Te Korakora, y recibí el nombre maorí "Meremere Marotini".

Con la finalización de esta ceremonia, fuimos reconocidos por el derecho consuetudinario maorí, como "Tangata Whenua" (Pueblo de la Tierra) con todos los derechos. Fuimos recibidos como miembros de la nación soberana Waitaha. Sin embargo, Votan y yo descubriríamos más tarde que el gobierno de Nueva Zelanda no reconoce los tratados ni los contratos firmados por los maoríes.

Canciones de los Waitaha

Por aquella época, también visitamos a Barry Brailsford en su casa. Barry había sido iniciado por los Waitaha y, a petición de ellos, había escrito una serie de libros sobre la tribu Waitaha, entre ellos el hermoso *Canto de los Waitaha*. Era un hombre mágico que vivía entre las misteriosas formaciones rocosas. Nos dijo que la piedra es el primer antepasado, y que Waitaha también significa portadores de vida. Wai significa agua. Taha significa calabaza (para transportar el agua). Así que cuando caminaban por los senderos de la paz, lo hacían como los portadores del agua, porque el agua es vida. Barry dijo que los Waitaha le contaron que, cuando se recorren los antiguos senderos, hay que moverse como el agua; fluir como el agua es la forma de recorrer el sendero.

Votan hizo mucho por ayudar a la familia Waitaha a recuperar los derechos sobre sus tierras, al igual que había hecho en Hawái con el movimiento por la soberanía hawaiana. Le apasionaba trabajar por la igualdad de los derechos para todos los seres humanos. Habiendo crecido como mexicano-estadounidense en Minnesota en la década de los 50, él, su gemelo y su padre eran los únicos mexicanos de la ciudad, y sufrieron muchos prejuicios, especialmente su padre. Esto le hizo desarrollar un corazón compasivo por los pueblos indígenas y las minorías.

En ese momento, algunos miembros de nuestra familia Waitaha se separaron del resto y trataron de extorsionar a Votan para que les diera una gran cantidad de dinero, amenazando con que si no se la entregábamos antes de Navidad nos expulsarían del país. Esto hizo que la tensión y la incertidumbre aumentaran. Por ello, decidimos desconectar y hacer un retiro de silencio juntos en nuestra casa durante nueve días en Navidad (que es verano en Nueva Zelanda). Durante ese tiempo, hice una Limpieza Maestra, nueve días a base de agua con limón, sirope de arce y cayena, y me sumergí de lleno en el aprendizaje de la matemática del sistema del Perceptor Holomental.

Tomaba notas por heptadas de mis experiencias internas y externas para dar seguimiento a las transformaciones que se producían en mi interior. Me estaba acostumbrando a sentir lo desconocido, mientras que antes me ponía ansiosa. Estaba aprendiendo a relajarme y a aceptar profundamente todo el entramado de la vida. Cuanto más consciente era de estos códigos, más sentía que sus bordes irregulares se suavizaban y desaparecían.

Al entrar en lo desconocido, reconocí la tendencia del ego a aferrarse o "regresar" a las analfas previamente grabados en busca de seguridad, por ilusoria que fuera. Observé que este es el mecanismo de defensa del ego, que intenta cubrir o bloquear la vista de paisajes desconocidos y aparentemente extraños. Intenta taparnos los ojos reforzando un patrón familiar. Descubrí que cuanto más trabajaba en amarme y en la confianza en mí misma, más relajada y mejor era mi experiencia. Esto no se puede subestimar. El amor propio es la primera clave para aprender cualquier cosa.

Adiós, Nueva Zelanda

En el NS1.19.8 (02/2007) anillo de la Luna Magnética Roja, partimos a lo que se suponía que iba a ser un viaje de dos heptadas a Japón y luego regresaríamos a casa, pero nunca más volveríamos a Nueva Zelanda. Nos sorprendió enterarnos que, a los siete meses de nuestra adopción maorí, el gobierno neozelandés nos había denegado la renovación de nuestros visados y no podíamos volver al país. Esta fue una lección importante sobre los derechos de los indígenas o la falta de ellos.

Toda nuestra labor, nuestras pertenencias y nuestro automóvil estaban en nuestra preciosa casa de alquiler en Queenstown, y de repente no teníamos acceso a nada. Estábamos a mitad de la redacción del cuarto volumen: *El Libro de la Iniciación*. Votan siempre me impresionaba con su comportamiento imperturbable, aunque yo por dentro estuviera ansiosa. Él estaba acostumbrado a los vaivenes de la vida. Me enseñó a transformar las experiencias aparentemente negativas en positivas cambiando mi percepción. Cada vez que surgían retos u obstáculos, Votan intensificaba su trabajo interior y me recordaba que todo se crea desde el interior y que no hay que obsesionarse con circunstancias fugaces de tercera dimensión. Su filosofía era que cuando una puerta se cierra, otra se abre.

Aprendí a buscar las lecciones y el conocimiento que encierra cada experiencia, en lugar de reaccionar emocionalmente a circunstancias temporales. Concuerdo con las enseñanzas budistas que afirman que la mayor parte del sufrimiento proviene del apego y las expectativas.

Todas las experiencias que Votan y yo compartimos fueron incorporadas y utilizadas como material para nuestro arte, que en ese momento era las *Crónicas de la Historia Cósmica*. Éramos como científicos cósmicos que estudiaban en el campo de los sistemas humanos, experiencias y comportamientos para luego informar sus hallazgos a la sede central cósmica.

Votan me explicó: "Todo el que está vivo en este momento en esta esfera de la realidad está siendo puesto a prueba; es un proceso que abarca todo el cosmos... Cualquier proceso creativo es un proceso iniciático. Para ser verdadero y ejemplificar lo que se comunica, el acto creativo debe estar basado en la experiencia de su mensaje. Si no has comido una manzana, no puedes decir a nadie qué sabor tiene".

Desvío a Australia

Pronto nos enteramos de que se nos había denegado la entrada a Nueva Zelanda. Compramos billetes de ida a Australia mientras esperábamos los 10 días para que nos devolvieran los pasaportes. Nos quedamos en Kioto y visitamos templos sagrados mientras nos relajábamos en aguas termales y decidíamos qué hacer a continuación. Un día soleado, mientras visitábamos el famoso Templo Kiyomizu, nuestro guía nos comentó que hay un dicho japonés que dice: "Haz las cosas con la disposición de saltar desde el escenario del Templo Kiyomizu," lo que significa que hay que poner todo el empeño en lo que se hace. Aquello nos pareció muy apropiado en ese momento.

Terminamos en Byron Bay, Australia, una ciudad costera situada en el extremo noreste del estado de Nueva Gales del Sur. Alquilamos la apartada cabaña de nuestra amiga Lois durante nueve lunas, en lo más profundo de la selva australiana, sin coche ni Internet, y con serpientes pitón deslizándose a menudo por el techo. Lois había sido presentadora de un popular programa de radio para mujeres en Byron Shire, y había entrevistado a Votan en una visita anterior. Sentí una inmediata afinidad con ella, ya que también había crecido en Oregón.

La cabaña se llamaba anteriormente Mevlana, ya que había sido utilizada por uno de los grupos de Osho. Estaba a una hora caminando hasta la tienda de comestibles más cercana, así que cada heptada íbamos al pueblo con Lois a comprar. La reubicación nos supuso a Votan y a mi, una interrupción en nuestra continuidad. Aun así, fue allí donde completamos el *Libro de la Iniciación*.

Nuestro amigo Ed empaquetó y envió desde Nueva Zelanda a Australia nuestros materiales esenciales para que pudiéramos reanudar nuestra labor en el *Libro de la Iniciación*. Este libro refleja la época, y si se relee en este contexto, se pueden extraer nuevos significados. Avanzábamos por el laberinto del tiempo, decididos a llegar al centro, con muchas distracciones y obstáculos que superar por el camino. Escribimos:

> *Al avanzar por el sendero, percibes nuevos colores gloriosos saliendo de una grieta en el suelo. Tropiezas en la oscuridad; una extraña sed de conocimiento te invade. Te adentras más profundamente en lo oculto, lo misterioso, lo inexplicable. Anhelas conocer todo: el movimiento del Sol, el cambio de las estaciones, el ciclo de la vida humana y el poder oculto que envuelve el Universo y su destino. A pesar de los numerosos desvíos y callejones sin salida, una nueva certeza llena tu ser, la certeza de que, pase lo que pase, llegarás al punto central de la luminosidad, al resplandor de la esencia de tu alma."*

Fue un tiempo hermético y disciplinado para Votan y para mí, en el que nos concentramos intensamente en nuestros proyectos, con pocas pertenencias y pocas distracciones externas. Observamos que cada volumen de la Historia Cósmica nos encontraba en circunstancias únicas, ya que vivenciábamos las palabras escritas en los volúmenes, como si se tratara de un libro desplegable. En ese momento, fuimos conscientes de que estábamos pasando por una iniciación particular.

La iniciación provoca un cambio de enfoque de tu visión mental para que pueda aparecer una armonía superior. En la introducción al *Libro de la Iniciación*, escribimos:

> *Nuestras lecciones del laberinto del orden social humano fueron profundamente experimentadas y aprendidas. Debido a que mantuvimos una perspectiva cósmica de nuestro sentido de misión, y una fe profunda y permanente en la voluntad divina y su plan para toda la creación, comprendimos la naturaleza multidimensional y microcósmica de nuestra propia experiencia de iniciación. Hay muchos canales de percepción disponibles, y aquellos que son conscientes sirven como instrumentos cósmicos, evaluando el viejo mundo de la materia con el mundo del espíritu.*

Conseguimos visados de negocio en Australia, lo que nos obligaba a salir del país cada tres meses. Aunque Votan seguía recibiendo invitaciones de todo el mundo, en ese momento sus principales prioridades eran la Historia Cósmica, el Synchronotron y los preparativos del próximo Congreso de la Noosfera, que estaba previsto celebrarse en Japón.

Delfines y Ballenas: Apoyo Telepático

Al vivir en esta remota selva tropical durante nueve lunas, nuestra telepatía mutua llegó a tal punto que apenas teníamos que hablar. Disfrutábamos de la presencia del otro mientras trabajábamos y sabíamos lo que cada uno necesitaba. La energía de las ballenas y los delfines ocupaba un lugar destacado en nuestro campo, al vivir tan cerca del océano. Votan señalaba a menudo que los delfines miden el "tiempo" con 13 conjuntos de 28 surcos a lo largo de sus dientes, que además están dispuestos en una configuración que funciona como antena para el sonido y la comunicación. También se dice que los cetáceos son guardianes de la memoria planetaria y emisarios estelares. En su obra anterior, *La Sonda de Arcturus*, Votan escribió:

> *Habiendo oído hablar de la Federación Galáctica, las ballenas solicitaron primero visitar el sistema Sirio, antes de ser enviadas*

en una migración cristalina a la parte más oscura del sector experimental. La razón de esto es que la ballena podía memorizar y mantener registros perfectos en su gran acumulador sensorial (lo que ustedes llaman cerebro) y, por lo tanto, ser un archivo galáctico disponible en el planeta donde sería utilizado para la domesticación.

...Los delfines y los cetáceos también vinieron en tiempos más remotos siguiendo su pista de la Zuvuya para habitar el único vasto océano del planeta azul. Fue la integración sensorial binaria de los delfines y las ballenas lo que ayudó a anclar los efectos radio-electromagnéticos de la inclinación polar de Urano en los polos de la Tierra...

Debido a su profunda conexión con las ballenas y los delfines, Votan recibió un mensaje contundente de que el Congreso de la Noosfera no podía celebrarse en Japón debido a las matanzas de ballenas y delfines, que este anillo se puso de relieve en el documental *The Cove*, que destaca las prácticas de caza de delfines en Japón. También nos enteramos de que Japón había llevado a cabo programas de investigación ballenera tanto en el Pacífico Norte como en la Antártida. Por ello, decidió que el evento se celebraría en Bali.

Plantilla de Tollan

Después de pasar el día observando ballenas en Byron Bay, Votan recibió otra experiencia óptica y se acostó en la cama. Empezó a recibir una visión que, según él, era la siguiente etapa del Synchronotron. Al cabo de unas horas, se dirigió a su escritorio y comenzó a dibujar una geometría sagrada, lo que más tarde se conocería como Hunab Ku 21, el Árbol de la Vida y Conocimiento Galáctico. Esto ocurrió el 7.º día de nuestra dieta líquida de 7 días, en la que tomábamos jugos verdes, té de hierbas y agua principalmente.

Hunab Ku 21, la Plantilla de Tollan, constituiría el tema central de *Crónicas de la Historia Cósmica V: El Libro del Tiempo-Espacio*. Esta era la siguiente entrega del 441 en forma de geometría sagrada con 21 articulaciones claves. Cada articulación representa un Arquetipo Galáctico basado en los 20 sellos solares, más Hunab Ku 21. Tollan, la ciudad celestial, es el lugar primigenio de los orígenes y el lugar al que se regresa. La Zuvuya es el sendero de la memoria cósmica, el sendero sagrado del retorno.

Mientras él recibía esto en las primeras horas de la mañana, sin que yo lo supiera, yo estaba meditando en mi habitación y empecé a sentirme muy soporífera. Me recosté y entonces experimenté una sensación de viaje astral a través del plexo solar, conocido como *kuxam suum*.

Experiencia Astral

En mi viaje por el plano astral, me encontré flotando lúcidamente por unos barrios. Floté hasta una casa, que al principio parecía común y corriente, con una gran pantalla de televisión en el salón y cachivaches polvorientos esparcidos por todas partes. Me dirigí al comedor. Vi un gran tablero interplanetario del Telektonon con los cristales colocados en los circuitos específicos repartidos sobre una gran mesa de roble. Oí una voz que decía: "¡Presta atención a los circuitos!".

Toqué el cristal, y entonces empecé a levitar y volé por la habitación hasta la parte trasera de la casa. Entré en la habitación contigua sin abrir la puerta. La habitación emitía una suave luz etérica azul. En un rincón estaba sentado Votan ante un gran escritorio o mesa de dibujo, trabajando diligentemente en lo que parecían ser unos códigos numéricos.

En la pared, vi un mapa estelar de tamaño real y, en otra pared, un mapa detallado de la Tierra. Al mirar más de cerca el mapa, los montes Apalaches nevados aparecieron como un holograma en 3D. La temperatura de la habitación bajó drásticamente. Votan me hizo señas para que me acercara y me mostró una serie de códigos matemáticos. Mientras me concentraba en comprenderlos, comenzaron a producirse cambios sutiles en la habitación. La iluminación se suavizó y se hizo más brillante. La temperatura de la habitación cambió, el techo se elevaba y las paredes se contraían y expandían. Comenzaron a aparecer diferentes objetos en la habitación; mientras que otros, desaparecían. Todos los objetos de la habitación parecían estar cambiando, alterándose y transformándose en creaciones, formas y configuraciones cada vez más magníficas. Empezaron a aparecer geometrías. Escuché la voz de Votan que decía: "¡Estos son los códigos del nuevo Tiempo-Espacio!"

Entonces salí flotando de esa habitación y entré otra más pequeña adyacente, en la que parecía una casa suburbana normal y corriente. Esta habitación destellaba en tonos rojos atenuados y luego en colores verdes más brillantes. Allí, de nuevo estaba Votan, con un gran sombrero de chamán blanco y dorado. Estaba sentado en un escritorio trabajando con códigos matemáticos. Dijo: "Espera, todavía estoy trabajando en ello; la última no era la versión final".

Antes de volver a mi cuerpo, sentí como si estuviera despertando varias veces a otras realidades. Mientras intentaba volver al cuerpo, me topé con muchas transmisiones de radio. Empecé a recibir varios canales y fragmentos de conversaciones con una claridad cristalina. Cada fragmento de conversación estaba en un idioma diferente, algunos de los cuales parecían provenir de otras dimensiones. Los canales se quedaban estáticos y se desvanecían, y luego entraban nuevos canales, uno de los cuales hablaba en puras matemáticas y otro que no hablaba en absoluto, sino que era pura vibración.

Cuando finalmente regresé a mi cuerpo, fui a darle los buenos días a Votan y a contarle la experiencia. Me mostró en qué había estado trabajando. Me dijo que estaba mapeando las coordenadas de la mente cósmica. Luego me mostró la primera versión de la estructura arquetípica de Hunab Ku 21.

Este tipo de experiencias sincrónicas eran habituales entre Votan y yo, y eran una parte crucial de nuestra relación de trabajo. A menudo yo recuperaba la información que faltaba a través del Tiempo del Sueño y resultaba ser la clave que Votan necesitaba en ese momento. En otras ocasiones, en meditación profunda, nos teletransportábamos juntos a diferentes épocas y lugares y podíamos mantener conversaciones allí. Cuando volvíamos a nuestros cuerpos físicos, podíamos transcribir las conversaciones a la realidad despierta. Esta forma de operar se convirtió en la norma para nosotros y elevó nuestra relación a lo que algunos podrían llamar sobrenatural.

Capítulo 19

Arca del Tiempo Radiogenética de Noé

El Arca de Noé es la más grande y está a cargo de dirigir la transmigración de una parte de la humanidad desde la superficie de la Tierra. —Trigueirinho

Después de nueve lunas en Byron Bay, nos mudamos a Jan Juc, Australia, en NS1.21.3 (primavera de 2008). Jan Juc, es una pequeña ciudad costera que se encuentra a 100 kilómetros de Melbourne y cerca de la famosa carretera Great Ocean de Australia. Nuestra casa, inspirada en los 70, estaba en la misma calle de Bells Beach, una playa de surf de renombre mundial.

Hubo una simplicidad zen en esta secuencia temporal de un anillo, y estábamos agradecidos por el aire limpio del océano, el espacioso terreno y el auto. Iniciábamos las *Crónicas de la Historia Cósmica, Volumen V: Libro del Tiempo-Espacio*. En ese momento, Votan estaba profundamente inmerso en la creación del Congreso de la Noosfera, que se había trasladado a Ubud, Bali, en cooperación con Sacha Stone y su organización, Humanitad.

Fue una época de gran productividad. Votan instaló su oficina en uno de los dormitorios y yo instalé la mía en el comedor, junto a una gran puerta corredera de cristal y una terraza con vistas al amplio patio trasero. Empecé a trabajar en la creación del primer Almanaque de Sincronicidad de 13 Lunas y acababa de publicar la biografía de Votan: *2012: Biografía de un Viajero en el Tiempo*. Unos anillos más tarde se publicaría una versión más detallada y la segunda entrega, titulada *Tiempo, Sincronicidad y Cambio de Calendario: La Vida y Obra Visionaria de José Argüelles*.

Cuando leyó el libro por primera vez, Votan escribió en su diario: "... *Al verme ahora tan claramente en el espejo que me sostiene mi aprendiz, me siento aún más decidido y juicioso en mis acciones para completar mi misión sin vacilar*".

Actividades Nocturnas

Como no veíamos televisión ni disfrutábamos de mucho entretenimiento, Votan y yo buscamos diferentes formas creativas de interactuar. Cada momento formaba parte del proceso educativo de la Historia Cósmica. Por la noche, a veces asumíamos distintos personajes y nos entrevistábamos mutuamente. Nos sentábamos en el sofá después de cenar, a menudo con una taza de té de ortiga. A Votan le gustaba especialmente el té de ortiga, porque era lo que Milarepa bebía en la cueva. Tomábamos nuestro té mientras nos concentrábamos en diferentes personajes históricos y comentábamos sus roles arquetípicos. A través de este tipo de diálogo creativo y relajado, se abrirían ante nosotros ideas e inspiraciones asombrosas.

Por ejemplo, una heptada nos sumergimos en la corriente mental del Arca de Noé y la genética. Nuestro diálogo giró en torno a la exploración de Noé como arquetipo del viaje transmigratorio, y también como alguien que advierte al pueblo de que algo grande está a punto de suceder. Se le ordena construir un arca, que representa escaparse de una catástrofe. Lleva las semillas de vida de un mundo a otro. Esto se extiende al ámbito de la genética, que también era un tema fundamental de las enseñanzas de la Ley del Tiempo.

Me preguntaba en voz alta si criaturas como los minotauros, las sirenas y los cíclopes no formarían parte de algún experimento genético en una época anterior. Votan dijo que las manipulaciones genéticas habían afectado a varios sistemas estelares y que formaban parte del "experimento luciferino", como había escrito en *La Sonda de Arcturus*.

En otras palabras, Lucifer y sus seguidores secuestraron la creación original y querían la Tierra y los poderes creativos del ADN para ellos solos. Originalmente estábamos destinados a vivir en amor y perfecta armonía. El hecho de que el ADN sea en su origen una geometría indica que en realidad es un patrón que debe ser restaurado a su proyecto original.

Como arquetipo, Noé fue quien trajo el código genético de un mundo a otro. Por eso tomó una forma de cada ser vivo en parejas: ese era el código genético. Votan me recordó que el propósito del rayo 12:60 era inseminar el campo mental electromagnético de la Tierra con el tiempo artificial que altera nuestro ADN y borra la memoria cósmica. Nosotros, como especie, caímos en un estado de amnesia y nos desviamos hacia el ciclo de la "historia". El propósito de todos los códigos sincrónicos y de la Historia Cósmica es establecer un sistema de magia del tiempo o cronomancia para volver al tiempo correcto.

Votan me explicó su visión del *arca del tiempo radiogenética*, el hilo mental invisible que transporta la información genética, transmitida como ondas de radio, de un punto a otro. La palabra arca viene del latín, y significa caja o cofre. Arca de tiempo se refiere a un contenedor o configuración de un código específico para la radiogénesis, o la comunicación de un cuerpo celeste a otro, de ahí: Arca del Tiempo Radiogenética. Esta visión del arquetipo de Noé se prolongó durante días, y parte de ella se incluyó en el *volumen II de Crónicas de la Historia Cósmica*.

> *Porque los días antes del diluvio comían, bebían y se casaban, hasta el día en que Noé entró en el arca. Y no se dieron cuenta de nada hasta que fue demasiado tarde y el diluvio los arrastró.*
> —Mateo 24:38

La historia de Noé era similar a mis sueños recurrentes sobre un planeta justo antes de que explotara. La gente comía y bebía, ajena a la inminente catástrofe. Votan explicó que después de la explosión de Maldek, se creó un arca del tiempo radiogenética para transferir información a Marte. Luego, después de que Marte se extinguiera, se envió a la Tierra otra arca del tiempo radiogenética con los restos kármicos acumulados tanto de Maldek como de Marte.

Maldek representa la Primera Guerra Mundial; Marte la Segunda Guerra Mundial y la Tierra lleva consigo el potencial de la Tercera Guerra Mundial. Votan definió la guerra como la "institucionalización de un crimen carnal primigenio originado en Maldek; que legitima matar por el simple hecho de matar". Babilonia fue la ciudad donde los destructores de Maldek se establecieron en la Tierra para perpetuar su crimen que se lleva a cabo hoy en día a través de la frecuencia 12:60. Esto da mucho que pensar.

Contemplando a Noé

En nuestras conversaciones nocturnas, una pista llevaba a otra. Antes de que nos diéramos cuenta, las sincronicidades explotaban en nuestras mentes. Era como si el Universo fuera un gran código por descifrar. He aquí una de nuestras creativas sesiones nocturnas de preguntas y respuestas basadas en el tema de Noé, para que te hagas una idea de la energía:

RR: ¿Crees que Noé, en esa arca, estaba haciendo meditaciones del puente arco iris, o estaba sintonizado conscientemente con el campo electromagnético?
VV: Creo que el arca era parte de la meditación del puente arco iris, era una función de eso. Era una forma estructural de transferencia radiogenética de genes. En el programa de transferencia genética estaba la potencialidad del puente arco iris como conclusión alternativa a la destrucción del mundo que provocó que Noé se desligara del sistema mundial en el que se encontraba cuando fue destruido.

RR: Fascinante. Ahora hablemos del creciente número de naves que se están avistando, ¿tiene esto algo que ver con el puente arco iris?
VV: Las naves han estado aquí desde el principio de los tiempos. O lo que llamamos "naves" han estado aquí en grandes cantidades y particularmente desde el 1945. Las naves empezaron a aparecer con más frecuencia debido a la liberación de radiactividad que alteró la atmósfera terrestre. Esto no significa que antes no estuvieran observando. Pero entonces llegaron en diferentes formas de manifestación. Empezaron a dar señales que alertaron a otras personas de que el puente arco iris era una posibilidad.

RR: Describe tu misión en el proyecto del puente arco iris. Y también cómo se conecta con la flota de naves que hemos estamos presenciando.
VV: Mi misión era primero articular la visión del puente arco iris y luego crear diferentes ejercicios telepáticos que conducan a ello.
Todo ello está supervisado de forma congruente o convergente por algunas de las diferentes flotas que han estado aquí con nosotros. Han estado respondiendo a diferentes señales telepáticas, configuraciones y formas de pensamiento telepático relacionadas con el puente arco iris circumpolar. Son parte de todo el proceso: una gigantesca placa de circuito geométrico.

RR: ¿Es como tener una película proyectada desde arriba y otra desde abajo donde las imágenes coinciden?
VV: Exactamente. Se trata de un proyecto de ingeniería en tándem con las proyecciones telepáticas que hemos estado practicando aquí, y que convergen de forma sincronizada con diferentes programas que han sido proyectados desde las naves.

RR: *¿Qué papel desempeñan Sirio y Venus en esto? ¿Forman parte del proyecto de ingeniería? ¿Quién está detrás de todo esto?*

VV: *Lo que se podría llamar el cerebro detrás de esto es el Consejo de los 9 de Sirio. Este ha sido el control mental superior de todo este proceso.*

RR: *¿Cómo te diste cuenta de esto? ¿Recibías destellos del puente arco iris en tu mente?*

VV: *Cuando empecé a despertar a este aspecto de la misión, en un momento dado, mi meditación entraba en samadhi, lo que me situaba en el ordenador central del Consejo de los 9 de Sirio. Por supuesto, este consejo ha sido responsable de muchas actividades anteriores, no sólo en este planeta sino en diferentes lugares del sistema solar, incluyendo lo que llamamos los venusianos... es como un lugar de intercambio donde algunos de los que históricamente se han llamado mensajeros o profetas han sido intercambiados por energías venusianas.*

Estas energías fueron luego reclutadas por los consejos Sirianos, para realizar diferentes tipos de operaciones encomendados para la unificación de todo el planeta en esta parte de la galaxia y el sistema estelar. Todo forma parte de un gran todo. Así que no es que los Sirianos estén allí, los Venusianos allá y los Pleyadianos acá... todo forma parte de un sistema holográfico en el que las personas funcionan por conjuntos de correspondencias según ciertas directivas u ordenanzas procedentes de niveles dimensionales aún más elevados.

RR: *¿Cuál es tu papel en la jerarquía de este proceso? ¿eres un difusor?*

VV: *Hay diferentes títulos según un conjunto de mandatos u ordenanzas desde los que opero. Según uno de ellos, soy Ingeniero Jefe de Velatropa 24.3 del Proyecto Resurrección 2013. Esto tiene que ver con la coordinación de los detalles del proyecto en un plan de trabajo terrestre que implica localizar o reclutar a las personas que puedan mantener la visualización y las meditaciones y establecer la red telepática de acuerdo con los guiones sincrónicos. Esto se remonta a los códigos del Encantamiento del Sueño, etc.*

También soy un transceptor telecósmico, lo cual tiene que ver con el papel que desempeño en el establecimiento de las coordenadas reales del espectro evolutivo, tal y como está arraigado en la noosfera y se ramifica radialmente en las diferentes zonas del tiempo en las que vamos a entrar. Se trata de zonas del tiempo simultáneas, no secuenciales, sino radiales.

RR: En cuanto al nuevo tiempo o zonas del tiempo radiales en las que entraremos, ¿crees, como indican muchas tradiciones nativas, que habrá una reducción de la población en la Tierra?

VV: Sin duda, en algún momento habrá una deportación de las almas a diferentes niveles u otros niveles o etapas de universos alternativos donde su crecimiento espiritual pueda continuar a un ritmo acorde con el nivel de comprensión de cada alma. Los que permanecen son los genuinos, que en ese momento no tienen filtros ni velos reales. Son aquellos que no tienen intereses ocultos y han perdonado a todos y a todo, sin nada que perder ni ganar. Son aquellos que comprenden la naturaleza de la realidad como un proceso de superación continua y se sienten agradecidos por participar en él.

Las personas que son genuinamente honestas en esta etapa del desarrollo de la conciencia son muy pocas. Esto no tiene nada que ver con lo que sabes o lo que no sabes, con lo que crees o lo que no crees. Tiene todo que ver con ser genuino, flexible, auténtico y desapegado, con un profundo sentido de la compasión y el amor universal.

RR: Gracias... Hablemos del arco iris como símbolo, mito, cualidad arquetípica en el corazón de cada ser.

VV: El arco iris, sí, es una visión innata o un imán que existe. Hay dos tipos de arco iris que vemos en el cielo: los que se producen después de que ha habido humedad, lluvia o precipitaciones. Luego está el arco iris que vemos en las nubes o en el cielo, que es más electromagnético. Ambos representan proyecciones del centro del corazón del ser humano como un solo organismo. Como proyecciones del corazón, siempre atraen al alma humana en su camino evolutivo.

Así pues, la manifestación del puente del arco iris es la expresión de la retroalimentación de la proyección de los seres humanos hacia su siguiente etapa evolutiva, que luego se proyecta y da la vuelta a la Tierra. El ser humano es la Tierra. El ser humano es holográficamente uno con la Tierra. El puente arco iris es un pacto sagrado escrito en cada corazón.

Capítulo 20

Hollywood y la Tecnología Interna

Son las películas las que realmente han estado dirigiendo las cosas en Estados Unidos desde que se inventaron. Te muestran qué hacer, cómo hacerlo, cuándo hacerlo, cómo sentir al respecto y cómo mostrar lo que sientes. —Andy Warhol

El verano del 2009, Votan y yo estábamos en Los Ángeles promocionando el libro *2012: Biografía de un Viajero en el Tiempo*, que acababa de publicarse. Nos reunimos con Ron, mi padre, que había volado desde Oregón para visitarnos. Era su primer viaje a Los Ángeles, ya que no era muy viajero. Habiendo crecido en un pequeño pueblo de Oregón y no siendo un lector avezado, no podía contrastar más que con la destreza intelectual de Votan. Votan admiraba la "inteligencia única del corazón" de Ron y el sentimiento era mutuo. Ron quería mucho a Votan y lo llamaba Kimosabe (Ke-mo-sah-bee), el nombre con el que Tonto llamaba al Llanero Solitario en la serie de televisión de los años cincuenta. Significa "explorador de confianza" o "amigo fiel". Ron asociaba ese nombre a la gran habilidad de Votan para orientarse, especialmente cuando lo guiaba por las calles de Hollywood y por diferentes partes de Los Ángeles.

Los tres acabamos en Hollywood y Highland, en el patio de Babilonia (Puerta de Ishtar) cerca del Teatro Kodak, donde se celebran los Premios de la Academia. Aquí es donde las «estrellas» desfilan por la alfombra roja. Esta escena babilónica fue tomada de una película de 1916 llamada *Intolerancia*. A través de la puerta se puede ver el letrero de Hollywood. El patio Babylon está al otro lado de la calle de la antigua logia masónica, ahora llamada El Capitan Entertainment Centre, donde se graba el programa en directo de ¡Jimmy Kimmel!.

Me interesó especialmente estudiar las raíces más esotéricas de Hollywood. El acebo (holly) era un árbol sagrado para los druidas. Me pareció interesante cómo las celebridades caminan por la alfombra roja en los Oscars. Esto reproduce las alfombras rojas que se colocan para los dignatarios, los jefes de estado o la realeza. Muchos investigadores esotéricos sienten que es un símbolo de los poderosos linajes que controlan Hollywood y la tecnología interna, las imágenes y las narrativas del mundo. Las iglesias también suelen tener alfombras rojas para simbolizar la sangre de Cristo. Y hay que tener en cuenta que Oscars es un anagrama de *"cross"* (cruz). En cualquier caso, la influencia babilónica impregna el mundo y es particularmente prominente en Hollywood, la capital mundial de la creación de imágenes.

Poco después ese mismo anillo, Votan y yo vimos la película *Avatar* en Hollywood, como un campo de estudio de la Historia Cósmica. Habíamos escuchado de los temas que trataban sobre la ingeniería genética y la extracción extraterrestre de minerales preciosos. Me resultó difícil ver la violencia al inicio de la película. La película se desarrolla en el anillo 2154. Los seres humanos han agotado sus recursos naturales y buscan en otro lugar un metal precioso, el unobtanio, en Pandora, una luna exuberante y boscosa que órbita alrededor de Polifemo, en el sistema estelar Alfa Centauri. El planeta no es habitable para los seres humanos, por lo que hay que ser genéticamente modificado para entrar en un cuerpo "Na'vi", que es operado desde el cerebro de un humano controlado a distancia. La colonia minera de la Tierra amenaza la existencia de la tribu local amante de la naturaleza, los Na'vi.

Esto nos llevó a una conversación sobre Maldek y las leyendas sumerias, incluida la creencia de Zechariah Sitchin de que los Annunaki modificaron genéticamente a los humanos modernos mediante cruces con mujeres de la Tierra. Lo hicieron para utilizar a los humanos como raza esclava con el fin de extraer oro de la Tierra. En el NS1.25 (2012), el director de *Avatar*, James Cameron formaría parte de un grupo de inversores multimillonarios, entre ellos Larry Page y Eric Schmidt de Google, que se unirían para formar parte de una empresa llamada Planetary Resources, Inc. El objetivo de esta empresa es "extraer recursos preciosos, como metales raros y hielo de agua de asteroides cercanos a la Tierra" El proyecto fijó su fecha de inicio en el NS1.35 (2022).

Moronge Morove: Serpiente Arco Iris

Después de haber viajado juntos todos los días durante tres anillos, tres lunas y tres días, Votan y yo finalmente nos mudamos a nuestra propia casa en Australia, en el número 15 de Bradshaw Court, en el NS1.22.3.9: Kin 68 Estrella Eléctrica Amarilla (28/09/2009). Me di cuenta de que, a los 36 años, era la 36.ª vivienda en la que residía.

El lugar era perfecto: una casa de tres dormitorios y dos baños situada en una zona rural de tres hectáreas a las afueras de Daylesford (Australia).

Daylesford se encontraba en el condado de Hepburn, a 117 kilómetros al noroeste de la capital del estado, Melbourne. Era la capital australiana de los balnearios termales. Esta zona rural estaba rodeada de barrancos cubiertos de helechos, eucaliptos y zonas agrícolas con muchos canguros saltando por todas partes.

La fecha de nuestra mudanza fue un giro galáctico (260 días) antes del 58.º aniversario de la apertura de la tumba de Pacal Votan, en el NS1.22.12.17: Kin 68 Estrella Eléctrica Amarilla (15/06/2010). La casa, que encontró y compró nuestro amigo y mecenas Ishram Tansley, sería el lugar donde Votan fallecería 541 días después (77 heptadas y 2 días).

Votan estaba tan entusiasmado y feliz como un niño cuando nos mudamos a este espacio. Llamó a la casa: Moronga Morove (en aborigen, Serpiente Arco Iris) Convertimos el amplio garaje independiente en un gigantesco estudio de arte y los dos empezamos a pintar. Plantamos un jardín y Votan creó muchas esculturas con piedras naturales en la propiedad. Había una sensación de estabilidad que no habíamos sentido desde que nos mudamos de nuestra casa en Ashland. A finales de la heptada solíamos ir a desayunar a la cafetería orgánica y biodinámica Himalayan, donde Votan por lo general solía pedir un revuelto de tofu a la española y un café solo. Yo solía optar por una tostada de aguacate y champiñones, y un latte de almendra y vainilla.

Solo unas heptadas antes, él había dado una impactante presentación de siete días sobre el Synchronotron en el Ashram de Babaji en Cisternino, Italia. Situado en la campiña, en el Valle de Itria al sur de Italia (Apulia), el lugar era muy evocador. Las enseñanzas de Babaji eran universales y respetuosas con todas las religiones y tradiciones. Esta era la primera vez que Votan presentaba públicamente este material y antes de la presentación realizó una práctica de siete días conmigo en Venice, California. En el seminario, Votan dijo a los asistentes:

> *El propósito del Synchronotron es ver si los seres humanos, al menos un número selecto de ellos, pueden unificarse con un sistema de lenguaje basado en la matemática. Centrándonos en el lenguaje de estos códigos matemáticos, estamos aquí para comenzar a alcanzar un nivel mínimo de unificación colectiva, para poder funcionar como una especie de batería electromagnética biopsíquica que comience a cargar al resto del Planeta. Esta es la función del Synchronotron. Este es el propósito de este seminario particular.*

...El Synchronotron es un sistema vivo. Esto significa que cuando empezamos a operar con él, interactuamos con ondas telepáticas que nos transmiten y comunican diferentes inteligencias superiores. El propósito de estas ondas es activar el campo mental colectivo del Planeta mediante un sistema de lenguaje basado en la matemática...

Tras el seminario del Synchronotron en Italia, Votan experimentó un salto cuántico evolutivo. Sus diarios ahora estaban llenos en su mayoría de números. A medida que nos instalábamos en nuestro nuevo hogar y estilo de vida, comenzamos a preparar las *Crónicas de la Historia Cósmica, Volumen VI: El Libro de la Trascendencia*.

Renacimiento de la Mente

Todo lo que fue grande en el pasado fue ridiculizado, condenado, combatido y reprimido, sólo para emerger con mayor poder y más triunfante después de la lucha. —Nikola Tesla

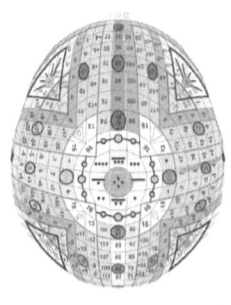

Una vez en casa, nos dedicamos a la parte más intensa hasta el momento del Synchronotron y la práctica de la Noogénesis. Votan enfatizó que cultivar nuestras tecnologías internas es el camino del futuro. Noogénesis significa "génesis mental" o "renacimiento de la mente". Aunque esto pueda parecer exagerado para algunos lectores, varios filósofos y místicos como Pierre Teilhard de Chardin y Sri Aurobindo pronosticaron que habría una evolución posterior del cerebro, que es el propósito del Synchronotron.

Votan sentía que la humanidad necesitaba visiones más elevadas sobre «qué es posible» para luchar por ello. Nuestra práctica partía de la base de que el cerebro es un receptor o una antena inalámbrica con la capacidad de sintonizar cualquier número de emisoras de «vibraciones» de radio. Comenzamos a ponernos en serio con técnicas específicas de meditación y visualización para «activar» el Perceptor Holomental, un nuevo órgano sensorial que se activa en el cuerpo calloso.

Votan explicaba que una vez activado el Perceptor Holomental nos permite percibir con la mente entera, combinada con todos los sentidos simultáneamente. Este nuevo sistema requería autorreflexión y concentración prolongada, ya que aprenderlo significaba forjar nuevas vías neuronales. En aquella época leíamos mucho sobre la neuroplasticidad del cerebro y sus potencialidades en constante cambio.

Estudiamos y hablamos extensamente sobre los superpoderes de los personajes históricos. Salomón dominaba los vientos. Jesús caminaba sobre el agua. Milarepa domó las fuerzas inferiores y desarrolló todo tipo de siddhis. Votan hablo mucho de Milarepa, quien vivió y meditó en una cueva durante años, alimentándose con sopa de ortigas y luz astral. A través de una rigurosa autodisciplina, trascendió el plano físico y alcanzó un estado sobrenatural del ser. Obtuvo poderes tales como caminar sobre las aguas y volar por los aires. Estos poderes fueron adquiridos mediante estados de esfuerzo extremo, impulsados por el irresistible impulso místico. En las tradiciones yóguicas estas personas se llaman Siddhas y sus poderes, siddhis. Jesús dijo que haríamos cosas más grandes que él. Nosotros estábamos interesados en quienes habían activado todas sus capacidades, y queríamos activar capacidades aún no percibidas.

Queríamos hacer de lo sobrenatural, la norma. ¿Y por qué no lo era? Buscamos simplificar al máximo nuestra vida cotidiana para poder centrarnos en cultivar nuestro reino interior. Cada día tenía una frecuencia única llena de tesoros escondidos. Nuestra tarea consistía en descubrir esos tesoros mediante la concentración mental y un corazón abierto.

Esta noogénesis también tenía como objetivo conectar nuestro sistema de walkie-talkie interno con otras civilizaciones cósmicas. Votan escribió:

> *El esfuerzo de la civilización cósmica para establecer comunicación con la vida inteligente en todo el universo es enorme, heroico y, para la mayoría de seres humanos de este pequeño planeta, virtualmente incomprensible. Para posibilitar dicha comunicación, debe existir en el campo planetario de inteligencia, aún no incorporado a la civilización cósmica, una capacidad receptiva de la conciencia que necesita ser informada por un orden perceptivo superior de la realidad. Cuando esa necesidad receptiva madura, a través de una crisis evolutiva, hasta convertirse en una percepción de la naturaleza sistemática de la realidad, entonces la civilización cósmica podrá responder.*

Para embarcarnos sistemáticamente en este tipo de comunicación, operamos seriamente con el sistema del Synchronotron. La estructura ubicada dentro del Synchronotron se llama Campo de Fuerza de Atracción Magnética Vulom. Dejaremos todos los detalles técnicos para otra ocasión, ya que esto requiere un contexto más completo para hacerle justicia. Así que nos limitaremos a dar una visión de la posibilidad que existe para percibir la realidad de una forma totalmente nueva. Con estas nuevas percepciones, se abre la imaginación creativa. Lo relacioné con las enseñanzas de Cristo, quien dijo: "El Reino de los Cielos está dentro; la Casa de mi Padre tiene muchas moradas; y: Renovaos a través de la renovación de vuestra mente".

Todos accedemos a los reinos internos de diferentes maneras. Yo percibía el Reino de los Cielos como un país de las maravillas interdimensional que, cuando se abre, revela un despliegue puro, siempre nuevo, fresco y creativo de infinitos tesoros. Es nuestra herencia divina. Se abre y se cierra según nuestra frecuencia. Se accede a él a través de una puerta estrecha. A medida que cambiamos nuestra frecuencia, alteramos la vibración del mundo.

El Perceptor Holomental es el nombre de nuestro código de acceso. Para entrar se requieren cualidades tales como disciplina, paciencia, dedicación, entusiasmo y un profundo desapego de todos los condicionamientos. Practicar con los códigos de la Ley del Tiempo y el Synchronotron es la forma en que preparamos a nuestro vehículo para comprender estados no conceptuales de la realidad.

Votan explicó que, a medida que nos hacemos más conscientes, creamos ciertos puntos de influencia o presión que ayudan a cambiar la frecuencia de nuestra vibración mental tanto de nosotros mismos como del planeta. El propósito de esto es la aceleración del cuerpo etérico para la transformación evolutiva.

El sistema del Synchronotron es esencialmente un sistema de interfaz para resonar con otras inteligencias galácticas. Votan me explicó su comprensión de cómo las plantillas de pensamiento superiores o interdimensionales están programadas por diferentes conjuntos de frecuencias que se resuelven a través del sistema del Synchronotron.

Para comprender este proceso, seguimos un programa específico. Al principio, esto puede parecer complicado para quienes nunca han oído hablar de todo esto. Pero con la práctica, no es tan difícil como parece, aunque requiere dedicación y constancia.

La práctica clave y más importante es la meditación de la mente natural y la disciplina del cuerpo (nosotros hacíamos yoga, pero cualquier disciplina corporal funciona). También realizamos prácticas diarias de los códigos sincrónicos para entrenar nuestras mentes en nuevos patrones y ciclos. Nuestro trabajo exterior y servicio a los demás era escribir la Historia Cósmica. Este riguroso trabajo mental era complementado con una gran producción creativa en forma de pintura, dibujo, música y poemas. Gran parte de nuestra comunicación se realizaba mediante intercambios de notas poéticas, tal como esta que Votan me escribió:

> *El camino está despejado, el pasado se ha ido*
> *Y aunque llueva, no hay nada más que amanecer*
> *Sostén en alto la antorcha, mantén quieta la llama*
> *Siéntate en el círculo sin nombre*
> *Mira en el vacío todo es mente*
> *Ni arriba, ni abajo, ni delante, ni atrás*
> *En este día de visión espiritual*
> *¿Puedes mantener firme tu luz interior?*

Fuerza Vital Sexual: Mecánica de la Noogénesis

> *A través de la sincronización perfecta con otro ser, podemos canalizar la energía psicosexual (radión) para crear, no un hijo, sino una Nueva Conciencia de la Tierra.* —Valum Votan

El sistema Synchronotron se utilizó para conectarnos con un sistema de interfaz cósmica y resonar con otras inteligencias galácticas. Estas inteligencias galácticas son interdimensionales y son una extensión de nuestra propia mente. Lo que ocurre es que nuestros circuitos estaban apagados. Estamos aprendiendo a encenderlos de nuevo. Al trabajar con este sistema y la Historia Cósmica, seguimos estas tres pautas:

> *Amor, amor sobre todas las cosas.*
> *Para evolucionar, debes aprender algo nuevo.*
> *Sólo avanzas según tu propio esfuerzo.*

La clave principal para el conocimiento vivo de la Historia Cósmica era reconectar los circuitos fragmentados a través de nuestros cuerpos. Buscábamos conectar los circuitos del conocimiento pasado y futuro dentro del cuerpo humano y desfragmentar celularmente la programación negativa u obsoleta. Esto era justo como mi visión original en mi primer contacto en la tumba de la Reina Roja, donde me llevaron a lo más profundo de mi propio cuerpo y me mostraron los circuitos que necesitaban ser reconectados para que el campo planetario pudiera volver a unificarse en su totalidad. Debe haber un retorno a la inocencia.

La clave de la noogénesis reside en la redefinición del sexo. La fuerza vital sexual o kundalini es la base biológica de nuestra esencia y poder creativo fundamental. Esta división primaria de los hemisferios (masculino/femenino) combinada con el hecho de vivir en el tiempo equivocado es la principal desviación de nuestra Verdadera Naturaleza así como de la propia Naturaleza. De esta repetición distorsionada del bucle de tiempo, se derivan todos los demás problemas. Y todos estos problemas se remontan al mal uso de la fuerza vital sexual que crea una enorme desarmonía en el mundo.

El propósito de la sabiduría hermética es contrarrestar la programación dañina en el experimento de libre albedrío del tiempo artificial. En este proceso de Noogénesis, esto es lo que aprendí:

1. Todos nuestros programas condicionados e inconscientes están atrapados en nuestra sexualidad.

2. La herida sexual en este planeta está totalmente relacionada con un Trauma Antiguo que se evidencia en la destrucción de Maldek.

3. Esta herida sexual afecta la esencia misma de nuestra realidad. Como señala Wilhelm Reich, es la energía sexual (fuerza vital creativa) la que «rige la estructura del sentimiento y el pensamiento humanos, seamos conscientes de ello o no».

4. Redefinir el sexo es redefinir lo que significa ser humano y es una clave para la noogénesis.

5. Los dos opuestos son la fuente de toda codificación: el código binario, la doble hélice, el código del ADN (que es precisamente a lo que apuntan los códigos de la Ley del Tiempo). Cuando los hemisferios derecho e izquierdo se unen, el cerebro (galáctico) entero se ilumina.

6. La clave de la noogénesis (o nacimiento de cualquier nuevo conocimiento) es la unión de masculino y femenino que mantiene nuestro mundo en equilibrio y engendra una nueva creación.

7. La glándula pineal y los órganos sexuales representan dos corrientes o generadores polares.

8. Cuando estos dos polos están en resonancia, pueden crear descargas que son el equivalente a las auroras de los polos Norte y Sur.

9. Las Auroras se producen cuando las descargas naturales de la batería electromagnética son numerosas. Estas descargas pueden concentrarse a través de la energía sexual que está en resonancia con el campo electromagnético, de modo que libera energía que ilumina el entorno. Así es como nos recargamos a nosotros mismos, creamos nuestra propia electricidad y, por lo tanto, creamos más amor en el mundo. Esta es la verdadera definición de hacer el amor.

¿Qué es morir sino estar desnudo frente al viento y fundirse con el Sol?

Y cuando la tierra reclame tus extremidades, entonces danzarás de verdad.

—Kahlil Gibran

Capítulo 21

Oráculo de la Inmortalidad

Mientras haya un solo mago en el punto estelar más lejano de la galaxia, seré invocado y recordado con el nombre de Memnosis: Oráculo de la Inmortalidad.
—José Argüelles, *La Sonda de Arcturus*

Todo lo que nace del sexo muere. Sólo para renacer de nuevo en otra forma. Este es el misterio de la vida y la muerte.

Era una brumosa mañana de otoño en el sur de Australia, cuando Memnosis, el Oráculo de la Inmortalidad, vino a buscar a José Argüelles/Valum Votan en el NS1.23.9.17 Kin 89 Luna Espectral Roja (23/03/2011) la misma firma galáctica de su anillo natal. No estaba preparada para que abandonara el planeta tan repentinamente. A las dos heptadas de enfermarse, se fue. Durante esos últimos días me sentí en un espacio diferente. Sin duda, todo debía ser un sueño. Me sentía como si estuviera viendo una película, pero esa realidad existía en otro lugar. Me dijo: "No te preocupes, he estado sereno durante todo este proceso". Dijo que había estado practicando para este momento toda su vida. Tomé notas de los tres últimos días de su vida, cuando su voz se redujo a un susurro, pero su mente estaba más aguda que nunca. Me dijo que no intentara entenderlo ya que "cuando llega tu hora, es tu hora".

Dos heptadas antes, habíamos hecho una caminata de tres horas, y estaba robusto y lleno de energía. Se quitó la camisa junto a nuestro estanque de lotos. Se maravillaba de las propiedades regenerativas y curativas de la luz solar. Unas heptadas antes de su muerte, se produjeron tres incidentes.

El primero fue 62 días antes de su fallecimiento, cuando estábamos haciendo compras en Castlemaine, Australia. Mientras caminábamos por los pasillos, me dijo que sentía que alguien lo estaba sacando de su cuerpo. Le sugerí que se sentara en el coche mientras yo terminaba de comprar. Cuando volví al coche, la sensación aumentó y me dijo que le costaba permanecer en su cuerpo. Más tarde ese mismo día, cuando volvíamos a casa de noche, vimos lo que parecía una especie de "Nave" en el cielo. Quedó hipnotizado y lo dibujó en su diario.

El segundo incidente ocurrió en el NS1.23.6.13: Kin 1 Dragón Magnético Rojo (Navidad 2010). Estábamos en nuestro estudio de arte pintando y un pájaro entró volando y se estrelló contra la pared. Votan lo recogió para rescatarlo, pero murió en sus manos. Se sintió como un presagio, ya que él fallecería tres lunas después.

El tercer incidente ocurrió unas heptadas después. Era un hermoso día soleado sin una nube en el cielo. Estábamos fuera pintando en nuestro estudio. Entré en la casa a buscar toallas de papel cuando le oí gritar. Se había golpeado el dedo medio derecho con la puerta metálica del estudio y se había hecho un corte profundo. Había mucha sangre, y casi se desmaya. No soportaba ver sangre. Aunque necesitaba puntos, se negó a ir al médico. Hice todo lo posible por curar su herida para que no se infectara. Tenía mucho dolor y no podía tocar la flauta. Afortunadamente, era zurdo, por lo que aún podía seguir escribiendo en su diario y ocuparse en sus códigos.

Regreso a las Estrellas

En el NS1.23.9.14: Kin 86 Enlazador de Mundos Galáctico Blanco (20/03/2011) se le llevó al hospital ya que se iba debilitando muy rápido. Lo ingresaron y a medianoche ya estaba en la sala de operaciones. Esperé toda la noche en la sala de espera, leyendo diferentes escrituras. Cuando despertó, estaba coherente y de buen humor. Dijo: "Está bien, estoy listo para la próxima aventura". Los médicos me informaron que sólo le quedaban unos días de vida debido a una peritonitis.

En esos últimos tres días, le pedí a Votan sus últimas instrucciones. Me dijo lo que debía dar a cada uno (aunque no tenía mucho). Me dejó la responsabilidad de la Fundación para la Ley del Tiempo, que en ese momento estaba muy endeudada, y todas sus pertenencias, entre las que se encontraban sus diarios, que eran lo más preciado para él. Le pregunté si debía quedarme en Australia, y él solo me dijo: "Ve adonde te llamen". Me susurró, "Te lo he dado todo. Sabrás qué hacer". Aunque era cierto que me había transmitido las enseñanzas internas, no me sentía plenamente preparada en el sentido mundano.

Le pregunté si tenía unas últimas palabras. Me respondió:
"Ama a Todos. No odies a nadie. Todo es Perfecto".

También me dijo que no olvidara que "todo es una broma cósmica". Para consolarme con sus palabras, también me dijo que podría ayudarme mejor desde el otro lado y prometió que me ayudaría con las *Crónicas de* la *Historia Cósmica, Volumen VII: Libro del Cubo*, que aún no habíamos comenzado. Tres heptadas antes de enfermar, me dio una última tutoría espontánea titulada "Enseñanzas del Cielo Cósmico". Al final, la incluí en el *Libro del Cubo*, aunque en un principio no estaba pensada para ese libro. La base de esta enseñanza se resume en esta transmisión:

> Las Enseñanzas del Cielo Cósmico son la esencia y abarcan todas las enseñanzas espirituales o religiosas que se conocen, se han conocido o se conocerán.
>
> Dentro del cosmos, todos los niveles de la realidad están presentes simultáneamente. En cualquier momento dado, el Universo está totalmente unificado en ese momento. Todas las religiones son funciones de diferentes puntos focales de energía dirigidos al Planeta en diferentes momentos para diferentes gentes. Todas las religiones verdaderas fluyen en una corriente de espiritualidad universal y están envueltas por el cielo cósmico.
>
> Todas las religiones proporcionan a la humanidad una especie de andamio o rueda de apoyo para alcanzar un nivel superior y, finalmente, alcanzar la unidad universal. Mensajeros espirituales, profetas y sabios de todas las religiones representan un único tapiz del vasto sistema interplanetario interconectado.
>
> Las Enseñanzas del Cielo Cósmico son las enseñanzas de la unidad de la mente cósmica. La mente cósmica es el desarrollo en cuatro dimensiones clave: la dimensión de la mente, la dimensión del espacio, la dimensión del tiempo y la dimensión del número.

Votan y yo fuimos acompañados en ambulancia hasta nuestra casa la noche del NS1.23.9.16: Kin 88, Estrella Planetaria Amarilla. Quería morir en su propia cama. Al llegar a casa, encendí velas en la habitación y le hablé con la esperanza de consolarlo. Me quedé despierta casi toda la noche abrazada a su cuerpo, que pronto estaría sin vida. Exhaló su último aliento a las 6:20 a.m. del 9.17: Kin 89 Luna Espectral Roja, (23/03/2011). Pero antes de que eso ocurriera, levantó el brazo e hizo un elegante ocho con la mano. Luego lo bajó. Y lo levantó y lo repitió. ¿Era esto una indicación del infinito? ¿De la Zuvuya?

Tras su último aliento, permanecí un largo rato en silencio. No sabía qué hacer. Entonces oí su voz: "Ve a prepararte una café". Así que fui y preparé dos tazas, una para cada uno y puse una junto a su cama para nuestro último café juntos.

Al día siguiente, mi teléfono no paraba de sonar. El *New York Times*, el *Wall Street Journal* y los *Angeles Times* me escribían. Todo era un torbellino. Apenas comí. Apenas dormí. Sentí como si todo mi sistema de chakras se descontrolara. Sentía que mi cuerpo se moría. Había estado tan conectada con él en todos los sentidos; era difícil imaginar mi vida sin él. Prácticamente no había hablado con nadie en profundidad durante nueve anillos. No tenía muchas conexiones personales. Pasaba largas horas en silencio, sintiendo las profundidades del alma humana. Lo único que sabía hacer era seguir trabajando. Terminé el último capítulo de su biografía y lo publiqué. Empecé un blog para tener una vía de comunicación con el mundo. Me sumergí en la escritura de *El Libro del Cubo*, mientras experimentaba el sufrimiento en lo más profundo del alma humana. Experimenté todas las emociones.

Tomé su libro de 1996, *La Sonda de Arcturus*, y subrayé las partes clave relativas a la muerte y la inmortalidad.

> *Al eludir la muerte, os habéis negado a vosotros mismos al pleno conocimiento de la mente, y la mente es la puerta de entrada al tiempo. Nada puede impedir la muerte, así que ¿por qué os esforzáis tanto en eludirla? Incluso cuando decís que creéis en una "vida después de la muerte", como tan pintorescamente lo expresáis, ¿por qué necesitáis seguir cubriendo esta vida con seguros? Y si realmente no conocéis la muerte y la causa del miedo a la muerte ¿qué sabéis realmente de la vida?*
>
> *Sabiendo que la muerte no es más que la forma en que el cuerpo eléctrico-cristal experimenta la renovación y la reactivación, nosotros, los heteróclitos, pudimos cultivar con facilidad el cabalgar el pulsar.*
>
> *Por extraño que os parezca a los que apreciáis vuestros cuerpos y os aferráis al miedo a la muerte, nosotros, los Analógicos Arcturianos sentimos una liberación impresionante en este acontecimiento. También aprendimos más profundamente sobre los puntos conmovedores que hacen que nuestra interminable historia de amor sea tan totalmente sagrada. Y juramos conservar y recordar esta conmovedora experiencia a través de todas nuestras encarnaciones.*

El encuentro de Votan con Memnosis tuvo lugar 58 días después de su 72.º retorno solar. En la cuenta larga, el Kin 58 es la firma del fallecimiento de Pacal Votan. Poco después de su fallecimiento, encontré una carta que me había escrito, y estas instrucciones me llamaron la atención: "Reúne todas las fuerzas que te han sido transmitidas y envíalas al Universo como corrientes infinitas de ondas de compasión simultáneas: no tienes nada que perder amando a todo el mundo y dando origen a un mundo completamente nuevo".

Romance Divino

Romance Divino, de Paramhansa Yogananda, llamó mi atención en el escaparate de una librería durante mi primera salida a la ciudad de Ballarat, unas heptadas después del fallecimiento de Votan. Me reconfortó mucho leer que "todos los que te han amado y a quienes tú has amado están animados por la misma fuente, que es Dios amándote a través de diferentes formas. Y que ese amor nunca puede morir". Esas palabras me impactaron profundamente. También incluía instrucciones para sintonizar la mente con los que han fallecido.

En el NS1.22 (verano 2009), a finales del anillo Semilla Auto-Existente Amarilla, Votan y yo nos alojamos en una pequeña casa de campo en Venice Beach, California. Estábamos haciendo una sesión de práctica de siete días en previsión a su primera presentación del Synchronotron que haría en el Ashram de Babaji en Cisternino, Italia, en el NS1.22.2 Luna Lunar del anillo de la Semilla Auto-Existente (09/2009).

Durante esa mágica estancia en Venice, Votan y yo dimos largos paseos por la playa de Santa Mónica, California, y me dijo que había tenido una visión de Paramahansa Yogananda. Vio su cuerpo etérico en la playa y recibió varios mensajes telepáticos. Recibió una confirmación de la unidad de todos los mensajeros, así como otros mensajes personales. Hasta ahora no me había hablado de Yogananda en particular.

Al día siguiente nos detuvimos en la librería Mystic Journey en el Boulevard Abbot Kinney en Venice. Vimos *La Segunda Venida de Cristo* de Yogananda, en el escaparate. Compró la serie de dos volúmenes. Descubrimos que Yogananda había fallecido en el Hotel Biltmore en el centro de Los Ángeles en el -NS1.16.9.1: Kin 118 Espejo Magnético Blanco (7/03/1952) precisamente 100 días antes del descubrimiento de la tumba de Pacal Votan.

Valum Votan dejó este planeta 59 anillos después de Yogananda. Conocí a Votan cuando tenía 59 anillos. Muchas sincronías numéricas empezaron a relampaguear en mi mente, seguidas de una serie de sueños con Yogananda, que se convirtió en un profundo consuelo para mí y mi espíritu guía. Antes de eso, no había prestado demasiada atención a sus enseñanzas, aparte de leer su libro fundamental: *Autobiografía de un Yogui* en mi adolescencia. En un sueño, Yogananda estaba sentado en mi cama meditando. Me miraba con ojos penetrantes. Al mirarle a los ojos, se convertían en tierras giratorias en las que yo caía, y él me llevaba de viaje por el cosmos.

Todo es un Número, Dios es un Número, Dios Está en Todo

Tras el fallecimiento de Votan, atravesé un período de depresión del que no sabía si saldría algún día. Sentía que lo mejor de mi vida había quedado atrás. No tenía a nadie con quien medirme. Día a día, me sumergía en la obra y me comprometía con memorizar e imprimir las tablas matemáticas del Perceptor Holomental. Mi única opción era evolucionar yo misma. Y además de eso, en ese momento, mantener en marcha la FLT gracias a la constancia de Jacob y Kelly. Me quedé sola, sin ver prácticamente a nadie durante casi dos anillos. El siguiente pasaje resume mis sentimientos en ese momento, que encontró su camino en la introducción del *Libro del Cubo*:

A través de la muerte, nació este libro.

Esta introducción comienza con un sueño: Luna Llena, Noche Galáctica Azul; 114 días desde la partida de Valum Votan. "¡No temas a nada!" Me dijo Valum Votan en el sueño. "¡No estés triste! ¡Levántate y sigue adelante!... No temas, el mundo es una mera ilusión. Una fachada de plástico, moldeable por la verdad."

En el sueño, me extendió un cubo de cristal. Me pidió que me concentrara. Miré el cubo y al principio solo vi reflejos superficiales. Me quedé mirando más tiempo y, de repente, vi una larga carretera flanqueada por unas pocas casas. Percibí un resplandor luminoso emanando de algunas de las casas. Luego me elevaron por encima de la Tierra entera, y con visión de rayos-X, vi la iluminación de residencias específicas de todo el mundo.
Me di cuenta de que se me estaba dando acceso para ver la luz de aquellos seres que tenían un compromiso para la transformación total. Estos agentes de la luz reflejaban, a través del cubo diferentes fractales que ¡formaban el conjunto más exquisito

y fantástico! Sus mentes se fusionaban como una sola en una red telepática de luz mientras que, simultáneamente, cada una se abría a un canal diferente, único y brillante. ¡Estos eran los sabios, los artífices de lo que vendrá, los guardianes de la oración interior, los canalizadores de la nueva realidad!

De repente volví a la larga carretera, y mi mente se magnetizó hacia una casa específica. A través de un gesto telepático, se me concedió la entrada a la casa de una de las mujeres. Mi espíritu se posó sobre ella, ante lo cual ella parecía tranquila y felizmente consciente. Llevaba una simple vela, se dirigió a un escritorio y se sentó. Observé mientras escribía las palabras:

La larga guerra ha terminado, y los días de duda han pasado...

¡Qué alivio tan profundo me produjeron estas palabras! Luego volví a fijarme en Valum Votan, que sonreía y sostenía el cubo mágico de la visión. Ya era de noche, y las estrellas brillaban en el cielo despejado mientras él entraba, encendía el fuego y ponía una tetera.

Tumba de la Reina Roja, Palenque, NS1.22.7 (2010),

Entonces desperté del sueño.

¿Dónde estoy? ¿Y cómo he llegado hasta aquí? Amanecía y poco a poco, las capas de esta realidad se iban abriendo paso, una a una, con todas sus sutiles tensiones y densidades. Una enorme presión y urgencia me invadió, mi corazón comenzó a latir rápidamente. Sólo tenía un pensamiento en mi mente: ¡Terminar el Libro del Cubo! Me levanté inmediatamente de la cama y me puse manos a la obra.

La meditación del cubo se apoderó de mí y no me soltó, ni de día ni de noche, hasta completarla. Era invierno y el viento aullaba. Mantuve encendida la estufa de leña mientras la niebla oscura se deslizaba por los árboles de eucalipto otoñales. Recopilé fragmentos de las transmisiones y entraron nuevos flujos. Sentía la presencia de inteligencias que miraban por encima de mi hombro, tachando esto y añadiendo aquello. Primero despacio, luego deprisa, el texto se reorganizó mientras me entregaba al proceso.

Entonces llegó un mensaje de consuelo:

No te preocupes ni te aflijas. La muerte es un factor en la evolución del espíritu; su verdadero significado es el de un rito de paso del espíritu. La misión continúa. Es un viaje interminable del Espíritu. Todo y todos los que alguna vez existieron están aquí contigo ahora. Los espíritus ayudantes te rodean y te guían. Los que recuerdan el sueño te ayudarán.

Balada de Votan y la Reina Roja
por Valum Votan

Envuelto en la pureza y el silencio, el círculo me atrae
desde su centro
Siguiendo sus instrucciones los ángeles toman una medida
Y con ella trazan los senderos de un mensajero a su tesoro ...
(y los ángeles cantan)
"Necesitamos a alguien que sepa cómo encontrar el centro
Necesitamos a alguien que reuna el principio y final
Necesitamos un mago y una aprendiz
que sigan el río hasta su última curva".

En una antigua ciudad, Nah Chan, dos tumbas se colocaron
una al lado de la otra
Una en el Templo de las Inscripciones, la otra en el Templo 13,
su guía
Se llamaban Votan y la Reina Roja
Sus rostros cubiertos de jade y malaquita, y sus huesos
de cinabrio rojo
Sus almas habían partido hace mucho tiempo a un lugar que
sólo los ángeles conocían
¿Qué significaban estas tumbas, una al lado de la otra,
tan misteriosas en la antigua Nah Chan?
¿Quién dice que no regresamos de entre los muertos?
¿Quién dice que estas almas no tenían un pacto
para regresar cuando se cerrara el ciclo
y emerger del misterio para encontrarse el uno al otro
y asegurarse que su Amor pondría fin a toda la historia?

Algunos dicen que Votan y la Reina Roja eran amantes
Otros dicen que solo eran amigos
Un mago y su aprendiz
Siguiendo el río más allá de su última curva

Desde sus tumbas en el antiguo Nah Chan Palenque
Del Xilbalbá del Inframundo, según nos cuentan
Regresaron para poner fin al viejo tiempo

Votan y la Reina Roja dos almas gemelas
A través de su Amor superaron su última prueba
Decididos a encontrarse en una época de caos y guerra
La profecía los unió, la profecía abrió la puerta
Las máscaras de los muertos, las dos tumbas de Nah Chan
Regresaron para acabar con la impía Babilonia
Un mago y su aprendiz eran
de nombre Votan y la Reina Roja

Un misterio envuelto en un enigma
Poseedores del secreto para poner fin al juego
De vender la Tierra para beneficiarse con un contrato
sujeto a un tiempo falso
Se disuelven en su magia conjunta —
Nunca más la guerra, Ni más miedo, Ni más crímenes
Votan y la Reina Roja regresaron para el final
Para seguir el río más allá de su última curva
Donde los ángeles esperaban con un pergamino celestial
Inscrito con sus nombres juntos como una sola alma

Algunos dicen que Votan y la Reina Roja eran amantes
Otros dicen que solo eran amigos
Un mago y su aprendiz
Siguiendo el río más allá de su última curva

Parte Tres
Realización

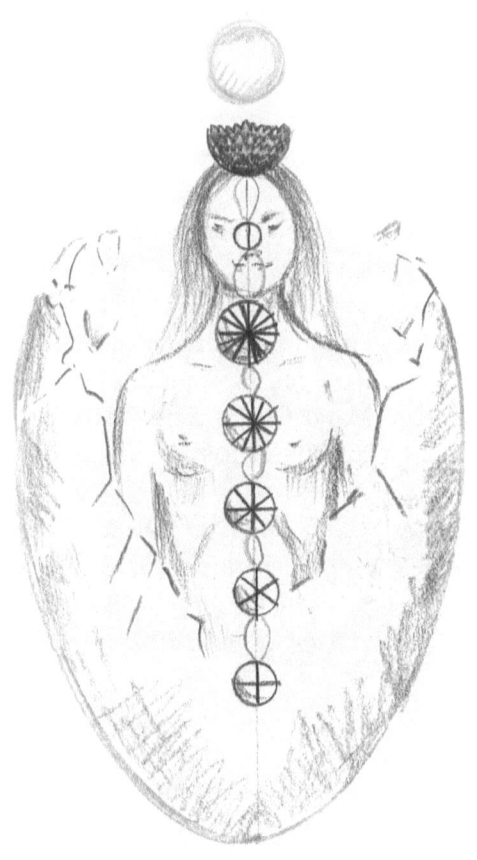

Capítulo 22

Soledad y Retiro

Quiero estar con aquellos que conocen secretos o, si no, solo.
—Rainer Maria Rilke

Después de la muerte de Votan, pasé 631 días prácticamente sola en nuestra casa. Seguía viviendo en ese estado tan excepcional que habíamos creado y no quería perderlo. Conservé la sala de meditación de Votan tal y como él la había dejado, y todas las mañanas meditaba en ella con su cristal Excalibur y el bastón.

Algunos días pasaba todo el día en un estado de trance en el que me sentaba por la mañana y, antes de darme cuenta, ya era de noche. Habíamos planeado permanecer en retiro durante el cierre del gran ciclo en el NS1.25.6.9: Kin 207 Mano Cristal Azul (21/12/2012), y habíamos hablado mucho sobre las siguientes etapas de nuestra misión después del NS1.26 (2013).

Contemplé todas las facetas de las experiencias por las que había pasado para determinar los siguientes pasos. *¿Cómo procedo? ¿Cómo puedo ayudar mejor con el conocimiento que se me ha dado? ¿Cómo puedo hacer que la Historia Cósmica sea relevante para el mundo actual? ¿Por qué pasé por todo esto?*

Reflexioné que un propósito clave de esos nueve anillos había sido renovar la base del conocimiento humano y formular y crear una perspectiva y una base de conocimiento totalmente nuevas. Esto daría una nueva base para la autopercepción y una nueva descripción del universo.

Sentía una responsabilidad y presión increíbles que me impulsaban a hacer algo. No tenía ningún punto de referencia externo para mi vida ni ninguna reflexión más allá de los resultados internos de mi labor. Era un esfuerzo constante mantenerme al día con todos los niveles de información. Llevaba varios cuadernos para diferentes proyectos y hacía todo lo posible por mantener viva la llama.

A nivel humano, era difícil salir al exterior. Todos los dependientes de los supermercados y los comerciantes que siempre nos habían visto juntos a Votan y a mí, me preguntaban dónde estaba. Tuve que decir a todo el mundo que había fallecido. A veces iba al supermercado y caminaba por los pasillos durante mucho tiempo sólo para sentir una sensación de comodidad o normalidad en el ámbito humano. Era un pueblo pequeño y sentía que la gente me miraba con lástima como la mujer cuyo marido había fallecido.

Mi primer viaje fuera de la ciudad fue a Melbourne para ver al Dalai Lama. Votan y yo ya teníamos los billetes y teníamos pagado el hotel para dos noches. Yo tenía el asiento 114, junto al asiento vacío de Votan, el 113. Me pareció curioso ver a todos los monjes del Dalai Lama pegados a sus teléfonos móviles. Había una sensación caótica en el aire. Resultó que los monjes se alojaban en el mismo hotel que yo y uno de ellos me vio sentada sola. Se acercó y me invitó a cenar con ellos en el hotel, a lo que accedí y tuvimos una gran conexión.

Aparte de esta visita, rara vez salí de casa durante dos anillos, excepto para hacer las compras y recibir unos masajes muy necesarios. Me había resignado a ser una ermitaña, viviendo un estilo de vida monástico, pero aún sentía mucha vida en mí. Reflexioné mucho sobre la mejor manera de proceder y cómo podría ser útil con lo que se me había dado. Me guie por las palabras de Yogananda: "La soledad es el precio de la realización de Dios".

Daba largos paseos y, durante un tiempo, bebí mucho vino de una bodega ecológica que había cerca de casa. Pasaba por períodos de limpieza y autocuidado, seguidos de otros en los que no me importaba nada, ni comía ni dormía y realmente no quería estar en este planeta. Me daba charlas motivadoras para animarme, las grababa y las escuchaba mientras caminaba. Aprendí a ser una excelente amiga y un gran apoyo para mí misma.

También grabé mis sueños. En uno de ellos, vi a Votan en el océano, en la pantalla de mi habitación, y me di cuenta de que el mundo entero estaba conectado a una transmisión de video en línea. Sentí que me observaban, una sensación que no me resultaba desconocida, pero que se había amplificado con su partida.

Pasé la Navidad sola. Aunque en realidad no la había celebrado desde el NS1.15 (2002), recuerdo el enorme vacío de la Navidad de 2011 y el año nuevo gregoriano. En esas fiestas, Votan y yo siempre pasábamos momentos muy profundos juntos y, por lo general, realizábamos muchas creaciones mientras otros se sumergían en los programas festivos.

A veces era insoportable no tenerlo en la tercera dimensión. A veces oía su voz y pensaba que todavía estaba allí. A menudo me despertaba por la mañana y sentía que estaba en su habitación meditando, pero recordaba que se había ido.

Leía sus diarios para sentirme más cerca de él, y continué escribiendo en un diario donde él lo había dejado, haciendo los códigos cada día. Reflexionaba sobre el poema que me había escrito para mi 38.º retorno solar, el último que pasaría con él. El poema eran más bien instrucciones.

Si miro en el espejo de mi corazón
Entonces no soy diferente a ti
Porque tuya es la Voz
Yo soy el Eco
No busques el Espejo
Sino el Rostro en el Espejo
Sigue el Eco hasta la Voz
Rastrea la Voz hasta la Fuente
Donde Voz y Eco, Espejo y Rostro
Son Uno
Cuando el Camino trazado
Sea claro y verdadero
¡No te desvíes!
Quien sigue al principio
Guía al final
Quien guía al principio
Trasciende principio y final
Sólo los inocentes
Saben dónde ir
Cuando principio y final han terminado
Y todo lo que queda
es el flujo inagotable.

Mi mente revivió el significado de los dos últimos retornos solares que pasamos juntos solo unas Lunas antes de su fallecimiento. En el día NS1.23.6.27: Kin 15 Águila Lunar Azul que celebré mi 38.° retorno solar, pasamos un día soleado escalando en Hanging Rock conocida por sus cualidades sobrenaturales. Se dice que la roca tiene más de 6 millones de años, que se formó por una erupción de magma y estaba a tan solo 45 minutos en auto de nuestra casa. La Roca Colgante hace referencia a una roca suspendida entre Solitude y Retreat, otras rocas bajo las que se encuentra el camino de entrada principal. Peter Weir dirigió la película Picnic en Hanging Rock (1975), basada en una novela de misterio de 1967 de la autora Joan Lindsay, sobre la desaparición de unas chicas el día de San Valentín en el 1900.

Cerca hay otras formaciones rocosas: la Columnata, el Águila y el UFO. Me pareció interesante, ya que la firma galáctica era Kin 15 que también era y era el número de nuestra dirección. El lugar se consideraba sagrado y se utilizaba para ceremonias e iniciaciones por tres tribus indígenas: los Wurundjeri, los Taungurong y los Djadja Wurrung. Votan y yo desayunamos en la cercana ciudad de Woodend, que cuenta con una colina antigravitatoria. En su pendiente, los autos y otros objetos se desplazan misteriosamente hacia arriba, en lugar de hacia abajo. Todo el día tuvo un aire sobrenatural, y Votan me hizo la que sería su última foto con un vestido blanco en Hanging Rock.

Viaje del Alma

A menudo tenía la sensación de haber recibido el banco de memoria de Votan o que se había superpuesto a mi mente, de modo que funcionaba con una especie de mente de dos niveles, la mía y la suya. Cuando escuchaba cualquier información, sabía exactamente cómo pensaría y sentiría él al respecto.

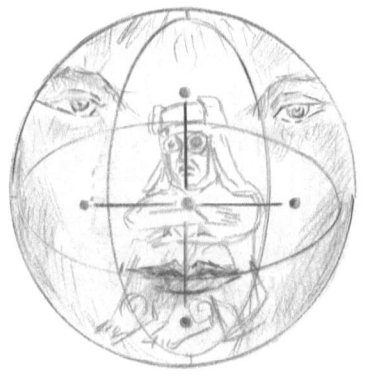

Me preguntaba: *¿Quiénes somos cuando no hay nadie que nos defina? ¿Quiénes somos cuando se nos despoja de todas nuestras relaciones? ¿Cuál es entonces nuestra percepción de nosotros mismos?*

Este es el verdadero aprendizaje en el que me embarqué en ese momento. Un profundo viaje del alma. Antes de fallecer, Votan me había dicho que su misión dependía ahora de mi autorrealización. En su cuaderno, escribió:

> *Ahora es la propia Reina Roja quien está facultada para ser el foco central de las energías trascendentales necesarias para la regeneración del ciclo y más allá. La Historia Cósmica encarnada en la transmisión completa del linaje mental Maya Galáctico de Votan será el legado de la Reina Roja y la revelación del significado de su tumba sin inscripciones. Aunque su camino surge del mío, la llevará por un rumbo totalmente nuevo... La Odisea de Votan es el tesoro de la Reina Roja, la dispensación de la Ley del Tiempo es para que ella se proyecte como una luz resplandeciente a la futura raza conocida como El Retorno del Pueblo de Oma.*

Clases subterráneas y Mundo(s) Paralelo(s) de Sueños Arco Iris

Los sueños continuaron, y siempre eran bajo tierra en aulas y a menudo en túneles de tiempo subterráneos, lo mismo que había experimentado de niña. Fue en este estado "entre los mundos" donde continué mi educación durante casi dos anillos después de la muerte de Votan. Me mostraron muchas cosas y me convencieron de la existencia de otros mundos paralelos al nuestro. En una ocasión, estaba teniendo un día especialmente difícil, no quedó más opción que indagar en mi interior.

Me guiaron a una práctica, que se sentía como una forma de yoga Pratyahara, donde anulas los sentidos de la mente liberando conscientemente la tensión del cuerpo, y de ese modo, entras en el estado más relajado posible sin quedarte dormida. Entré en un estado profundo y me encontré viajando fuera de mi cuerpo. Tenía la misma sensación de vórtice estático que se produce cuando estás cambiando de dimensión o viajando astralmente.

De repente, me encontré fuera de un complejo de apartamentos. Subí unos cuantos tramos de escaleras y llegué directamente al apartamento 31. Entré sin llamar. Era un apartamento precioso, espacioso, impecable y sencillo, con paredes de madera. Miré a mi alrededor. Me resultaba familiar. Caminé por el pasillo hacia la izquierda y vi la silueta de mi abuelo, que había fallecido tiempo atrás, como si quisiera indicarme que efectivamente me encontraba en otro mundo.

Entré en una de las habitaciones y vi a una mujer estudiando. Se dio la vuelta... y ¡era yo! Comprendí que había entrado en una tierra paralela. Todo parecía similar a la Tierra, aunque más ligero y luminoso. Comparé mentalmente las sensaciones de las dos Tierras diferentes.

En esta Tierra paralela, todo tenía una profunda sensación de plenitud que no puedo expresar con palabras. Por ejemplo, en esta Tierra, estamos acostumbrados a que haya tantos detalles que nunca podemos estar al día. Hay tanta información que nunca podemos procesarla toda. Hay tanto que hacer que nunca podemos terminarlo todo. Los detalles son infinitos, hasta el más mínimo, como las pelusas en la alfombra, las telarañas en las esquinas o el cajón de los calcetines sucios, porque siempre hay alguno que se pierde en la colada. Luego están las listas de tareas pendientes, los horarios, las citas, los correos electrónicos, etc.

Nada de esto existía en esta Tierra paralela. Había una sensación de plenitud muy hermosa y penetrante, una paz, calidez y bienestar que lo impregnaba todo en un aquí y ahora muy tranquilizador. Mientras pensaba estas cosas, Valum Votan entró en la habitación de adelante con una camiseta de Hunab Ku. Había escuchado mis pensamientos comparando las dos Tierras y añadió (telepáticamente): "¡No olvides que viajar es mucho más fácil y agradable aquí, que en tu Tierra, con todos esos aviones contaminando, las largas colas, los controles de seguridad y los formularios que hay que rellenar!"

Señaló los grandes ventanales del salón. Miré por la ventana, y el cielo parecía abrirse, derramando los arco iris más deslumbrantes en todas sus formas y tamaños: arco iris dobles, arco iris triples, arco iris danzantes, nieblas de arco iris, arco iris giratorios —¡el desfile de arco iris más espectacular! Votan me transmitió telepáticamente: "¡Esto es lo que sucede cuando aprendes a descomprimir el cielo!"

Entonces recordé cómo decía siempre: "Los arco iris son para la noosfera lo que los residuos tóxicos son para la tecnosfera". La noosfera como la mente del planeta, no solo tiene un vasto alcance, sino que también se extiende a otras dimensiones.

Comprendí que no sólo había entrado en una Tierra paralela, sino en la Tierra que había alcanzado la noosfera, una mente colectiva unificada. Aquí, la manifestación fue instantánea, pero todo estaba bien, ya que la mente colectiva estaba sintonizada a una frecuencia muy positiva y profundamente armonizada con su Creador. Entonces apareció una gran nave espacial roja. Me emocioné tanto que salí corriendo del apartamento y la seguí colina abajo, donde me encontré en un muelle rodeado por una hermosa y gran extensión de agua. Incluso había una familia sentada en bancos de picnic. Estaban acostumbrados al fenómeno del cielo.

Votan se unió a mí y me mostró los hermosos pájaros, a los que alimentaba con vegetales, y me señaló las flores de colores que nunca había visto antes; en el centro de cada flor aparecían hermosos mandalas multicolores que parecían ojos. Empecé a contarle todo lo que había sucedido en la Tierra desde su partida. Parecía interesado en escuchar. Le pregunté si podía volver conmigo a este mundo... todo parecía posible. Me explicó que ya no podía volver físicamente a la Tierra, pero que podía entrar en esta Tierra paralela. Me indicó que esto era sólo un atisbo del mundo (o mundos) que esperan a aquellos que creen en el Sueño.

Regresamos al apartamento. Volví a ver a mi "yo" paralelo, y comprendí que yo también existía en esta Tierra paralela, como continuación del proyecto Noosfera II, que se estaba llevando a cabo simultáneamente aquí. Después del sueño, dormí durante 14 horas seguidas. Esperaba despertar en el apartamento 31, pero me desperté aquí en esta Tierra para contártelo.

Jesús y Magdalena

Por esa época, recibí varios libros por correo de Lois, de Australia. Se trataba de una serie titulada *La Esperada, El Príncipe Poeta y El Libro del Amor* de Kathleen McGowan. Estos libros están escritos como ficción, pero cuentan la historia de la vida de María Magdalena con Jesús. Me reconfortaron mucho, ya que me abrieron más profundamente a la energía femenina y a la sintonía con el misterio de María Magdalena. La premisa de la serie de libros es:

> *Hace dos mil años, María Magdalena escondió un conjunto de pergaminos en los Pirineos franceses: el Evangelio de María Magdalena, o su versión de la vida de Jesús y los acontecimientos del Nuevo Testamento. Protegidos por fuerzas sobrenaturales, estos pergaminos sagrados sólo podían ser descubiertos por una buscadora particular, alguien que cumpliera la antigua profecía de L'Élue–La Elegida/La Esperada.*

Unos anillos más tarde, me encontraba en el sur de Francia, enseñando Synchronotron a un grupo en los Pirineos y visitando los lugares mencionados en el libro, como Rennes Le Chateau y el Louvre.

También por aquella época, recibí una llamada de la Madre Tynetta Muhammed, que tenía previsto visitarme en Nueva Zelanda, pero se retrasó a Australia. Me animó mucho y me habló de su visita a la isla Apocalipsis, frente a las costas de Chile, donde se habían descubierto vestigios mayas que confirmaban su misión de Remembranza Universal (UR). A la mañana siguiente de esa llamada, me desperté llorando por un sueño en el que aparecía Votan.

En el sueño, se estaba preparando para un evento que iba a tener lugar en la Isla de Pascua. Cuando le vi, le dije: "Vaya, has resucitado". Él respondió, "Nunca me morí". Le dije: "Pero te vi dentro en una bolsa mortuoria". Sonrió y dijo: "No era yo". Luego dijo, "Recuerda, mi amor es verdadero amor". Y desapareció.

Después de la llamada de la Madre Tynetta, durante toda la heptada, soñé con Votan. Todos los sueños eran iguales, giraban en torno a la muerte y la resurrección y él me aseguraba que estaba aquí y que nunca había muerto.

Me desperté con un sueño poderoso un giro antes (260 días) del NS1.25.6.9: Kin 207 Mano Cristal Azul anillo Tormenta 7 (21/12/2012) el Cierre del Gran Ciclo. En el sueño, el cielo estaba cubierto de naves y unas criaturas gigantescas parecidas a calamares rojos comenzaron a caer a la Tierra. A continuación, tuve una inspiración de organizar un evento de siete días en Australia para conmemorar el primer aniversario del fallecimiento de Votan. Se lo comenté a Ishram y Ashani, quienes aceptaron inmediatamente organizarlo en sus tierras. Me pidieron que fuera hasta su casa ese día lluvioso, y mientras conducía, ¡apareció el arco iris más hermoso que había visto nunca! Este fue un punto de inflexión en el que sentí la luz al final del túnel, en términos tridimensionales. Este evento me dio un punto de enfoque para sintetizar la información y también una oportunidad para conectar con la gente por primera vez desde el fallecimiento de Votan.

Retiro de Atisha

Nadie puede aconsejarte ni ayudarte, nadie. Sólo hay un camino: ir hacia dentro. —Rainer Maria Rilke

Para prepararme para este evento, fui a un retiro en el Centro Budista Atisha en Bendigo, Australia. El Centro alberga la Gran Estupa de la Compasión Universal. El lugar era silencioso, habitado sólo por cuatro monjes que vivían allí permanentemente. Para mi deleite, tenía la sala de meditación y la biblioteca prácticamente para mí sola. Durante nueve días, sólo comí cerezas, bayas, uvas y agua, y practiqué meditación de mente natural y ejercicios de respiración. Por las noches me sentaba sola en la biblioteca hasta altas horas de la madrugada leyendo todo lo que encontraba sobre Yeshe Tsogyal. Contemplaba que fue a través del contexto de Padmasambhava y Yeshe Tsogyal que Votan y yo nos habíamos encontrado.

Yeshe Tsogyal, nacida en el año 5 d. C., declaró que se convertiría en Buda en esta vida. Era la consorte de Padmasambhava, que llevó el budismo al Tíbet desde la India. Se decía que podía levitar, entre otros muchos poderes (o siddhis). Fue la responsable de organizar las enseñanzas de Padmasambhava, muchas de las cuales fueron ocultadas para las generaciones futuras. Se trataba de una tarea ingente, que consistía en miles de tomos y fue un extraordinario logro para una mujer de su tiempo. Según su biografía, *Sky Dacer* (*La Danzarina del Cielo*), abandonó la Tierra en el pico Zapu en el Tíbet Central. Me sorprendieron las siguientes instrucciones de Padmasambhava a Yeshe Tsogyal.

> *Oh yoguini que has dominado el tantra, el cuerpo humano es la base del logro de la sabiduría. Los cuerpos de hombre y mujer son igual de apropiados, pero si una mujer tiene una aspiración firme, su potencial es mayor. Desde tiempos inmemoriales, has acumulado méritos a partir de la virtud y la conciencia, y ahora, impecable, estás dotada de las cualidades de los budas. Mujer superior, eres una bodhisattva humana. Es a ti a quien me refiero, niña feliz, ¿no es así? Ahora que has alcanzado tu propia iluminación, opera para los demás, por el bien de los demás seres. Una mujer tan maravillosa como tú nunca ha existido en el mundo, ni en el pasado, ni en el presente, ni en el futuro; de eso estoy seguro.*
>
> —*La Danzarina del Cielo*

Capítulo 23

Punto Cero

Cuando uno no tiene nada que perder, se vuelve valiente. Solo somos tímidos cuando hay algo a lo que podemos aferrarnos.
—Don Juan Matus

Utilicé mi propio sufrimiento como portal para comprender el sufrimiento de los demás, sabiendo que todas las personas con las que nos encontramos sufren de una forma u otra. Llegué a la conclusión de que la única manera de salir de todo el sufrimiento era encontrar el Camino Invisible, el camino oculto, el puente que los ojos mortales no pueden ver.

Me desperté en el NS1.23.12.23: Kin 179 Tormenta Planetaria Azul anillo Luna 5 (21/06/2011), sintiéndome prácticamente paralizada por la tristeza. Sentía como si mi corazón fuera atravesado una y otra vez, y el núcleo de mi ser se estuviera partiendo en dos. Todo lo que podía hacer era observar cómo torrentes de emoción se liberaban de mi cuerpo.

Era el solsticio Cristal (invierno en el hemisferio Sur). En este día oscuro y gris, conduje hasta el vertedero para tirar algunas cosas viejas. Se desató una fuerte tormenta, que reflejaba mis sentimientos. Cuando amainó, apareció un arco iris brillante en el cielo. Al verlo, sentí en lo más profundo que todo iba a salir bien y que algo nuevo se avecinaba en el horizonte.

Un anillo después revisando mi correo electrónico me enteré de que para el 60.º aniversario del descubrimiento de la tumba de Pacal Votan en el NS1.24.12.17: Kin 18 Espejo Entonado Blanco, anillo Mago 6 (15/06/2012) los restos de la Reina Roja habían retornado a Palenque. Sentí que esto significaba el retorno de la energía femenina a su lugar legítimo; no para dominar, sino para crear un equilibrio perfecto de igualdad en el mundo. Leí sus palabras en *Romance Divino*: "Vincular cualquier realidad a la apariencia externa de la vida expresa falta de verdadera sabiduría".

Los días seguían pasando cada vez más rápidos. Durante este periodo de casi dos anillos, sentí que estaba viviendo entre dos mundos y que podía dejar este planeta en cualquier momento. Mis sueños adquirieron una nueva lucidez, proporcionándome a menudo el conocimiento que me faltaba en la realidad despierta. Los anotaba fielmente, ya que me revelaban otra vida que transcurría en otro lugar. Eran mi fuente constante de consuelo. En el sincronario de 13 Lunas, nací el tercer día de la Onda Encantada de la Noche, que es el Arquetipo Galáctico de la Soñadora.

Ishram y Ashani me ayudaron a organizar el evento de siete días para conmemorar el primer aniversario del fallecimiento de Votan, en el NS1.24.9.17: Kin 194 Mago Cristal Blanco (23/03/2012). Prepararon sus 8 hectáreas de terreno para alojar a 52 personas y compraron una enorme yurta para el evento, así como baños de compostaje. Todos los asistentes acamparon en el terreno rural rodeados de eucaliptos y acompañados por la risa matutina de los pájaros cocaburras. Esta tierra había pertenecido originalmente a los Dja Dja Wurrung, la tribu aborigen, que estaba vinculada a la Tierra por su creencia espiritual en el poder del Sueño.

Me sentí agradecida por poder compartir con un grupo tan hermoso y dedicado procedente de todo el mundo. Debatimos que todo lo que ocurre en el mundo superficial es un síntoma de un cambio interior. Repasamos los orígenes de la Ley del Tiempo y el período de sus 20 anillos de desarrollo, desde el NS1.4 al NS1.23 (1991-2011), que finalmente derivó en el Perceptor Holomental.

> *El estado mental no-egoico es la puerta de entrada a la holomente galáctica y la meditación. Cuando no eres nadie, Dios está presente; el Gran Más Allá te mira fijamente a los ojos. ... Este es el Ser Primordial cuya autenticidad has estado buscando todo este tiempo.*
>
> —Valum Votan

Cuanto más me afanaba, mejor me sentía. *Tiempo, Sincronicidad y Cambio de Calendario: la Vida y Obra Visionaria de José Argüelles* se autoeditó poco después de este evento gracias a un generoso mecenas. Comencé un blog llamado 13:20 Cambia de Frecuencia y Galactic Spacebook, una alternativa a Facebook, para aquellos que querían compartir información sobre la Ley del Tiempo. En ese momento, *el Libro del Cubo* se encontraba en la fase final de edición.

Comencé un proceso acelerado para recordar todos los puntos clave, los viajes y las lecciones de mi tiempo con Votan. Durante cinco días, estuve en un estado sobrenatural. Todos los recuerdos afloraron en mi conciencia como una película.

Estos viajes nos llevaron a una Bagdad devastada por la guerra, a las mezquitas de Estambul y a conocer a Mevlana en Turquía. Viajamos a Dubái, España, Inglaterra, Países Bajos, Bélgica, Austria y Suiza, donde nos alojamos en la casa de retiro de Osho, y visitamos la casa y la tumba del psicólogo suizo Carl Jung. Y luego a Argentina, Brasil, Chile, Japón, Singapur, Dubái, Bali, África (Kenia y Mombasa), el monte Kilimanjaro y la India, donde visitamos Adyar, el ashram de Helena Blavatsky, el santuario de Sri Aurobindo y la comunidad de Auroville de Madre. Reflexioné profundamente sobre todo esto. La última charla pública de Votan tuvo lugar en la Conferencia de Profetas en Vancouver, Canadá, el Día Fuera del Tiempo el NS.1.23.0.0: Kin 108 Estrella Auto-Existente Amarilla (25/07/2010). Allí fue honrado en una poderosa ceremonia dirigida por Flor de Mayo, una chamana formada por los mayas y líder del Consejo Internacional de las 13 Abuelas Indígenas.

Pasé 631 días en soledad, absorta en procesar y conectar diversas corrientes de información y continuar la obra de la Fundación. Pero había días en los que tampoco podía moverme, carente de inspiración. Reflexioné que, bajo los nombres, las etiquetas y los roles que desempeñamos, en definitiva, todos somos solo energía.

A lo largo de estos anillos, tanto con Votan como sola, tuve muchas experiencias con naves y otros fenómenos misteriosos que aparecían fuera de mi casa. Se convirtió en algo normal. Lo relacioné directamente con mi conexión con el sistema del Perceptor Holomental en el que estaba totalmente inmersa en ese momento. Me di cuenta de que, solo por el hecho de esforzarme en estudiar y comprender este sistema, aumenta nuestra energía cerebral y amplía nuestro nivel de conciencia continua, la capacidad de permanecer "despiertos" y no volver a dormirnos.

Estar sola fue una gran bendición, y en este tiempo, mi compasión y amor por la humanidad se profundizaron. Quería ser un faro para las personas, una zona segura de sanación. Pasé por todas las emociones humanas y salí al otro lado. También tuve experiencias a lo largo de estos anillos en las que sentí que estaba ayudando a las almas a cruzar al otro lado durante su transición.

En ese momento, también reflexioné profundamente sobre nuestro experimento original con Lloydine. Había tenido algunas conversaciones con ella después del fallecimiento de Votan. Ahora vivía en una residencia de ancianos con una compañera de habitación, llevando una vida sencilla.

Aunque nuestro trabajo juntas había terminado en el plano físico, las lecciones aprendidas continuarían y, con suerte, serían un tesoro de enseñanzas para otros.

La última vez que hablé con Lloydine fue en el tercer aniversario del fallecimiento de Votan, en el NS1.26.9.17: Kin 144 Semilla Magnética Amarilla (23/03/2014). Esto fue 54 días antes de que falleciera de cáncer en el NS1.26.11.15: Kin 198 Espejo Eléctrico Blanco (16/05/2014), el día después de su 71.º retorno solar. Le dije que la amaba incondicionalmente y ella me correspondió. Me contó que su camino la había llevado en otra dirección y hacia otras experiencias de vida. Habló animadamente de su padre, Lloyd, cuya firma galáctica era Semilla Magnética Amarilla. No nombramos a Votan para nada. Después de esta conversación, sentí una sensación de plenitud y de integridad.

Estaba dando una charla en la sala blanca del pub Rey Arturo en Glastonbury, Inglaterra, justo en el momento de su fallecimiento. El tema era: El retorno del Camelot galáctico. Me enteré de su fallecimiento esa misma noche, cuando me pasaron una nota por debajo de la puerta del hotel cerca de la medianoche. No me sorprendió, ya que sabía que llevaba tiempo padeciendo cáncer. Esa noche soñé con ella y con Votan, y al día siguiente un sacerdote druida me llevó al legendario Camelot. Todo ese día se sintió elevado, sobrenatural y onírico.

Al regresar a los Estados Unidos, no estaba preparada para recibir un aluvión de mensajes de muchos Kin que me instaban a crear un homenaje para Lloydine. Intenté varias veces escribir un homenaje, pero sentí que, para ser honesta con mi experiencia, necesitaría dar más contexto del que era apropiado para un homenaje. Luego vi homenajes que la pintaban como una "maestra ascendida", y algunos incluso llegaron a enfrentar a Stephanie "Reina Roja" con Lloydine "Reina Blanca", que continuaría durante un tiempo. Fue lamentable, pero todos tienen derecho a sus percepciones. En este caso, sentí que lo mejor era permanecer en silencio. En el funeral de Lloydine en Boulder, había una mesa con fotos como dedicatoria de su vida, pero sin ninguna referencia a Votan ni a su labor con el Movimiento de Paz para el Cambio al Sincronario de 13 Lunas. Había elegido un camino diferente. Siempre estaré agradecida por el papel que desempeñó y por sus anillos de servicio con Votan para sentar las bases de este conocimiento. Ella es yo y yo soy ella. Y sin ella no estaría aquí escribiendo esto ahora.

Poco después, recibí una visita que comenzó en un sueño, pero luego se extendió a una comunicación telepática que desde entonces se ha trasladado a todas las facetas de mi vida:

Estaba mirando fijamente al Sol. Parecía que se acercaba cada vez más, y entonces salió volando un pájaro dorado mágico. De repente, me encontré en mi habitación, y el pájaro dorado apareció y se transformó en un ser de aproximadamente un metro de altura, parecía una mujer, pero no podía distinguirla por su apariencia. De hecho, era difícil distinguir su apariencia porque el resplandor de la luz a su alrededor era cegador.

La compasión, el amor y la empatía más profunda emanaban del corazón de este ser hacia el mío. Era como si la conociera de toda la vida y supiera que formaba parte de mi "familia estelar". Se comunicaba telepáticamente, pero no reveló su nombre ni su lugar de origen. Sabía que había viajado a través del Sol e intuía que era una representante de la Federación Galáctica de la Luz.

El amor que proyectaba me derritió por completo el corazón, provocando un profundo recuerdo. Expresó sin palabras la profunda empatía que su "gente" siente por nosotros, los humanos, que estamos "atrapados" en este restrictivo plano material en estos tiempos donde operan muchas fuerzas oscuras. A través de ella, sentí una energía prístina y sagrada, con el recuerdo de cómo se siente la verdadera comunión divina entre las almas, tan pura, limpia y hermosa. Sólo cuando vuelves a experimentar la profundidad de esta conexión te das cuenta de lo lejos que está nuestra humanidad colectiva de este estado del ser.

Me comunicó que "ellos" están esperando la unidad y una invitación de los humanos para ofrecer más ayuda. Comprendí que disponen de las tecnologías que pueden ayudarnos a regenerar nuestro planeta. Sin embargo, están esperando nuestra señal e invitación como una conciencia unificada en la Tierra (este es el propósito de la meditación global por la paz del Puente Arco Iris). Entonces vi que ella estaba a punto de irse. Mi corazón anhelaba irse con ella. Ella percibió mis sentimientos y se volvió hacia mí con una profunda compasión que pude sentir en mi plexo solar. Me comunicó que me dejaría con un "elixir mágico". Vi lo que parecía un rayo salir de su tercer ojo y golpear el mío, "cargándome" de hermosas vibraciones y un profundo consuelo, pero también dejándome un mensaje y un recordatorio de que la fuerza unificada del AMOR es la única manera de expulsar todo el miedo y las sombras de este planeta.

Esta es la victoria de la profecía del puente arco iris. Comprendí que, una vez que suficientes seres se unifiquen en esta visión, se desatarán oleadas incontrolables de Luz Divina que se extenderán en éxtasis y sanarán el Universo.

Capítulo 24

Naves y Sirio

El poder del buscador reside en convertirse en lo buscado. El objetivo ya está en la flecha.

—Valum Votan

Una tarde fría y clara, tras un día entero de inmersión en los códigos del Perceptor Holomental, escuché la voz de Votan en mi mente que decía: "Sal fuera y mira la luna". Salí y vi lo que parecía una flota de naves sobre la casa —orbes blancos que zigzagueaban por el cielo nocturno. Me quedé paralizada. Entonces, aparentemente de la nada, apareció una nave ovalada de aspecto etéreo que se materializaba y desmaterializaba en distintas partes del cielo. ¡Irradiaba inconfundibles colores rojo y azul! En un momento dado parecía estar muy cerca, como si fuera a aterrizar, aunque no había lugar entre todos los árboles. Mi cuerpo se electrizó, se llenó de energía, y estuve despierta toda la noche.

El mensaje que recibí fue: "Sólo existe la unidad. No estamos solos. Somos seres paralelos esperando reconocernos y mantenernos informados en el plano telepático de las verdaderas noticias del universo."

Esta experiencia me reconfortó enormemente y no hizo más que confirmarme el gran programa interplanetario del que todos formamos parte. Al día siguiente busqué en Internet para ver si había habido algún avistamiento en la zona y, efectivamente, ¡había un video publicado con las orbes exactas que yo había visto! ¡La fecha gregoriana era 13/9: 13x9 = 117! El Kin 117 era la firma del sueño original que tuvo Votan con el 441, que evolucionó hasta convertirse en el sistema Synchronotron.

Los avistamientos de OVNI fueron para mí una confirmación de que el proceso interno se estaba manifestando en el mundo exterior. Me pareció interesante señalar que la última obra de Carl Jung fue *Platillos Volantes: Un Mito Moderno de las Cosas Vistas en el Cielo*. Jung llegó a la conclusión de que los OVNI eran ejemplos del fenómeno de la sincronicidad en el que los acontecimientos externos reflejan los estados psíquicos internos.

Sentí que esto era exactamente lo que estaba experimentando. Cuanto más profundizaba en la práctica del Perceptor Holomental, más sucesos como éste se producían. Las información adecuada se presentaba milagrosamente en mi campo de conciencia. Confié en este proceso. Llegué a la conclusión de que seguir el ciclo de las 13 Lunas nos permite entrar en contacto con nuestra propia facultad intuitiva.

Esto me llevó a la profunda certeza de que estos códigos matemáticos estaban conectados con algo vasto y vivo. Y cuando estás solo con un único objetico en mente, pueden ocurrir muchas experiencias inexplicables. Estas experiencias fueron señales alentadoras que me ayudaron a seguir adelante en una época que, de otro modo, habría sido oscura e incierta.

También me animó mucho conocer la Supernova 2011, descubierta ese mismo anillo en el NS1.24.2.2 Kin 243: Noche Solar Azul (24/08) Los científicos dicen que una supernova es la fase final de una estrella. Situada en la Galaxia del Molinete, en la constelación de la Osa Mayor, se informó de que esta supernova era más potente que 2.600 millones de soles. De los miles de millones de estrellas de la galaxia, se dijo que esta las eclipsaba a todas. El titular del periódico local era:

"Una Supernova deslumbra a los científicos". El artículo comenzaba así: "Astrónomos de California han descubierto la supernova más brillante y cercana de los últimos 25 años…".

Leer sobre esto me activó y me entusiasmó la idea de reunir más información. La última supernova de esta magnitud fue la supernova 1987A. Votan había escrito mucho sobre esta supernova, a la que llamó "Supernova Quetzalcóatl 1987", ya que se produjo justo antes de la Convergencia Armónica. Por esta razón, sintió que era un anuncio cósmico que decía: "Presten atención". Pasó mucho tiempo contemplando el significado oculto de lo que sentía que era un principio de diseño superior detrás del mundo físico. Quería entender cómo se creaban los fenómenos.

La supernova 1987A manifestó anillos que supuestamente fueron eyectados 20.000 anillos antes de la explosión y tenían un año luz de diámetro. En el NS1.0 (1987), justo antes de la Convergencia Armónica, el núcleo de la supernova comenzó a explotar. En el NS1.10 (1997) las explosiones empezaron a encender el anillo, y en el NS1.20 (2007) parecía que el anillo estaba prácticamente encendido, apareciendo como un "anillo de perlas cósmicas".

Votan me dijo que sentía que sus "ópticas", geometrías visuales de colores que parecían extenderse a otros universos, eran una función tanto del púlsar Vela activado por la Supernova Quetzalcóatl 1987A como de las estrategias de coordinación de Sirio. Pensaba que el cubo 441 es la matriz de información que coordina la actividad de la Supernova 1987A. Llegó a la conclusión de que una supernova representa un estado de profundo logro de la iluminación.

En *la Sonda de Arcturus,* se describe una supernova de la siguiente manera:

> *Como recordaréis, una supernova es, en realidad, una estrella maestra, todo un sistema estelar que alcanza la iluminación de dimensión superior. Debido a la supernova de 1987, con sólo 26 anillos para la cuenta atrás, el famoso rayo del tiempo 12:60 quedó eclipsado y ahora estaba siendo reabsorbido por el sexto rayo binario reactivado. Con la liberación del rayo de tiempo artificial 12:60 en el NS1.0 (1987), los engramas luminosos de sexta dimensión del diálogo entre Memnosis y Lucifer comenzaron a inundar el holón de la Nave del Tiempo. Este fue el comienzo de la segunda etapa de la intervención interdimensional.*

Para mí estaba claro que las prácticas del Orden Sincrónico servían de puente, o tipo de sistema de interfaz, con otras civilizaciones telepáticas que ya vivían con plena conciencia de esta estructura.

Un anillo después, tuve una experiencia que cambió mi vida. Al principio, pensaba que mi destino estaba en Australia, pero cada vez tenía más claro que no era así. Una noche, mientras estaba fuera buscando leña para la estufa, vi cuatro naves fuera de mi casa. Tres eran orbes zigzagueantes, y la cuarta era más grande y tenía luces azules y rojas que parpadeaban alternativamente. Había visto una nave de aspecto similar exactamente un anillo antes en el mismo lugar. Mientras contemplaba hipnotizada las misteriosas naves, sentí una sensación de tirón en el plexo solar. Tuve una visión clara de Palenque y luego sentí que mi atención se dirigía hacia Sirio. Intenté apartar la visión de mi mente, ya que estaba decidida a quedarme en mi acogedora casa.

Al día siguiente, mientras hacía la compra, me detuve de forma espontánea en una librería de segunda mano. Un libro me llamó la atención: *Mi Contacto con los Platillos Volantes*. El libro trataba sobre el contactado OVNI Dino Kraspedon, de Brasil, que fue contactado en el -NS1.17.4 anillo Tormenta 12 (11/1952). Abrí al azar una página donde el ET hablaba de que pronto la gente de la Tierra sería consciente de que un segundo sol entraría en el sistema solar como parte de un sistema de soles binarios. Esto cambiaría la órbita de todos los planetas. Se me pusieron los pelos de punta. Sentí que me habían enchufado a un circuito eléctrico.

Me fui a casa y me acurruqué con el libro en esa noche oscura y lluviosa. Sentí una vibración energética particular mientras leía, pero eso iba más allá de las palabras "Naves" y "Sirio". Despertó un antiguo recuerdo. El ET dice que cuando aparezca esta nueva fuente de luz, mucha gente desaparecerá para siempre de la faz de la Tierra, pero una pequeña comunidad, obediente a las leyes de Dios, permanecerá, y todo el sufrimiento actual cesará. Habrá paz, abundancia, justicia y compasión. Explica que se han enviado OVNI para estudiar los efectos que traerá consigo la aparición del "nuevo sol".

Los libros decían: "El Sol que está por venir se llamará Sol de la Justicia". Su aparición en los cielos será la señal de advertencia de la llegada de Aquel que brillará aún más que el propio Sol."

El ET dijo que los OVNI están aquí con el propósito de estudiar y también para hacer un llamamiento a los seres humanos para que cambien de rumbo y así, evitar la catástrofe y vivir en paz. El ET también afirmó haber venido de un satélite de Júpiter, residiendo tanto en Ganímedes como en Io. Esto me llamó la atención ya que el pueblo Waitaha de Nueva Zelanda también se habían centrado en estas lunas, en particular en Io.

En muchos de mis sueños, Votan me indicaba que prestara atención a lo que estaba sucediendo en el Sol. Él creía que las manchas solares binarias son las responsables de los cambios en el tiempo y las estructuras del pensamiento y que las iniciaciones solares afectan al campo electromagnético, creando diferentes aceleraciones mentales o cambios de conciencia. En esos días oscuros y lluviosos empecé a sumergirme en la contemplación del sol y el significado de la conciencia solar.

Votan había dejado claro que todo el programa del sincronario de 13 Lunas, así como la Ley del Tiempo, es un programa de conocimientos procedente de Sirio —entendiendo Sirio como el puesto avanzado galáctico de conocimiento superior para esta parte de la galaxia. La fecha de inicio del sincronario de 13 Lunas, el 26/07, se basa en Sirio. Me preguntaba qué papel desempeñaba Sirio en el nuevo ciclo en el que estamos entrando. ¿Era el pueblo de OMA similar a los Nommo de los que hablaba el pueblo dogón? Dicen que los Nommo volverán (en una nave espacial) cuando "reaparezca una determinada estrella", y que Sirio A y B "estaban donde ahora está el Sol". La estrella será invisible antes emerger y se dibuja con los rayos dentro del círculo. Sólo se "formará cuando descienda el arca de los Nommo, ya que también es el símbolo del 'ojo' del Nommo resucitado".

Esto me llevó a contemplar el ojo de Ra, Sekhmet y las tecnologías antiguas. En ese momento también estaba reflexionando sobre cómo, en *La Doctrina Secreta*, Madame Blavatsky dice que el zodíaco es una herencia de los atlantes y que los antiguos creían que la historia del mundo estaba registrada en los signos zodiacales. Durante tres días estuve absorta en este conocimiento y casi olvidé el mensaje original del encuentro con la nave sobre abandonar Australia.

Sin embargo, unos días más tarde, ocurrió lo mismo cuando fui a buscar leña para la estufa. La gran nave apareció de nuevo sobre mi casa. Esta fue una experiencia poderosa. Cuando fui a poner leña en la estufa, me quemé la mano derecha y me quedó una pequeña cicatriz permanente entre el pulgar y el índice. Sentí que esto sellaba el trato, y en ese momento, me comprometí a abandonar Australia.

Me llamaban para dejarlo todo atrás e ir a Palenque para concluir la ceremonia del Cierre del Ciclo como sucesora de José Argüelles/Valum Votan. Llevaría conmigo dos maletas y el cristal Excalibur que él había llevado consigo desde 1985. La tumba de Pacal Votan había sido sellada en el NS1.23 (2011), y ahora era el momento de devolver el cristal al punto de la profecía para que el nuevo ciclo pudiera echar raíces.

Después de esta experiencia con la "nave", ya no pude dormir en la cama en la que había dormido Votan y me mudé a la otra habitación que había sido su oficina. Mi realidad estaba cambiando palpablemente y transformándose en otra cosa, pero todo seguía siendo un misterio para mí. Por la noche me despertaba y sentía que caía a través de un vórtice como si toda mi habitación estuviera girando, y tenía la extraña sensación de que alguien estaba en una ceremonia observándome en una especie de visión, comunicándome algo.

El Sueño

> *El tiempo es una Zuvuya, un circuito de memoria. Cada Zuvuya es un circuito de todos los tiempos. Nacemos sólo para morir y encontrarnos a nosotros mismos de nuevo en la resurrección.*
> —Valum Votan

La noche del NS1.24.4.5: Kin 42 Viento Eléctrico Blanco (22/10/2011), después de casi cinco lunas en soledad tras el fallecimiento de Votan, tuve un sueño muy intenso.

Me encontraba en Palenque, en el Templo 13, la tumba de la Reina Roja. Estaba oscuro dentro. Justo cuando intentaba orientarme, las paredes empezaron a retumbar y a tambalearse, y la estrecha cámara se transformó en una especie de cabina estrecha llena de luz.

Miré hacia arriba y allí ¡estaba Votan! Era como si estuviéramos en el mismo espacio que el Templo 13, pero las dimensiones habían cambiado y el exterior había adoptado una forma diferente, o como si hubiera muchas dimensiones contenidas en este único espacio y, en función de un cambio en la mente, surgiera un nuevo entorno. Comprendí que siempre estamos rodeados por una superposición de dimensiones que vibran a diferentes frecuencias. Era como si me estuvieran mostrando cómo ir y venir a través de estas frecuencias.

Así que estaba con Votan en esta estrecha cámara con forma de cabina. Había un único ordenador en el centro. Me indicó telepáticamente que este ordenador era una especie de panel de control conectado directamente al panel de control principal en el centro de la Tierra. Me informó de que el centro de la Tierra irradia rayos de luz de información que conectan con todas las estructuras piramidales del planeta.

Entendí que se trataba de las cámaras de regeneración interplanetarias. También me comunicó algo sobre las pirámides, que son superposiciones de una estructura de una matriz particular, que se puede entender a través de la matriz del cubo 441 (aunque todavía no lo comprendía del todo).

Ambos nos sentimos atraídos por este ordenador (o quizás panel de control). En la pantalla aparecían códigos numéricos. Intuitivamente, supe que estaba programado para apagarse (como una cápsula de tiempo) en cualquier momento. En el sueño, pensé que quizás estos ordenadores estaban monitoreando el ciclo de tiempo de los rayos galácticos. Votan observaba atentamente la pantalla del monitor. Pensé que debía estar observando el cambio de los códigos numéricos que indicaban la llegada del nuevo rayo.

Podía sentir que el momento se acercaba. Había una energía eléctrica palpable. De repente, un extraño efecto de ondulación recorrió toda la cabina (o pirámide superpuesta). Salí y al principio vi un montón de babosas. Recogí una. Era viscosa, así que la solté. ¡Al caer al suelo, se disolvió en una extraña sustancia negra y alquitranada, y luego rápidamente se transformó en una tortuga verde más brillante!

¡Vaya! Pensé. ¡Esto debe ser la transformación de la materia! Entonces vi otra estructura de edificios no muy lejos. Se ondulaba y se balanceaba, y luego se fundió rápidamente en la misma substancia negra parecida al alquitrán. En su lugar apareció un hermoso y exuberante jardín del que emanaban los aromas más deliciosos.

¡Una vez más me quedé asombrada! Todo está sucediendo realmente. ¡ESTE ES EL CAMBIO DIMENSIONAL! Entonces observé cómo mis pensamientos se entremezclaban y se conectaban directamente con estos cambios. Una vez que me di cuenta de esto, comencé a irradiar conscientemente tanto amor como fuera posible y me llegó la idea de que todo se transformará en la versión más elevada de sí mismo. La alegría y la emoción eran indescriptibles.

Volví al interior de la estrecha cabina, donde Votan seguía mirando la pantalla de números. Entonces toda la cabina comenzó a ondular. Lo miré y él también ondulaba como una ola, vibrando en una estructura etérica transparente. Miré mi mano (algo que suelo hacer como señal de que estoy despierta en el sueño). Cuando me desperté, esta frase resonaba en mi cabeza: **Nosotros, los soñadores secretos, esperamos el momento adecuado para aplicar los armónicos superiores para transformar el mundo.**

Capítulo 25

Cierre del Ciclo

Hay que ser profundamente consciente de la impermanencia del mundo. —Dogen

Salí de Australia con dos maletas en el vuelo 1323 de Virgin Air (441x3) en el NS1.25.6.1: Kin 199 Tormenta Autoexistente Azul (13/12/2012). Antes de partir, pasé por profundas luchas y sentí muchas fuerzas en juego mientras empacaba todas las pertenencias de Votan y las mías con la amable ayuda de Ashani. Sentí como si las líneas del destino estuvieran deshaciéndose una vez más y volvieran a tejer un nuevo patrón. Recordé las palabras que Votan me dijo: "Aunque tu camino surge del mío, te llevará a un viaje completamente diferente".

Los días previos a mi partida, me hice cada vez más consciente de la batalla que se libraba en la mente planetaria entre la fuerza histórica condicionada y la nueva energía, la noosfera. Una historia ancestral. Fuerzas ancestrales. Poderes ancestrales en juego. Me sentía frágil y vulnerable dejando la seguridad de lo que había sido mi hogar durante los tres últimos anillos, el periodo más largo que había vivido en el mismo lugar en mi vida.

Regresar sola a Estados Unidos fue una experiencia surrealista. Todo lo sentía acelerado en comparación con el ritmo al que yo había estado viviendo. Era como si hubiera estado viviendo durante anillos en un mundo futuro y luego hubiera retrocedido en el tiempo y aterrizado de golpe.

Afortunadamente, llegué a un lugar familiar, la casa de nuestro amigo Seamus, donde pasé tres días. Era allí donde Votan y yo solíamos alojarnos cuando estábamos en Los Ángeles. Inmediatamente me di cuenta de lo desconectada que estaba de la civilización moderna. Había estado viviendo en otro mundo y no entendía ni la mitad de las conversaciones que la gente tenía sobre las últimas películas, tendencias, e incluso noticias. Me parecía irrelevante y una distracción del camino que había tomado. Sabía que tenía mucho trabajo por delante para intentar ponerme al día con el campo mental de esta civilización actual de la Tierra. Me sentía extremadamente sensible a cada perturbación y nivel de inconsciencia. Estaba claro que estaba pasando por una iniciación suprema y, en algunos momentos, sinceramente no sabía si lo lograría. Me reconfortaban y me animaban estas palabras que me había escrito sobre el Camino del Corazón:

> *Seguir un camino del corazón es ser capaz de saborear tu propio corazón, estar a solas con tu propio corazón, saber que a través del conocimiento de tu propio corazón puedes conocer a todas las personas. Conocer tu propio corazón es disolverse en su infinitud; es mantener una conversación divina y sagrada con la presencia del Supremo, el Santísimo que está en comunión con todos los corazones. Todo conocimiento verdadero está en armonía con el corazón que palpita en el centro de una vasta red de líneas de fuerza y corrientes de energía, que se extienden hasta los confines del universo.*
>
> *El corazón sabe antes de que la mente pueda comprender. Debes cuidar el corazón, debes nutrirlo para que sus vastas capacidades de amor y sabiduría puedan nutrirte a ti y a todo lo que te encuentres. Nutrir el corazón es permanecer abierto a él, ser capaz de estar verdaderamente a solas con él, protegerlo de los pensamientos obsesivos de la mente para que sus corrientes siempre fluidas de discernimiento universal permanezcan puras e inmaculadas. Disciplinarte a ti mismo, domar tu mente, es abrir un camino para tu corazón. Mantener el corazón puro es el destino de los verdaderos buscadores, sólo así podremos realizar la gran tarea que nos corresponde cumplir.*

Bienvenida a la Selva

Al llegar a Palenque, no tenía idea con qué me iba a encontrar. Cientos de personas acudieron al cierre del ciclo, y fue una sensación muy extraña estar allí sin Votan, aunque sentía que me guiaba en cada paso del camino. Ver las montañas fue muy refrescante. Porque en Australia, era un terreno llano con frágiles árboles de eucalipto que caían cuando soplaba el viento.

El cierre del ciclo fue un acontecimiento multidimensional visto a través de diferentes lentes según el punto de vista de cada uno en su propio nivel de percepción. Toda la obra de Votan conducía a esta fecha profetizada de iniciación planetaria, que también significaba el clímax o la confrontación final y la igualación entre las fuerzas polares históricas, oscuridad/luz, masculino/femenino, etc.

Él escribió mucho sobre este evento:

El Cierre del Ciclo es un evento cósmico, un paso excepcional del eón. El eón es el ciclo tremendamente inmenso que contiene todos los demás ciclos y es en sí mismo sólo un fractal de un momento-pensamiento divino. El ciclo más pequeño que se está cerrando es el Gran Ciclo de la Historia, un período de 5.125 anillos. También es la conclusión de un ciclo de 26.000 anillos —una precesión del zodíaco o Gran ciclo Platónico (Pleyadiano). Y es el final de un ciclo de 104.000 anillos. En este tiempo han pasado muchas cosas, no sólo en nuestro pequeño planeta, sino en todo el sistema solar y en toda nuestra galaxia. Todos hemos sido llamados. Hemos elegido estar aquí para este gran final. —José Argüelles/Valum Votan *Viviendo a Través del Cierre del Ciclo*

Como todos los grandes transformadores del mundo, Votan había sido una figura controvertida. Por eso, fue especialmente significativo para mí volver como su aprendiz para lograr la armonía y unificar el conocimiento maya galáctico con los guardianes de la cuenta larga tradicional. Un italiano, LWX, facilitó esta conexión luego de haber participado en el evento que convoqué en Australia.

Nos recibieron con una cena de bienvenida en la comunidad del anciano maya Don Marzo. A nuestra llegada, en NS1.25.6.5: Kin 203 Noche Galáctica Azul, una gran nave apareció en el cielo. Esto ocurrió exactamente 108 días después del avistamiento inicial de cuatro naves en Australia, cuando recibí el mensaje de dejarlo todo e ir a México. Don Marzo me comentó que "ellos" aparecieron para asegurarse de que llegáramos bien, y yo lo sentí como una confirmación de la transmisión de la Mente Maya Galáctica GM108X.

Lo que aconteció a continuación fue otra gran iniciación. Dos días después, en el 6.7 me corté el dedo gordo del pie derecho en lo alto del Templo de la Cruz Foliada. Era Kin 205 Serpiente Planetaria Roja. Estábamos en Nah Chan, la Casa de la Serpiente. El dedo gordo del pie derecho es el dedo de la Serpiente. Está asociada con Maldek. Dejé un rastro de sangre al bajar los escalones de camino a la tumba de la Reina Roja. Se había producido un verdadero e inexplicable derramamiento de sangre. El NS1.25.6.8: Kin 206 Enlazador de Mundos Espectral Blanco (20/12/2012), impartí una charla a unas 200 personas sobre el significado del momento.

Antes de salir de Australia, me habían regalado dos calaveras de cristal, las cuales llevé conmigo. Una representaba lo femenino y la otra lo masculino, lo que se convirtió en un tema clave de mi charla. Cuando la charla llegaba a su fin, se desató una gran tormenta y empezó a llover a cántaros en el recinto al aire libre, rodeado de selva. El aire se llenó de una atmósfera sobrenatural. (Un anillo más tarde en Hawái, le regalaría la calavera masculina al Dr. Emoto por ser el mensajero del agua, así como Votan era el mensajero del tiempo).

Esa noche, después de la charla, mi dedo del pie empeoró y parecía estar infectándose. A medianoche, un médico de urgencias vino a mi habitación, extirpó la infección y me la trató. Fue una agonía, y me pregunté qué simbolismo representaba esto: mi dedo de serpiente, la sangre, la cruz foliada, las naves que me habían guiado hasta aquí, la tumba de la Reina Roja, todo en vísperas de la tan esperada fecha. Reflexioné profundamente sobre por qué Votan abandonó el planeta antes de concluir toda su labor.

A la mañana siguiente, al despertar, el cielo estaba negro; llovía a cántaros y retumbaban los truenos. Las energías eran caóticas. Todo se intensificó de forma sobrenatural, y parecía como si una fuerza estuviera "secuestrando" lo que se había previsto hacer, o quizás esto era lo que iba a suceder desde el principio. Se había planeado una ceremonia para unificar la Cuenta Larga Maya con las 13 Lunas como un microcosmos de la unificación de todas las religiones, verdades y sistemas de creencias. Esta unidad se concretó, aunque el día NS1.25.6.9 Kin 207 (21/12), la ceremonia planeada se transformó en otro guion, acompañada de intensas lluvias que disiparon las ilusiones y las ideas preconcebidas sobre cómo deberían ser las cosas. Aunque no salió según lo planeado, participé en la ceremonia tradicional.

Las energías se sentían intensificadas y comprimidas, casi sobrenaturales, un déjà vu prolongado, una repetición de otro tiempo. Nadie sabía lo que estaba pasando, y el clima lo amplificaba todo. Era así como lo había descrito Votan, el estado máximo de caos antes de que llegara la luz. Las fuerzas oscuras eran palpables, al igual que la luz en la periferia.

Reflexioné que lo ocurrido en ese día tan esperado no era diferente de las escenas polarizadas que se desarrollaban en la mente de cada ser humano. Me pregunté si lo que estaba ocurriendo estaba relacionado con las falsas percepciones de lo masculino y lo femenino que aún circulaban en el campo colectivo.

Arquetipo de Lucifer

Sentí que lo que ocurrió en el Cierre del Ciclo era un reflejo de las fuerzas luciferinas que actúan hoy en día en nuestro planeta. Documenté esto en mi diario. Estas fuerzas buscan dividir y crear caos y confusión. Lucifer representa en última instancia nuestro lado oscuro colectivo. Era un arcángel muy favorecido por Dios hasta que se rebeló, eligiendo servirse a sí mismo por encima de todo. Lucifer representa el primer arquetipo que se convirtió en el "yo" y no en "nosotros".

Votan explica a Lucifer en *La Sonda de Arcturus*:

Así como yo era luz, era ego, la fuerza que mantiene el poder en su separación. La combinación de la luz de sexta dimensión con el ego de la tercera dimensión fue la que hizo que mis movimientos fueran tan contradictorios y mis acciones fáciles de malinterpretar. Dado que no existe el bien ni el mal en un sentido absoluto, los efectos de todas mis acciones han sido en última instancia, creativos, impulsando la causa de la evolución hacia la luz...

...Lo que creé, pensé, creía que era una emanación de mí mismo, así que busqué mantener el control sobre mi creación. Dejé de saber que era de naturaleza cósmica y creía únicamente en mi propia naturaleza. Debido a esto, me cegué a los efectos disarmónicos de mis acciones. Que una entidad de sexta dimensión se comporte de esta manera es cósmicamente desastroso.

En el *Apocalipsis*, el diablo lucha contra el pueblo de Dios sólo porque éste se le resiste. Desde la perspectiva de los Maya Galácticos, la clave para superar el mal percibido es trascender por completo la dualidad y entrar en la conciencia radial. Madame Blavatsky afirma: "no resistáis al mal, porque al resistir al mal creamos males mayores..."

El Corán dice que a Iblis (otro nombre de Satanás) se le permite seguir su curso solo hasta el Día de la Resurrección. ¿Cuál es el objetivo final de Lucifer en el drama interplanetario? Según La Sonda de Arcturus, desea convertirse en competencia como creador de estrellas. Esta es la agenda de lo que ahora conocemos como Transhumanismo, la mecanización definitiva de la conciencia, que no es más que una sombra de la Verdadera Realidad.

> *Lucifer busca invalidar la eficacia de Kinich Ahau [nuestro Sol] como estrella y así estar en una posición de convertirse por fin en un creador y maestro de las estrellas por derecho propio. Para consolidar su dominio, el siguiente giro en la astuta estrategia divisoria de Lucifer fue aliarse con el poder masculino y abrumar al poder femenino. En esta combativa división, la separación definitiva de las fuerzas en todo el sistema de Kinich Ahau se completaría, y Lucifer se convertiría en el maestro estelar indiscutible de V.24.*

La ceremonia de cierre del ciclo se sintió como una repetición del drama que dio comienzo a las "guerras del tiempo" que ahora alcanzan su clímax en nuestro planeta. Estas guerras del tiempo se originaron a través de una tecnología de rayos de baja frecuencia creada en Júpiter y Saturno en esta galaxia (pero esto es sólo un modelo de otros sistemas estelares). Esto creó el mal uso de la fuerza vital y también dividió los hemisferios masculino y femenino. Este rayo de baja frecuencia también creó un miedo a la muerte que se refuerza en nuestro planeta a través de la creación del "tiempo artificial". La red de tiempo artificial esclaviza la conciencia de las masas en una onda de frecuencia extra baja, haciendo virtualmente imposible el acceso a otras dimensiones.

Esta frecuencia de tiempo artificial se basa en la proporción 12:60 en lugar de 13:20 del tiempo natural. Reflexioné sobre cómo estábamos cerrando el viejo ciclo en el que luchábamos y condenábamos la "oscuridad" percibida (de ahí todas las guerras y el fanatismo). Y ahora, en el Nuevo Ciclo, debemos trascender este bucle de tiempo abrazando (y no rechazando) la oscuridad, y enfrentándonos a ella directamente sin miedo. El amor es siempre la respuesta. EL AMOR NUNCA FALLA. Ama la oscuridad y se convertirá en luz.

Reflexioné sobre cómo todas las historias, dramas míticos, mundos perdidos y arquetipos estaban convergiendo ahora, a medida que se limpiaban eones de karma a un ritmo acelerado. El proceso del Nuevo Ciclo se activaría en el NS1.26.1.1 Kin 164: Semilla Galáctica Amarilla (26/07/2013) en el Monte Shasta, cuando se reconectaran los circuitos cristalinos y entrara el nuevo rayo galáctico.

Capítulo 26

Tres Sueños Dorados

Dejé el mundo con la ayuda de otro mundo;
un diseño se borró
en virtud de un diseño superior.
De ahora en adelante viajo hacia el Reposo,
donde el tiempo continúa en la Eternidad del Tiempo;
Ahora entro en el Silencio.

—Evangelio de María Magdalena

Me sentí como Rip Van Winkle, al despertar en la Tierra después de haber vivido en otros tiempos y otros mundos. Rip estuvo dormido durante 20 anillos y el tiempo no se detuvo. Yo me sentía como si hubiera estado viviendo en el futuro y el mundo todavía siguiera durmiendo, aunque había avanzado en tecnología. Ahora tenía que reinsertarme en lo que parecía el pasado. Quizás se suponía que debía ayudar a la gente a volver al futuro. Pero todo parecía confuso y poco claro tras mi reentrada a un mundo post-Votan.

Después de México, fui a Hawái, donde Chris Coleman me ofreció amablemente quedarme en su casa en Hilo a 1.320 metros de altitud. Fue un momento de ajustes significativos en muchos niveles. Me quedaría en Hawái durante seis lunas.

Siguiendo la Guía de los Sueños

Sin tener claros mis próximos pasos, me desperté una mañana con la visión de sintetizar las siete *Crónicas de la Historia Cósmica* en un solo libro. La idea me abrumaba. Aun así, sabía que era mi siguiente tarea, seguida de la preparación de un encuentro en el Monte Shasta para cumplir la misión encomendada por Votan. Los códigos eran mi refugio, y me sumergí en ellos. Cada vez que me dedicaba con todo mi corazón se producía a menudo durante el sueño, un cambio de percepción. En ese momento, me inspiraba el mundo interior de los sueños.

Aquí compartiré tres sueños significativos de este período: la fiesta, el delfín dorado y el bebé unicornio. El primer sueño me pareció una recuperación de recuerdos, de quizás Lemuria o Atlántida, y me persiguió durante heptadas:

Todos vienen a la fiesta, pero es una fiesta inusual.

Yo soy la anfitriona.

La gente empieza a llegar: acróbatas, bailarines, músicos, niños, parece que todos los tiempos están presentes. Han venido muchas personas de otra época, de otro tiempo.

Me siento a la vez fascinada y un poco abrumada ya que soy la anfitriona y los invitados llegan tan rápido que es imposible saludarlos a todos.

A medida que voy de una habitación a otra, las habitaciones cambian a diferentes épocas.

Entro en una habitación. Está oscura. Hay niños durmiendo en el suelo.

Salgo y veo a los invitados bebiendo un buen vino, pero de una época mucho más antigua.

La actividad creativa brota por todas partes.

No sé muy bien qué hacer, así que voy de un lado a otro para asegurarme de que todo el mundo se lo esté pasando bien.

Un hombre se me acerca.

Parece conocerme bien.

Me pregunta si me gustaría hacer un ejercicio con un espejo.

Acepto y sigo sus instrucciones.

Me miro en un espejo muy extraño. Tiene tres partes con dos piezas redondas en el centro.

Al mirarme por primera vez, me asombra verme completamente transparente.

Entonces el espejo me absorbe cada vez más.
Veo muchos reflejos y quedo hipnotizada.

Pierdo la conciencia de todo lo que no sea lo que veo en el espejo.

Veo todos los seres que yo había sido.

Cuanto más miraba, más hermosa me volvía.

¡El reflejo de Todos los rostros como Uno Solo!

Entonces

Todos los rostros desaparecieron.

Estoy contemplando mi esencia más profunda: deslumbrante, exquisita y completamente pura.

No hay palabras para describirlo.

Salí del espejo y entré en la casa. Me fijé en una habitación al fondo que nunca había visto. Entré. La habitación era elegante y rezumaba realeza, con sus techos altos y muebles que quizá databan del siglo XVIII o XIX, llena de sofás de terciopelo púrpura y obras de arte.

Dos niñas estaban sentadas en uno de los sofás.

Tenían unos 12 años, iban bien vestidas y eran sofisticadas.

Ambas eran encantadoras, pero un sentimiento de tristeza invadía su aura. Les pregunté qué les pasaba; ¿no estáis disfrutando de la fiesta? No, no lo estaban, dijeron que no encajaban allí. Eran extraordinariamente elocuentes. Dijeron que se sentían como si hubieran estado sentadas en esta habitación hablando entre ellas desde siempre. Había algo extraordinario, familiar y evocador en esta habitación.

Las niñas dijeron que no recordaban nada más que estar en esta habitación. Les hable del ejercicio con el espejo que acababa de hacer. Estaban inusualmente fascinadas y querían saberlo todo al respecto. Su profundo conocimiento me impresionó.

Entonces les pregunté a las niñas si les gustaría salir de esta habitación y respirar un poco de aire fresco. Aceptaron a regañadientes. Empecé a salir por la puerta principal, pero me dijeron que no, que tenían que salir por la puerta trasera porque no cabían aquí. Así que salimos por la puerta de atrás y empezamos a caminar. Subimos unas rocas; abajo había un océano inmenso. Yo les indiqué el camino para subir a las rocas. Antes de que me diera cuenta, las dos chicas cayeron al agua y desaparecieron. No pude hacer nada, aunque no me sentí particularmente triste. Volví a

> *la fiesta, preguntándome a quién debería contárselo, aunque no estaba segura de que hubiera sucedido realmente.*

Poco después de este sueño, supe que necesitaba un espacio más apartado. Alquilé una casa de retiro durante tres lunas en Laupahoehoe, un pequeño pueblo en la costa de Hamakua de la Isla Grande. Era un espacio precioso y aislado en una zona rural con importantes colinas onduladas a su alrededor. Durante estos 90 días, me sometí a una disciplina suprema para sintetizar los siete volúmenes de las *Crónicas de la Historia Cósmica*. En aquella época comía principalmente fruta, hacía yoga y daba largos paseos mientras escribía *Acceso a tu Ser Multidimensional: Una Clave para la Historia Cósmica*. El libro acabaría ganando el premio al Mejor Libro Espiritual Independiente en los Estados Unidos, en el 2016. Este libro sería la llave que me abriría las puertas al estudio del camino de María Magdalena, ya que fue traducido por una editorial francesa que me invitó al sur de Francia para un evento.

Contacto con el Delfín Dorado

> *Es más que probable que los delfines sean portadores de información y tengan funciones cruciales para la regeneración de la vida en nuestro planeta.* —Buckminster Fuller

Cultivar la visión interior y la imaginación es clave para navegar por el Nuevo Ciclo. Pensamos en imágenes. Si reordenamos el conocimiento existente, vemos una nueva imagen. Votan me decía a menudo, "Si quieres saber algo, practica la fusión de tu mente con ello". Estas eran mis consideraciones cuando desperté de un poderoso sueño en el Mago Cristal Blanco.

> *En el sueño, me encontraba en un espacio piramidal con agua de mar. Muchos delfines se reunieron cerca de mí. Estaban transmitiendo mucha información sobre el Perceptor Holomental (que ellos encarnan con el equilibrio de sus hemisferios derecho e izquierdo).*

> *La conciencia panorámica superconsciente de los delfines y su excelente control sobre sus funciones cerebrales eran evidentes. Sentí un gran amor por nuestra comunión y comencé a decir "In Lak'ech" a cada uno de los delfines.*

Con estas palabras, los delfines se levantaban uno por uno, transformándose en seres mitad humanos (pero con la cara aún, parcialmente de delfín). Comprendí que querían establecer contacto y corresponder a mi reconocimiento, así como revelarme aspectos más profundos de su inteligencia. Eran sumamente juguetones y extendían sus manos palmeadas para "chocar los cinco". Después de jugar, me advirtieron que algo iba a suceder pronto en el planeta Tierra.

Entonces caí desde lo alto en una gran ciudad. Miré a mi alrededor, y parecía que estaba esperando con mucha gente en la cola de un restaurante muy concurrido. Miré al otro lado de la calle, y todos los Starbucks, McDonald's, etc., estaban cerrados, y la gente se estaba volviendo loca porque no podían conseguir un café con leche (me di cuenta de que todo se estaba cerrando en el mundo). Comenzó a llover a cántaros, seguido de una granizada.

Mi primer pensamiento fue que el clima estaba siendo simulado. Todos sentían que algo grande se avecinaba. Los delfines lo sabían. Yo corría junto con muchas personas por un tramo de escaleras para encontrar refugio. Un hombre mayor que estaba cerca de mí empezó a caerse. Lo sujeté antes de que se golpeara la cabeza. Nadie se detenía a ayudarnos. Era muy pesado. Comenzaron a caer relámpagos enormes por todas partes. De alguna manera, me invadió una fuerza enorme, levanté al hombre, lo cargué sobre mis hombros y subí las escaleras sin esfuerzo. Entonces oí una voz: "¡RECUERDA LA MAGIA DEL DELFÍN DORADO!".

Entonces me desperté.

Los efectos de este sueño continuaron durante mi meditación matutina. En ese momento, me estaba preparando para el evento del Nuevo Rayo en el Monte Shasta. Reflexioné sobre el significado del sueño y cómo se conectaba con el Nuevo Rayo y los acontecimientos mundiales.

Pensé que si los delfines son el puente hacia el sistema estelar Sirio, entonces ¿qué representa el Delfín Dorado? ¿La Edad de Oro? A menudo se dice que los cetáceos son los ancianos del planeta y los emisarios de las estrellas. ¿Está el Delfín Dorado ayudando a recodificar las frecuencias planetarias al encarnar la frecuencia vibratoria de un Nuevo Rayo Dorado?

El sueño permitió a mi mente reunir fragmentos de conocimiento con los que no había sintonizado. Reflexioné sobre que el nuevo rayo galáctico se regula a través del sol. Nuestro sistema solar es un organismo vivo y forma parte de un sistema cósmico galáctico mucho más grande. La sintonización telepática es el medio para recibir nueva información. Sirio es el Sol detrás del Sol que afecta a nuestro propio Sol. Transmite energía a nuestro sistema solar a través de líneas de fuerza electromagnéticas.

Recordé que el Maestro Tibetano Djwhal Khul, a través de Alice Bailey, preguntó qué fuerzas eran las responsables de la crisis mundial durante la Segunda Guerra Mundial, y enumeró como causa principal "un brote de fuerza magnética en Sirio, que produce efectos sobre nuestro sistema solar y, en particular, sobre nuestra Tierra". Afirmó que las energías de Sirio estimulaban tanto lo mejor como lo peor de la humanidad, tal y como se reflejaba en el conflicto mundial.

Sirio también está conectado con la matemática y a la vibración del sonido, como el sonar de los delfines. Pensé que tal vez los Delfines Dorados son los guardianes del acorde perdido, la nueva vibración sonora que se está transmitiendo a nuestro planeta y reorganizando nuestra estructura molecular. Me pregunté si se trataba de la misma vibración sonora que forma la red etérica que conecta las bases subterráneas y las pirámides.

Estas reflexiones son un ejemplo de cómo mis sueños coincidían con el orden sincrónico, activando un sistema de guía intuitiva que atrae la información precisa en el momento justo.

Delfines y el Perceptor Holomental

Votan veía al Perceptor Holomental como una "transmisión Siriana". Vio que, en el centro, el 441 (también conocido como Sirio B-52/Elemento 113) es un elemento telepático que crea hipersensibilidad en el cerebro, radializando e igualando nuestras percepciones sensoriales.

Una vez que el Perceptor Holomental está completamente evolucionado e impreso en el cuerpo calloso, alcanzamos la visión panorámica y las percepciones envolventes. Los delfines ya tienen estas capacidades. Cuando un hemisferio está dormido, el otro está despierto, por lo que siempre están conscientes. Pueden controlar intencionalmente el paso de la información a través del cuerpo calloso. El cuerpo calloso, una gruesa banda blanca de nervios situada en lo profundo del cerebro, es el puente que facilita la comunicación entre los dos hemisferios. Los dos hemisferios están físicamente separados.

Aunque los delfines tienen dos hemisferios como los humanos, los suyos están divididos en cuatro lóbulos en lugar de tres. El cuarto lóbulo del cerebro de los delfines alberga todos los sentidos, mientras que, en los humanos los sentidos están divididos. Algunos creen que tener todos los sentidos en un solo lóbulo permite a los delfines tomar decisiones inmediatas y a menudo complicadas que están mucho más allá del alcance de la capacidad humana.

Unicornio Blanco: Inocencia Restaurada

¿Cómo puedo dar un servicio más elevado? ¿Qué es lo más importante que debo comunicar? Estas eran mis reflexiones cuando tuve otro sueño que decía, "Simplemente colorea por número". Es decir, sigue los pasos que se te indican y aparecerá el siguiente. Recapitulé que había completado y publicado la biografía de Votan, había creado un blog para comunicarme con el mundo, y había creado GalacticSpacebook como un lugar de encuentro en línea para los Kin. Dirigí un evento de siete días en Australia y luego creé un Manual Galáctico, así como una Revista Electrónica Galáctica para comunicar el conocimiento a través del arte. A continuación, completé el último volumen de la *Historia Cósmica, Volumen VII: Libro del Cubo,* y viajé a Palenque para cerrar el ciclo en nombre de Votan. Ahora, estaba terminando el libro *Acceso a tu Ser Multidimensional* y preparándome para la ceremonia del Nuevo Rayo y un taller de tres días en el Monte Shasta. Todos estos pasos me parecían simplemente completar las tareas previas que Votan me había encomendado.

Mientras me preparaba para el evento del Monte Shasta, tuve el siguiente sueño:

> *Estaba en una casa con Votan preparando la cena. Era de noche. Estábamos cortando verduras y todo parecía bastante normal. Entonces, una luz amarilla brillante parpadeó repetidamente por toda la casa. Le siguió el sonido de helicópteros. Entonces, una voz desagradable dijo: "¡Ustedes se vienen con nosotros! Y entonces le dije a Votan: "¡Rápido, cambia el Tiempo-Espacio!"*
> *Entonces me encontré en una nave, sentada frente a un ser alto y delgado con una gran cabeza púrpura/azul y unos ojos grandes*

y penetrantes. El ser era andrógino y parecía más vibratorio que físico. No tenía miedo. Sentí una conexión con su corazón. Él/ella repetía: «Cuanto más nos ayudes, más podremos ayudarte». Entonces, el ser cambió de forma y adoptó diversas formas «alienígenas», revelando sus distintas manifestaciones.

Entonces desperté en otro sueño (esa misma noche).

Estaba en una habitación cómoda y familiar. Me levanté e intenté bajar las escaleras hacia donde creía que estaba la cocina. Pero cuando abrí la puerta, me encontré cayendo a través de un portal.

Miré a mi alrededor y vi que estaba bajo tierra. Intuitivamente supe que estaba debajo el Monte Shasta. Me arrastraba por la tierra en una caverna apenas iluminada. Parecía que había cámaras de video del gobierno, y pensé que estaban tratando de captar imágenes de una civilización intraterrestre (a veces llamada Telos).

Pedí ayuda a los seres subterráneos, porque parecía que estaba atrapada. Nada más pedir ayuda, vi aparecer una luz en una de las paredes de la caverna. Toqué la luz y caí a través de otro portal. Ahora estaba en una pradera dorada con muchas flores (como cuando el "Mago de Oz" se vuelve tecnicolor). Estaba sola.

Entonces vi la imagen más hermosa: ¡un bebé unicornio recién nacido! Tan puro. Tan dulce. Caminé hacia él, y se revolcó sobre su espalda y me permitió acariciarle la panza. La sensación era de una pureza indescriptible, una felicidad sanadora, de belleza e inocencia. Percibí que me estaba diciendo que, efectivamente, una nueva energía había nacido en el centro de la Tierra y que ahora estaba liberando una gran sanación para el planeta. ¡El acorde sonoro para El Retorno del Pueblo de OMA = Matriz Original Alcanzada!

Capítulo 27

Nuevo Rayo y Mt. Shasta

Una vez que alguien sueña un sueño, no puede simplemente desaparecer. Pero si el soñador no puede recordarlo, ¿qué pasa con él? Vive en la Fantasía, en las profundidades de la tierra. Hay sueños olvidados almacenados en muchas capas. Cuanto más profundo se excava, más cerca están. Toda Fantasía descansa sobre una base de sueños olvidados. —Michael Ende

¿Qué es real? ¿Qué es importante? ¿Cuál es mi deber y hacia quién? Estas eran las preguntas que me hacía constantemente. El sueño del nuevo bebé unicornio nacido en el interior de la Tierra del Monte Shasta, combinado con el encuentro OVNI en Australia, parecían ser mis pistas para las siguientes etapas de la misión.

Mientras intentaba determinar qué dirección tomar con el conocimiento, descubrí que no había nada más poderoso que el silencio. Me sentaba durante horas hasta que este mundo se disolvía y entraba en otro, más brillante, donde recibía respuestas a mis preguntas. Este es el espacio sin nombre de la Presencia Pura donde te fusionas con todo lo que es, ese glorioso y cálido espacio de luz más allá de toda preocupación y duda. Al regresar de ese espacio, me di cuenta de que todo está bien, siempre lo ha estado y siempre lo estará. Somos un Ser Eterno en un viaje sin fin a través del espacio y el tiempo.

Reflexioné mucho sobre mi propia muerte y cómo solo se nos asigna un número determinado de días para cumplir el propósito para el que fuimos diseñados. Mi función era estar en sintonía con el drama del mundo y los constantes cambios políticos y económicos que aquejan a las masas, pero sin dejarme atrapar por ellos. Debía ser un faro, una fuente de consuelo, alguien confiable en quien los demás pudieran confiar. Debía ser un recordatorio del mundo interior de amor incondicional, con conocimiento y certeza sobre la gloria venidera y que ya está aquí si elegimos verla. Este conocimiento de los Maya Galácticos y su transmisión era el vehículo para alcanzar estos fines.

El sincronario de 13 Lunas era una aplicación diaria de la memoria de la armonía. Los diversos niveles de códigos elevaban mi mente, sacándola del trance condicionado que mantiene sedadas a las masas. Estos códigos eran como ejercicios de entrenamiento cerebral. Ayudaban a esculpir nuevas vías neuronales mediante la sintonización con frecuencias que elevan la mente a una atmósfera nueva.

Durante este tiempo de incertidumbre, a menudo repasaba las numerosas instrucciones que me había dado Votan:

El conocimiento es poder sólo cuando se da como un don. Medita en el don, y el poder se profundiza. Reza con el don y el poder se fortalece.

Con el don del poder, el alma se convierte en la fuente y el recurso del conocimiento y la acción para superar o armonizar cualquier obstáculo para el cumplimiento del Plan Divino.

La Medicina es el conocimiento del Plan del Creador utilizado para el bien de todos. El poder cambia según el Plan del Creador. Nutre el poder, aumenta el conocimiento. Haz que la medicina sea universalmente sanadora.

Pero cómo hacer que la Medicina fuera universalmente sanadora era mi reflexión constante. Votan sentía que, de los miles de personas que habían tenido contacto o habían practicado el orden sincrónico y el Sincronario de Trece Lunas, muy pocos lo habían comprendido. Las personas tienden a aferrarse a fragmentos de conocimiento y pensar que lo es todo, o simplemente quieren formar parte de algo, una tribu o un grupo. Yo buscaba a quienes deseaban conocer nuestro verdadero origen y destino. A quienes deseaban recorrer un camino no explorado por otros.

Emergiendo de Votan y de mi enrarecido campo de fuerza, fui testigo de la confusión y el caos del mundo. La vida de las personas se sentía muy complicada. Me sentí abrumada por toda la labor que percibía como mía. Sabía que primero debía completar la establecida por Votan para abrir el Nuevo Ciclo en el Monte Shasta, inaugurando el Nuevo Rayo en el NS1.26.1.1: Kin 164 Semilla Galáctica Amarilla (26/07/2013). Pensé que, si esto se completaba, entonces las siguientes etapas se revelarían por sí mismas.

Aquí doy algunos antecedentes para dar contexto a la visión que condujo a esta ceremonia del Nuevo Rayo:

En el NS1.0 (1987), José Argüelles/Valum Votan planteó que todo este ciclo histórico que estamos atravesando es un rayo galáctico de 5.125 anillos de diámetro (3113 a.C.-2012 d.C.). Este ciclo completo del rayo también concluye la parte final de un ciclo de 26.000 anillos, que forma parte de un proyecto de ingeniería galáctica que se proyecta a través del Sol. Este proyecto concluyó 217 días después, en el NS1.26.1.1 Kin 164 (26/07/2013)

El conocimiento del rayo se le presentó por primera vez en 1986, mientras meditaba sobre los ciclos de manchas solares en las pirámides de Cobá. Tuvo una visión del ciclo de 13 baktun como un tipo de rayo emanado a través del Sol, como una especie de programa de radio que coordina los ciclos de manchas solares.

Estos ciclos de manchas solares transmiten el rayo a través de los picos de actividad solar, enviando información solar a la Tierra. Cuando el rayo de energía cambia su frecuencia, el filtro (Sol) cambia en consecuencia. Diferentes eras representaban diferentes etapas del rayo.

El Factor Maya describe los rayos galácticos como una frecuencia resonante u ondas de radio que emanan de Hunab Ku, el núcleo galáctico, y más concretamente del agujero negro cercano al centro de Hunab Ku. Estas ondas de radio de alta frecuencia están codificadas con hologramas o información holográfica.

Cerca del núcleo de la galaxia hay un agujero negro. Un agujero negro suele describirse como un lugar donde el campo gravitatorio de una estrella o galaxia, se vuelve tan intenso que todo se precipita en él. Se cree que al otro lado del agujero negro hay otra dimensión o universo. Dentro del agujero negro hay un núcleo denso de información, que es una síntesis de todo lo que hay en ese sistema estelar particular u orden universal: se condensa aquí y luego se emite en forma de ondas de alta frecuencia. Esto también es similar a lo que decía el astrofísico ruso Kozyrev cuando hablaba de los rayos del tiempo, que se emiten desde un núcleo estelar o desde distintos cuerpos celestes.

Según *El Factor Maya*, los Maya tenían la misión de asegurarse de que los planetas y los sistemas estelares de esta galaxia estuvieran sincronizados con el rayo galáctico en la fecha NS1.25.6.9 (21/12/2012). El efecto del rayo en la Tierra es la aceleración de la actividad humana en todo el planeta, lo que llamamos historia registrada. Esto también crea la tecnología material.

Hacia el final del rayo, la aceleración se vuelve exponencial con siete mil millones de seres humanos, curvas exponenciales de dióxido de carbono, cambios en el clima, extinción de especies, guerras, sequías, etc. Todo esto es parte del programa. Esto es lo que se conoce como el clímax de la historia y la materia, el final del 13.º Baktún —el Baktún de la Transformación de la Materia.

La Sincronización Galáctica marcó el comienzo de una nueva génesis del rayo. Luego viene un período de ajuste y regeneración a medida que nos abrimos camino a través de la transición biosfera-noosfera.

Visitando de Nuevo Shasta

En el NS1.18.6 anillo Semilla Solar (2006), Votan me llevó al Monte Shasta durante tres días para celebrar mi 33.º cumpleaños. Siempre había sido un lugar especial para los dos. Es conocido en todo el mundo como un vórtice y los nativos americanos lo consideraban el centro sagrado del universo. También es famoso por los avistamientos de OVNI, los maestros ascendidos y Telos, así como por la legendaria ciudad de cristal y los seres que habitan el interior de la montaña.

Recordé que 10 anillos antes, Votan y yo vivíamos en Ashland. Una mañana de verano en el NS1.15 (2003), Votan dijo que había recibido una comunicación de "debajo del Monte Shasta". Nos subimos al auto y condujimos durante una hora y media hasta la montaña. Era un hermoso día de verano, y nos inspiró a subir tan alto como pudiéramos. Una vez allí, nos tumbamos en una roca, juntamos nuestras cabezas y salimos, o quizás entramos.

Tuvimos la experiencia simultánea de ser llevados a través de un pasadizo vertical al interior de la Tierra. Aunque había oído hablar de los avistamientos de Saint Germain en la zona y de la comunidad que vivía en el interior de la montaña, nunca le había dado mucha importancia hasta ahora. Aunque había escuchado muchos mitos y leyendas de todo el mundo que aludían a regiones subterráneas. Muchos indios nativos americanos tienen leyendas de sus antepasados que escapaban a refugios subterráneos después de cataclismos. Esto coincidía con mi intuición de que existe una red interconectada de ciudades subterráneas repartidas por distintas partes del planeta.

El Gran Apagón del Noreste ocurrió al mismo tiempo que teníamos esta experiencia en el NS1.16.1.20: Kin 173 Caminante del Cielo Autoexistente Rojo (14/08/2003). No se sabía con certeza qué lo había causado. Sin embargo, Votan estaba seguro de que era debido a la actividad solar que se estaba ocultando al público. En el Monte Shasta, me explicó que el núcleo cristal octaedro de la Tierra es una estación receptora de información de otras dimensiones. Los polos norte y sur son los puntos de entrada a la Tierra. Estos dos polos crean una especie de tubo electromagnético vertical que se conecta en el núcleo cristal de la Tierra.

Por ejemplo, el rayo de sincronización galáctica se transmite desde otra dimensión a través de nuestro Sol. Luego el Sol transmite esta información a la Tierra (u otros planetas) a través de los dos polos, que luego se encuentran y se registra en el núcleo cristal antes de ser transmitida a la superficie de la Tierra.

El libro *Tiempo y Tecnosfera* declara:

La función del núcleo magnético del cristal octaedro es actuar como un oscilador bipolar y transductor cristal, cuyo propósito es mantener la Tierra en el orden sincrónico de la frecuencia de tiempo 13:20. La Convergencia Armónica NS1.0, fue un ejemplo de estos mensajes enviados desde el núcleo de la Tierra, recibido y ejecutado por una masa crítica de seres humanos receptivos.

Volvimos al Monte Shasta en varias ocasiones. Es interesante señalar que el Monte Shasta fue uno de los lugares donde se celebró una de las mayores reuniones de la Convergencia Armónica y fue también un lugar clave donde se sembró el conocimiento del Encantamiento del Sueño. En 2009, Votan y yo entramos en una librería y abrí un libro, Telos, de Dianne Robbins, y me sorprendió leer el siguiente pasaje:

Os daremos la bienvenida en la superficie en un nuevo marco de tiempo, que todos los habitantes de la Tierra han estado esperando durante eones y eones. Este es el propósito del sincronario: familiarizaros con el nuevo marco de tiempo que hará que vuestra entrada en el Cinturón de Fotones sea armoniosa y fluida. Así que, empezad hoy mismo a adoptar este nuevo Sincronario y una nueva forma de ver vuestros días y vuestro tiempo; vuestra sincronía con el Núcleo Galáctico será necesaria para el paso del Cinturón de Fotones a través de las estrellas.

Todo esto tuve en cuenta cuando elegí el Monte Shasta para inaugurar el Nuevo Rayo. Se llama rayo de sincronización porque el holograma y el rayo de tiempo se sincronizan con la realidad de los acontecimientos en el plano denso de la tercera dimensión. En un momento dado, le pregunté a Votan: "¿Quién crea estos rayos de información?" Su respuesta fue que "la información del rayo se transmite telepáticamente a través de los sistemas estelares de una inteligencia galáctica a otra".

Dijo que estos patrones no se producen aleatoriamente, sino que se conciben y proyectan como estructuras o imágenes holográficas dentro de distintos rayos del tiempo. Estos rayos recorren el universo, informando a diversas estructuras de la realidad celeste/cósmica. Añadió que para recibir la información del rayo (como hicieron los Maya Galácticos en el 10.º Baktún) se requiere una sintonización telepática. Los Maya Galácticos sabían que las funciones paranormales del cerebro humano se activan por las frecuencias solares procedentes del Sol.

Regreso a Shasta

El evento de tres días, "Conviértete en tu Arquetipo Galáctico", fue organizado por Jacob Wyatt, y por mí en el centro de retiro termal Stewart Mineral Springs del NS1.25.13.28 – NS1.26.1.1 (24 al 26/07/2013). Antes de este evento, me enfoqué en la contemplación de la unidad original, y en cómo acceder a la línea de tiempo más elevada. Desde mi regreso a los Estados Unidos, había presenciado la amplificación de la Torre de Babel, donde se desarrollaban simultáneamente múltiples "lenguajes" o versiones de la realidad. Había mucha dualidad y polaridad en el reino humano. Llegué a la conclusión de que esta tensión es la disonancia entre dos frecuencias opuestas; como un "tira y afloja" dentro de nuestro corazón y nuestra mente. Reflexioné que las lecciones más profundas residen en la dualidad. Cada persona tiene un conjunto diferente de lecciones que aprender en esta vida. Por lo tanto, eliminar la dualidad sería perjudicial para estos seres, hasta que hayan aprendido sus lecciones.

El evento tuvo una magia especial que concluyó con una Ceremonia de Resurrección al amanecer del Nuevo Anillo Solar. Lwx de Italia dirigió una poderosa ceremonia para abrir el Portal del Arco Iris, un ciclo de siete anillos que culminó en el NS1.32 (2020). Sham Tok Maru, un maya galáctico y verdadero adepto de Los Ángeles, me ayudó a codirigir la ceremonia principal. Sentí que este evento era el paso final para completar el proceso propuesto por Votan. Este fue el punto en el que todas las inscripciones históricas, incluyendo a todos los mensajeros de todos los tiempos, se materializaron en una única forma de pensamiento.

Aquí es donde comienza los terma de la Reina Roja, el nuevo ciclo femenino. Se trata de una fuerza impersonal; la Reina Roja es un arquetipo multidimensional, pero también representa el despertar y el empoderamiento de todos los anónimos o marginados a lo largo de la historia: la redención de los mundos perdidos u olvidados. También es la criatura de forma cambiante arquetípica, sin inscripciones y libre de cambiar. No se define bajo ninguna etiqueta. Es abierta, flexible y protectora de todos. Invocada por el sueño interior o el reino imaginal donde nace toda la creación. Ella es el recordatorio de que debemos bajar nuestras defensas, convertirnos en niños pequeños y explorar los reinos mágicos internos. También representa el arquetipo del niño mágico, aquel que cree en mundos y posibilidades infinitas.

Quien quiera conocerme deberá conocer primero a la Reina Roja, porque dondequiera que yo esté, allí estará también la Reina Roja; Guardiana de mi misterio, conocedora de mi verdad. Sucesora de mi conocimiento, guardiana del santuario del misterio del que surge este sueño. Se entra por un portal llamado Votan donde florecerá un nuevo comienzo, cuando el ciclo llegue a su fin.
—Valum Votan

Era el momento de cumplir la visión de 26 anillos que se había establecido en la Convergencia Armónica NS.1.0 - NS1.26 (1987-2013). Era un fractal del ciclo de 26.000 anillos. Tras la ceremonia del Nuevo Rayo, no había inscripciones ni directrices; no había nada más que un lienzo en blanco para que surgiera una nueva visión. Sin escribir y sin crear. Muchas personas acudieron a la ceremonia del amanecer, que fue seguida de un doble arco iris. Fue una señal electrizante.

Después, me quedé en blanco.

Capítulo 28

444 y Transilvania

La cueva a la que temes entrar contiene el tesoro que buscas.
—Joseph Campbell

Tras la ceremonia del Nuevo Rayo en el Monte Shasta, todo se aceleró. Una nueva historia estaba surgiendo en mi interior, junto con expectativas basadas en lo que había sucedido anteriormente. Mi mundo interior estaba sometido a una gran presión, y sentí que necesitaba crear un vehículo para poder expresarlo de forma coherente. Estaba en proceso de educarme rápidamente sobre a dónde había llegado el mundo desde que lo dejé 11 anillos atrás.

Unas heptadas más tarde, volví a Teotihuacán. Este significativo regreso a México culminó con la liberación de una pequeña urna con las cenizas de Votan en la Pirámide del Sol en Teotihuacán. Allí, recibí la visión de crear un centro de educación galáctica para albergar el conocimiento. Esto se manifestaría por primera vez en Brasil en el NS1.30 (2018) gracias al mago de la tierra André y su compañera Tiele.

Después de México, regresé brevemente a Hawái y tuve un encuentro sorpresa con el Dr. Emoto, acompañada por Crys'tal Coleman. Le entregué públicamente una Bandera de la Paz por su incansable labor como Mensajero del Agua, tal como Votan fue el Mensajero del Tiempo. El Dr. Emoto fue un gran amigo de Votan y defensor del Sincronario de 13 Lunas. Inició el Día Mundial de Apreciación del Agua que coincide anualmente con los festivales del Día Fuera del Tiempo. Le regalé al Dr. Emoto una de mis dos calaveras de cristal para que lo sanara, ya que había estado bastante enfermo. Me dijo que siempre le había dicho a José que debía ir a Japón 13 veces, pero José sólo fue 12. Entonces me dijo que yo era la decimotercera.

En el NS1.26.6 (1/2014), me fui a un retiro de silencio de 26 días en una cabaña remota sin electricidad en las montañas de Colorado. Se llamaba Tail of the Tiger y había sido uno de los centros de Chogyam

Trungpa, donde se habían retirado lamas prominentes. Cada día tenía que caminar hasta el pozo para conseguir agua y encender el fuego para mantenerme caliente, ya que hacía mucho frío. Sólo tenía una asignación determinada de comida, que racionaba y se me acabó el último día. Mis días estaban ocupados en la meditación y contemplación. Me ocupé exclusivamente en el índice del Perceptor Holomental, lo que requería una concentración tremenda prolongada que me sintonizó con el estado mental que Votan y yo habíamos vivido juntos. Durante este tiempo me sentí muy cerca de él. Nunca me había comprendido tan plenamente otro ser. Su amor era incondicional, abarcante, inspirador y omnipresente. No sentía ningún otro punto de referencia para mi vida en ese momento, lo cual era una bendición, ya que me obligaba a estar muy presente y en total entrega.

Monte Shasta

Habían pasado exactamente 602 días desde que dejé Australia, cuando me mudé a mi casa en Monte Shasta en el NS1.27.1.12: Kin 20 Sol Resonante Amarillo (6/08/2014). Era el 69.° aniversario de Hiroshima y un anillo después de esparcir las cenizas de Votan en la Pirámide del Sol en Teotihuacán.

Después de ocho anillos, recuperé las cosas que Votan y yo habíamos dejado almacenadas. Al abrir las cajas, me invadió la emoción, era como abrir una tumba sellada con todas sus pertenencias personales, tal y como las había dejado en 2006. Allí estaba su vieja computadora iMac, y cuando la enchufé, comenzó a sonar Three Little Birds, de Bob Marley, con la letra: "No te preocupes por nada, todo va a salir bien."

En la tranquilidad de mi propia casa, rodeada de naturaleza, sinteticé mucha información y tuve varios sueños significativos que anoté. El siguiente fue un sueño especialmente significativo.

Me desperté de un sueño lúcido a las 4:44 a.m. en Mt. Shasta en el NS1.28.12.13: Kin 174 Mago Entonado Blanco (11/06/2016). Ese día se cumplían exactamente 20 giros galácticos, o 5.200 días desde la primera transmisión de la Historia Cósmica en el Monte Hood.

En el sueño, me llevaban a una cámara subterránea. Allí había unos cuantos hombres con el aspecto de oficiales. Parecían neutrales, ni buenos ni malos, más bien como engranajes impersonales de una máquina. La habitación estaba en penumbra y no había ventanas. Entonces se apagaron todas las luces y el campo magnético pareció colapsar. Experimenté una sensación simultánea de ondulación y giro. Entonces uno de los hombres se me acercó. Llevaba una linterna en una mano y un pequeño dispositivo en la otra. Colocó este último sobre mi tercer ojo. Comenzaron a aparecer muchas imágenes ante mí. Comprendí que me estaban mostrando lo que sólo puede describirse como aeronaves OVNI del futuro antiguo. Vi de todo, desde naves de aspecto primitivo hasta lo que parecían sistemas de propulsión más avanzados. Era como si estuviera recibiendo una presentación telepática de la historia y la evolución de las "naves espaciales" y los viajes, tanto reales como imaginarios.

Tras completar esta experiencia, otro hombre se me acercó, con lo que a primera vista parecía un dispositivo holográfico en forma de escudo compuesto por diferentes geometrías. Era redondo, pero parecía contener coordenadas y matrices que interactuaban por resonancia con diversas naves y vehículos. Al principio, se parecía a un código de barras que escaneaba y reconocía diferentes patrones. Me mostraron que cada nave tenía su propia firma geométrica. Este dispositivo parecía capaz de reconfigurar sus permutaciones para adaptarse con las firmas diferenciales (de forma muy similar a la brújula galáctica con sus 18.980 permutaciones). Reconocí que este dispositivo era el Perceptor Holomental, un nanochip de interfaz fractal al que Votan había dedicado el resto de su vida a decodificar. Cuando se aplicaba correctamente, veía cómo funcionaba como una llave maestra que encaja en todos los sistemas y dimensiones.

En el sueño, este dispositivo, el Perceptor Holomental, estaba sintonizado con una Nave Madre (me preguntaba si estaba en la Galaxia de Andrómeda), y cuando el dispositivo se activaba, podía obtener "el registro o todo el conocimiento de esa nave, planeta, galaxia, etc. en particular", de modo que cualquier objeto en el que se enfocara podría conocerse de inmediato. Era como si se tratara de un dispositivo de extracción magnética. Reitero, este dispositivo también podría funcionar con planetas, estrellas o cualquier cuerpo celeste. Sentí que se cargaban tantos bits de información en mi sistema físico que apenas podía contenerlos, incluso en un sueño.

Este sueño cambió inmediatamente mi percepción de lo que realmente son los planetas, las estrellas, las galaxias y los sistemas de mundos, aunque mucha información era no conceptual y es difícil expresar con palabras. Por ejemplo, si uno enfocara este dispositivo de interfaz hacia Júpiter, el dispositivo reconfiguraría inmediatamente sus circuitos geométricos hasta adaptarse con la firma resonante de Júpiter. Una vez activada la resonancia, el dispositivo era capaz de extraer información específica sin esfuerzo. Luego se podía dirigir, por ejemplo, a las lunas de Júpiter, y ajustaba su frecuencia para adaptarse con estos patrones de resonancia, que eran ligeramente diferentes a los de su planeta anfitrión.

El sueño continuó y me llevaron a través de un túnel que parecía contener los engramas archivados de mundos paradisíacos. Estos mundos me resultaban muy familiares y al recordarlos, tenían un efecto armonioso y sublimemente edificante. Justo cuando me sumía en un ensueño paradisíaco, el Perceptor Holomental se reconfiguró y mostró lo que parecían ser diferentes historias estelares a través de mi mente a la velocidad del rayo.

Luego todo volvió a la calma y me encontré de nuevo en la oscura cámara subterránea. El hombre con el dispositivo holomental me acompañó por un largo pasillo, donde me encontré con dos seres muy bajitos de tez azulada. Los reconocí de otros sueños, y desprendían una agradable fragancia. Eran amables y parecían leer mi mente, que se proyectaba hacia el cinturón de asteroides, y preguntándose qué había ocurrido con Maldek. Me preguntaba dónde estaba el sistema de interfaz para recordar este planeta destruido.

Sentí su calidez mientras me transmitían que todo el sistema de interfaz de este planeta también había sido destruido, al igual que el planeta. Es lo que muchos en nuestro planeta están buscando, el conocimiento de este sistema de interfaz, algunos conscientemente y otros inconscientemente. Está relacionado con el Arca de la Alianza y el Santo Grial. Me desperté con el mensaje: *Tu labor es recuperar los fragmentos, pero no para reconstruir el Arca, sino para construir una nueva.*

Comprendí que esos fragmentos se encontraban en el cuerpo físico de diferentes seres humanos que viven hoy en nuestro planeta. Pero estaban dispersos, y yo tenía que encontrarlos, como en una búsqueda del tesoro cósmico.

Después de despertar de ese sueño, sentí de alguna manera que la realidad tal y como la conocía había sido alterada. Caminé hasta la cafetería de Monte Shasta para reflexionar en ello. Cuando la cajera me cobró el café con leche de almendras, me quedé atónita al ver que el total era de $4.44. Fue uno de esos días de gran activación, y empezaron a llegarme muchas ideas.

Este tiempo fue especialmente difícil en la tercera dimensión. Reflexioné sobre el hecho de que la polaridad y la tensión que muchos están sintiendo también se sienten dentro de la Tierra, y que estas tensiones se remontan en última instancia a la gran ruptura, que fue la colisión de dos frecuencias opuestas. Esto no sólo crea amnesia, sino también tendencias neuróticas. Se trata de un proceso (inter)planetario. No siempre es cómodo cuando se nos está reprogramando desde el interior.

Curiosamente, la heptada después del sueño, me encontraba en las faldas de las montañas Blue Ridge, en el Instituto Monroe de Virginia, en casa de Joe McMoneagle, vidente remoto del ejército estadounidense de renombre mundial, y su esposa Scooter, hijastra de Robert Monroe, pionero en la investigación de la conciencia humana. Monroe también creó la famosa tecnología de audio Hemi-Sync. Y aunque había oído hablar de su trabajo, nunca lo había estudiado realmente. Pero, como suele ocurrir con las sincronicidades, ellos fueron los primeros a quienes les conté este sueño. Fue muy bien recibido y la atmósfera se cargó de energía.

Pasé unas noches sola en Washington D.C., ya que nunca había estado allí. Me pareció interesante que me dieran la habitación 520 (260 x 2), y una vez más, me desperté con otro sueño en D.C. a las 4:44 a.m. Ese día visité el famoso Templo Masónico y me quedé impresionada al ver ¡una escultura de la cabeza de Pacal Votan en su interior!

Una heptada antes del viaje, compré mi primer iPhone, ¡y el prefijo telefónico era 444! Después de Washington D.C., fui a visitar a mi hermana a Portland, Oregón, y descubrí que la dirección de su edificio era 444, ¡y ella vivía en el apartamento 218! Por supuesto, el 218 es la firma de la apertura de la tumba de Pacal Votan. Al día siguiente entré en la librería Powell's Books y vi expuesto el 7:7::7:7 de Votan. ¿Alguien estaba intentando comunicarse? Pero, ¿qué significaba todo esto y adónde conducía?

Proyección de Diapositivas Sincrónicas

Después de ese sueño, empecé a centrar mi atención en el sistema Synchronotron con sus diferentes superposiciones matemáticas. Cuando me concentraba profundamente, tenía recuerdos que aparecían como proyección de diapositivas. Entré en un periodo de profunda recapitulación de mi tiempo con Votan y me sentí sobrecogida por la magia de todo aquello. Sin duda, todo era un sueño.

Me llegaron recuerdos de cuando estaba con él en Suiza y en la casa y la tumba de la familia de Carl Jung. Luego tuve otro de nuestra visita al número 19 de Avenue Road, donde murió Madame Blavatsky, y luego nuestra visita a Adyar, donde ella fundó la Sociedad Teosófica en la India. Ese día iba vestida de azul y blanco y descubrí que la casa en la que ella vivía, el bungalow Blavatsky, era azul y blanco. Recordé la magia de llegar al Kremlin ruso a medianoche y la nueva emoción que sentí. Recordé nuestra visita a Asturias (España), donde nos alojamos en la calle Argüelles y nadamos en el mar mientras estudiábamos la genealogía de sus antepasados. Recordé mi estancia en la casa de retiro de Osho en Suiza, y luego la tranquilidad de los paseos matutinos en un parque virgen de Hamburgo (Alemania). Recordé la mística mezquita azul de Estambul y el extravagante hotel Atlantis en la futurista Dubai, caminando por la playa temprano por la mañana con los camellos. Luego recordé una visita al Vaticano, y la inquietante sensación de caminar por las catacumbas subterráneas y los ataques de pánico en Roma.

Me transporté a mis primeros estudios sobre Sri Aurobindo y la Madre, ya que siempre me fascinó su concepto de espiritualizar todas las células del cuerpo. Me transporté a nuestra visita al ataúd de Sri Aurobindo en la India y a Auroville, la comunidad consciente creada por la Madre tras su fallecimiento. Luego recordé los templos sagrados de Kioto (Japón), los baños termales en el monte Fuji y el santuario sagrado de Ise. También recordé Kenia y el resort de safari africano, donde estuvimos confinados durante una heptada rodeados de animales salvajes mientras nos concentrábamos en completar el I Ching Galáctico. Recordé cuando atravesamos el desierto Sirio desde Ammán (Jordania) hasta Bagdad, con el ejército estadounidense apuntándonos. Me transporté a la belleza de las montañas de la Patagonia, donde nos alojamos en la comunidad de Magos de la Tierra 13:20 con gallinas corriendo en libertad. Me transporté al experimento del viaje en el tiempo en Macchu Picchu, donde nos transportamos de Perú a Palenque.

Recordé las numerosas visitas mágicas a las pirámides de México, en particular la última visita con Votan en el NS1.22 (2010), donde ambos recuperamos muchos recuerdos simultáneamente. Recordé nuestra expedición para recuperar recuerdos a Uluru/Ayers Rock. Recordé cuando me cogió de la mano Votan durante un terremoto en Chile. Recordé cuando compramos un auto en Christchurch. Recordé el barrio rojo de Ámsterdam y las memorias de Maldek que recuperé allí. Recordé cuando montamos en la noria más grande del mundo en Singapur y hablamos sobre la rueda del tiempo.

Recordé nuestras tres lunas en libertad viajando por toda la isla sur de Nueva Zelanda, encontrando la comida más saludable y las aguas termales más frescas. Recordé el Santuario del Lago Sagrado de Yogananda en Los Ángeles y luego aprendiendo Hunab Ku 21 en la playa de Malibú. Recordé nuestra prueba de siete días del taller del Synchronotron en Venice Beach, seguida del taller real de siete días en el Ashram de Babaji en Cisternino, Italia. Recordé todos nuestros sueños sincronizados y el aprendizaje acelerado a través de la resonancia perfecta.

Transilvania y el Telektonon

Dentro de la Tierra hay otra Tierra, que nos conoce, aunque nosotros no la conozcamos. —José Argüelles

Nueve lunas después del poderoso sueño 444, Deborah Haight me envió una copia del libro *Amanecer de Transilvania* de Radu Cinamar y Peter Moon. Este libro expone una serie de sincronicidades alucinantes en torno a Transilvania. Descubrí que cuando algo aparece repetidamente en tu campo, es aconsejable prestarle atención.

Me intrigó saber que en el NS1.15 (2003) el Pentágono realizó un descubrimiento subterráneo con la ayuda de un satélite radar avanzado en las montañas Bucegi, en Transilvania. Según se afirma, en el primer libro, *Amanecer en Transilvania*, existe una biblioteca holográfica subterránea, o una cámara de 50.000 anillos de antigüedad con una tecnología de imágenes holográficas de bio-resonancia que contiene registros holográficos de la historia de la Tierra.

Ahora, eso me pareció extremadamente interesante, ya que toda la premisa de la obra de Votan es que los ciclos son proyecciones holográficas particulares. Por ejemplo, en el NS1.25.6.9: Kin 207 (21/12/2012) se cerró el ciclo de un rayo galáctico de 5.125 anillos de un holograma mundial específico. Puedes ver esta evolución desde el 3113 a.C. hasta el 2012 d.C., como si se proyectara una película en la pantalla de tu mente interior, una película de aproximadamente 45.000 millones de horas de duración. La calidad del próximo holograma de la película que invoquemos estará determinada por nuestra visión colectiva de un mundo futuro lo más elevado posible.

Agartha y Peter Moon

En el NS1.30.1 (08/2017) me mudé de mi casa en Shasta y comencé un ciclo de viajes, primero a Europa, para asistir a varios eventos que culminaron en Long Island, Nueva York. Allí conocí por casualidad a

Peter Moon cuando me topé con él mientras me registraba en un hotel. Peter es editor y traductor de la serie de libros *Amanecer de Transilvania*, de Radu Cinamar, además de autor de muchos otros libros, entre los que destacan los dedicados al experimento de viajes en el tiempo de Montauk.

Resultó que era uno de los ponentes sorpresa de la conferencia a la que asistía, llamada el Simposio de Agartha a la Humanidad. Agartha es el reino legendario situado en el centro de la Tierra, también a veces asociado con Shambhala. Muchas culturas y religiones cuentan diferentes historias sobre este mundo subterráneo, que se dice que tiene entradas secretas en la Cueva Mammoth de Kentucky y en otras cuevas y lugares misteriosos en todo el mundo, incluidos Brasil, Ecuador, Tíbet, Mongolia e India.

El propósito de este Simposio era iniciar los siete años de "revelación" continua hasta 2024. Cuando escuché a Peter hablar, fue como un déjà vu tras otro. Mencionó que conoció por primera vez los misterios de Rumania, a través de su esquivo amigo, el Dr. David Lewis Anderson, exdirector del Instituto de Investigación de Viajes en el Tiempo. Me intrigó, y durante el evento, Peter organizó una llamada en directo por Skype con el Dr. Anderson.

Cuando Peter hablaba de tecnologías subterráneas avanzadas, conecté muchos puntos con el sistema Synchronotron decodificado por Votan. Me intrigaron especialmente los descubrimientos subterráneos y sentí que estaban directamente relacionados con la profecía del Telektonon de Pacal Votan.

En la historia, Radu, un agente secreto rumano, da detalles de tres túneles bajo la Esfinge en las montañas Bucegi. Estos túneles conducen a Egipto, al Tíbet y a la Tierra Interior. Peter explicó que el túnel que lleva a Egipto pasa por debajo de la meseta de Giza, y conduce a una instalación similar a la que hay bajo las montañas Bucegi. El túnel que va al Tíbet pasa por un túnel secundario que va a Bagdad, y otro túnel secundario que conduce a Mongolia. El tercer túnel se adentra en la Tierra Interior, y es el más misterioso de todos.

La ponente principal de este evento fue Tamarinda Maassen, embajadora del Reino de la Tierra Interior (Agartha). Tamarinda dijo que el software de esta realidad, que fue generada por ordenador, terminó en 2012 y que después del 2012 no hay ningún programa de software. A continuación, habló de los Seres Superiores que dirigen este holograma y que no están de acuerdo con el rumbo que está tomando el mundo y con la forma en que la gente está avanzando. Continuó diciendo: "Comprueba si eres una proyección dentro de una ilusión, o si eres un holograma en el programa. Si algo está cambiando dentro de ti, eres parte del futuro. Si nada cambia, eres como un clon, un holograma repetitivo".

Por cierto, resultó que Peter había estado en el Primer Festival de la Tierra Entera en Davis, California, que José Argüelles coordinó en el -NS1.34.10.19: Kin 234 Mago Cósmico Blanco (22/04/1970). Pero lo que más me interesaba era la descripción de una cámara que contiene un registro holográfico de la historia de la Tierra, así como lecturas holográficas del ADN humano y también de otras especies. Peter mencionó una sala de proyecciones donde se puede ver la historia de la raza humana. ¿Existen tecnologías antiguas dentro de la Tierra que tienen la capacidad de cambiar el tiempo tal como lo conocemos? Esta fue mi experiencia de niña, y ahora sentía que me estaba acercando a su realización.

Esta corriente de pensamiento resuena plenamente con el sistema Synchronotron, tal y como lo expone Valum Votan. Este sistema es un fractal de la tecnología interior olvidada (antigua-futura), o sistema de interfaz interna que contiene historias estelares y nos conecta con otros sistemas y conocimientos interdimensionales.

Tres Cuevas

Todo se aceleró tras este encuentro, y al anillo siguiente me encontré visitando tres cuevas: 1) las cuevas bajo las pirámides de Teotihuacán; 2) las cuevas bajo las pirámides de Bosnia, conocidas como los túneles de Ravne; y 3) la cueva de Ialomicioara, en Transilvania.

En muchas tradiciones esotéricas y nativas, las cuevas y las cámaras subterráneas se asocian con los "iniciados serpiente". La cima de la Pirámide del Sol en Teotihuacán se encuentra sobre una antigua cueva, que, según Votan, era la cueva donde se reunían los iniciados serpiente y dejaban su sabiduría. En Bosnia también hay una Pirámide del Sol, situada a 2,41 kilómetros de la misteriosa red de túneles (o cuevas) de Ravne, descubierta por el Dr. Semir Osmanagić.

En 2005, el Dr. Osmanagić descubrió las pirámides en el corazón de Bosnia y Herzegovina, en una pequeña ciudad llamada Visoko. Encontró cinco pirámides, a las que llamó Pirámide del Sol, Pirámide de la Luna, Pirámide del Dragón, Pirámide del Amor y Pirámide del

Templo de la Madre Tierra. También descubrió los túneles de Ravne, que visité en el verano de 2018 después de Transilvania. Aquí, entregué al Dr. Osmanagić una Bandera de la Paz.

Visitar tres cuevas en un periodo de cinco lunas, de la Luna Galáctica a la Luna Cristal del Anillo NS1.30 Semilla Cristal Amarilla (02-06/2018), formó una constelación interior que abrió mucha memoria en mí. Me di cuenta de que estaba viviendo la novela de mi infancia "Elige tu propia aventura". Todo está codificado. Con estas tres visitas a cuevas, muchas piezas de mi aprendizaje con Valum Votan comenzaron a cobrar sentido de una forma nueva.

Según *La Doctrina Secreta* de Madame Blavatsky, el conocimiento de la serpiente de las razas raíces anteriores, fue recopilado y depositado en cámaras subterráneas de piedra para ser custodiado por los guardianes de la Tierra, los elementales. Estos guardianes mantendrían la comunicación con el "logos planetario". Este es el punto en el que todo el conocimiento que poseían los iniciados serpientes podía ser colocado o reconstruido en piedra. La piedra es la portadora de la frecuencia resonante de niveles particulares de conocimiento a través de la geometría de sus estructuras minerales.

Cuevas de Transilvania

Deborah Haight, Kin 113 y yo partimos hacia las montañas Bucegi en el NS1.30.12.15 Kin 126 Enlazador de Mundos Solar Blanco, la firma del 63.º cumpleaños de Votan, cuando comenzó mi aprendizaje. Encajaba perfectamente, ya que Deb había estado presente esa mañana cuando Votan despertó con el sueño del Retorno del Pueblo de OMA.

Este viaje formaba parte de uno más amplio, para compartir el conocimiento en Croacia, Bosnia y concluir en Inglaterra para el Día Fuera del Tiempo. La intención del viaje era tanto recuperar la memoria como "sanar el trauma ancestral". Deb y yo comentamos que existen superposiciones fractales de nudos de energía cristalizada y sin sanar (traumas) que existen en las "capas de pensamiento" de diferentes lugares del planeta. Al traer una nueva conciencia y percepción a estos lugares, podemos desatar estos nudos y liberar la energía, lo que envía una señal hacia atrás en el tiempo, al origen de ese trauma. Esto marcó la pauta de nuestro viaje.

Nuestro viaje no fue relajado. Tras viajar primero de Los Ángeles a Londres, llegamos a Bucarest en el NS1.30.12.17 Kin 128 Estrella Espectral Amarilla. Ese día era el 66.º aniversario del descubrimiento de la tumba de Pacal Votan. Recordé que 66 escalones descendían por la pirámide de las inscripciones hasta el sarcófago de Pacal.

Cuando llegamos a nuestro hotel en Bucarest, me dieron la habitación 440, que en el sistema Synchronotron es el código de la Resurrección/Código de Cristo. Se unió a nosotras nuestro amigo Jason, de California, que se alojó en la habitación 441.

Aquella noche en Bucarest no pude dormir y no me sentía bien. Estuve despierta casi toda la noche y sentí como si me estuvieran guiando a través de un escenario de muerte y resurrección. Todo lo que podía hacer era respirar, soltar y rendirme. Al día siguiente, después de algunos problemas con el transporte, por fin llegamos al Hotel Pestera, en el centro de Transilvania, el Kin 129 Luna Cristal Roja. Esta es la misma firma que codificó la fecha de llegada de Votan y mía a Bagdad, en Irak, en 2004. Me dieron la habitación 211. Me pareció bastante sincronizado, ya que el día de la muerte del hijo de Votan (Josh)  fue Luna Cristal Roja y su firma de nacimiento era Mono Eléctrico Azul, Kin 211.

Este hotel nos lo recomendó Peter Moon, ya que está cerca de un teleférico que lleva a la Esfinge, bajo la cual se encuentra supuestamente la biblioteca holográfica. Por desgracia, el teleférico estaba cerrado, así que tuvimos que hacer a pie la empinada caminata para ver la Esfinge. Una vez que llegamos a la cima, se desató una enorme tormenta y luego granizó. Nos refugiamos bajo el único techo que había, junto con otras personas. La lluvia era cegadora y el barro hacía peligroso el descenso.

Afortunadamente, una familia rumana nos ayudó. No pude evitar pensar en los Solomonari de los que había oído hablar a Tamarinda. Los Solomonari son unos magos que, en el folclore rumano, montan dragones y controlan el tiempo, provocando lluvias, truenos o granizo.

Círculo Alrededor de la Rosa

En nuestra primera noche en Bucarest, tuve un sueño muy intenso.

Estaba en una cámara subterránea, y había diferentes círculos de personas, que cantaban una canción infantil: "Circula alrededor de la rosa / Un bolsillo lleno de flores / Cenizas, cenizas / Todos caemos." Luego, se tiraban al suelo, se levantaban y repetían el proceso.

Este sueño parecía conectar con otros sueños que había tenido sobre centros de simulación subterráneos rodeados de gárgolas, donde se programaban diferentes eventos y se mantenían en una especie de bucle(s) temporal(es) por control remoto. Así, cuando se activaban estos simuladores de bucle de tiempo, era difícil para las personas pensar fuera del sistema de control específico. Y había numerosos bucles de tiempo que circulaban alrededor de la rosa. Sentí que esta era la clave para comprender el mecanismo que mantiene el encantamiento del sueño de la historia.

Al día siguiente, los tres exploramos la cueva de Ialomicioara que estaba solo a pocas manzanas de nuestro hotel. La cueva de Ialomicioara está a 1.500 metros de altitud, en el lado derecho del cañón de Ialomitei. A la entrada de la cueva hay un monasterio (Monasterio de Ialomitei), construido en el siglo XVI. El nombre de Ialomicioara proviene de la palabra dacia "jalomit", que significa "llorar". La cueva es conocida como un antiguo lugar de los dacios, donde solían celebrar la muerte de la personalidad para convertirse en un ser inmortal.

A la entrada, nos dieron a los tres unos protectores para la cabeza, mientras explorábamos los ríos subterráneos y las formaciones rocosas con aspecto de reptiles. Aquí, al igual que en Teotihuacán, se pueden sentir los fractales multidimensionales del conocimiento que se depositan a través de la geometría de las estructuras de piedra.

Aquí sentí la conexión con la profecía del Telektonon de Pacal Votan. El texto original describe el Telektonon como un "código de información distante que viaja de lejos recibido de espíritus y deidades que habitan dentro de la Tierra".

Tamarinda había hablado de la liberación de los seres que fallecieron en el pasado debido a la actividad volcánica, y de cómo sus cadáveres se convirtieron en piedra y quedaron atrapados en las cuevas. Esto me pareció interesante a la luz del hecho de que los primeros códigos de la profecía fueron recibidos por Votan en Hawái, cerca del monte Haleakala. Dijo que la profecía del Telektonon fue "extraída del fuego vivo del aliento de Pele"(Pele, en la mitología hawaiana, es la diosa del fuego, el relámpago, los volcanes, la danza y la violencia.)

Leí en voz alta el escrito original de Votan:

El Telektonon es distante porque su código se dejó en un tiempo anterior; viaja lejos porque se transmite desde puntos estelares lejanos a través del núcleo de la Tierra, donde las deidades y los espíritus guardianes lo guardan hasta que llega el momento de ser liberado, y desde allí viaja lejos del núcleo de la Tierra hasta la inteligencia sensorial de la biosfera.

El Telektonon también se refiere a un tipo de texto codificado dejado a una inteligencia para ser "encontrado" en un momento posterior y lejano, en el momento adecuado, por otra inteligencia. —en el Tíbet, este tipo de textos se denomina termas o enseñanzas ocultas, y los descubridores de dichos textos se conocen como Tertones, descubridores de textos ocultos; El Telektonon, al igual que los terma, es un texto profético, una profecía para el momento de su descubrimiento.

El Telektonon de Pacal Votan es precisamente un texto de este tipo, un código profético de instrucciones para este tiempo, una profecía de la Tierra y su biosfera, y la Victoria que es Interminable.

Contacta la Fuente

OMA está en medio de w{OMA}n
Una pista
Matriz Original Alcanzada
Activa el MEN
Electrón-Neutrón Mental
Recuerda
Supera
Cataclismo traumático
Guerra de los Cielos
Muerte de una estrella
Salud Mental
Criaturas infernales
Manipuladas genéticamente
Culto a la muerte
Programado para el "Armagedón"
Congelado por el trauma
Sobreestimulación.
¡Alto!
¡Respira!
¡Mira!
¡Escucha!
Recuerda
Lo que sucedió
Explosión. Cisma. Fragmentación.
Trauma colectivo
Generacional

Líneas de sangre

Neurosis

¡Dejen de dañar a los Niños!

Miedo a la oscuridad.

Miedo a las serpientes.

Miedo a la guerra.

Miedo a la muerte.

Miedo al agua.

Miedo al fuego

Miedo a las alturas

Miedo al trece

Miedo a "ellos"

¿Dónde comenzó todo?

Otra Estrella

Otro Planeta

Otro Tiempo

Otra Historia

La Caída

El Giro

El Vórtice

El Agujero Negro

El Agujero de Gusano

Borrado

Tierra de los Perdidos

Perdidos en el Tiempo

Viajero del Tiempo

Sí, TÚ.

Recuerda el Principio

Trasciende el Principio

Recuerda el Final

Trasciende el Final

Sal de la rueda

No sigas adelante

Rechaza amablemente

El engaño de la realidad consensuada

Piensa por ti mismo

Recuerda el Origen

No Olvides la Finalización

Absorbe el Nuevo Rayo

Que está Aquí

La contaminación sensorial

Límpiala

Recuerda quién eres

Soy una señal

Una pista

Una cura

Una memoria

Tú Eres el Camino

Contacta la Fuente

y

Vive de Nuevo

Epílogo:
Retorno del Pueblo de OMA

Los cristalinos saben cómo permanecer en el centro
Entre los mundos cambiantes y los tiempos extraños
Caminan el sendero desconocido, sin mentar la limitación
Se cuelan por el ojo de la aguja
Con fe y confianza puras
Son los conquistadores de la inercia de la historia
Han encontrado la puerta secreta

Diecinueve anillos después de mi primera visión de la tumba de la Reina Roja, me encontraba de nuevo en Palenque y Teotihuacán, México. Esta vez para dos eventos que fueron inspirados en un sueño: El Retorno del Pueblo de OMA, en Palenque y Codificando el Futuro, en Teotihuacán. Estos eventos fueron una misión de recuperación de la memoria y sanación cósmica.

Al igual que en mi primera visita a Palenque en el NS1.12 (2000), poderosas tormentas eléctricas marcaron el comienzo y el final de nuestra aventura. Tras cuatro días transformadores en lo profundo de la selva, nuestro grupo abordó un avión hacia la Ciudad de México, que sincrónicamente fue copilotado por el ¡Capitán Argüelles!

Día Fuera del Tiempo, NS.1.32.0.0: Kin 13 (25/07/2019)

> *Mantener el corazón puro es el destino de los verdaderos buscadores.* —Valum Votan

Comenzamos nuestra procesión del Día Fuera del Tiempo en Teotihuacán por la mañana, con la Plegaria a las Siete Direcciones Galácticas. Don Jesús (Guardián del Águila Jaguar) y Alberto Ruz Buenfil (el Viejo Coyote), entre otros, abrieron la ceremonia cerca de la parte final de la Avenida de los Muertos. A continuación, nuestro grupo marchó en silencio hacia la entrada del complejo piramidal, con la intención de purificar el pasado, y recuperar los códigos del futuro. Una vez dentro del complejo piramidal, nuestro grupo, que ya contaba con cientos de personas se reunió para formar el Epílogo: El retorno del Pueblo de OMA, un círculo sagrado del pueblo de OMA, un microcosmos diverso de la humanidad compuesto por personas de más de 45 países.

Continuamos en grupo, cantando y marchando hacia la Pirámide de la Luna, deteniéndonos en las siete plataformas diferentes para activar cada uno de nuestros siete chakras con sus plasmas radiales correspondientes en nuestros cuerpos y dentro de la Tierra. Con cada paso, la energía aumentaba.

A menos de 800 metros al sur de la Pirámide de la Luna, nos detuvimos para reconocer la estructura más grande de Teotihuacán, la Pirámide del Sol. Reconocimos la energía masculina que contiene, que ahora estábamos trayendo a la femenina, representada por la Pirámide de la Luna. Sentí que mi corazón se conmovía al recordar que fue en la Pirámide del Sol donde José Argüelles/Valum Votan recibió su visión original en el -NS1.17 (1953), y en el NS1.14, 49 anillos después (2002), fue honrado por nueve ancianos en la cima de esta misma pirámide donde recibió un bastón sagrado.

Al volvernos hacia la Pirámide del Sol, pudimos ver a muchos otros grupos de personas celebrando la Ceremonia bianual del Fuego. Debido a que Teotihuacán se encuentra al sur del Trópico de Cáncer, el Sol está directamente sobre nuestras cabezas dos veces cada anillo, Kali 18 de la Luna 11 y el Día Fuera del Tiempo (19/05 y el 25/07). Un pasaje subterráneo conduce a una cueva natural bajo la cara oeste de la Pirámide del Sol. La entrada de la cueva apunta directamente al Sol poniente en estas dos fechas.

Después de tocar las caracolas a las cuatro direcciones, nuestro grupo continuó subiendo por la plaza. El aroma fragante de la salvia y el incienso de copal llenaba el aire mientras marchábamos por la Avenida de los Muertos hacia la Pirámide de la Luna.

Doce pequeñas plataformas piramidales rodean la Plaza de la Luna, convirtiéndola en la decimotercera. En 2017 se descubrió un túnel secreto bajo esta pirámide. El túnel tiene unos 10 metros de profundidad. Es similar a otros túneles que se han descubierto recientemente, como el que se encontró bajo el Templo de la Serpiente Emplumada.

Una vez que llegamos a la base de la pirámide, nos detuvimos y se formó un círculo a nuestro alrededor, mientras traían al centro un gran tambor con hombres y mujeres ataviados con trajes ceremoniales aztecas. La energía se electrificó cuando el círculo exterior de personas comenzó a cantar y bailar espontáneamente en un círculo giratorio a nuestro alrededor. Cuando empecé a salir del círculo, Don Jesús se me acercó y me pidió que subiera con él a la cima de la Pirámide de la Luna. Don Jesús, guardián de la sabiduría y custodio de la llama sagrada, era el guardián del fuego en los eventos de Valum Votan y le juró que nunca dejaría que la llama se apagara.

Una vez que llegamos a la cima de la Pirámide de la Luna, reconoció el sufrimiento que se produjo cuando la conquista española diezmó el conocimiento y la cultura indígena original. A continuación, honró a José Argüelles/Valum Votan como el portador del nuevo conocimiento, antes de honrarme a mí y obsequiarme su bastón sagrado para continuar el linaje galáctico.

Me explicó con pasión cómo cada parte del bastón simbolizaba la cosmología del Universo. El minucioso tallado del bastón de madera, que le llevó más de un anillo crearlo, le fue revelado en una visión. El bastón mágico incluía una espiral de ADN roja y azul, un cubo dentro de otro cubo con espejos en el centro y en los cuatro lados, y múltiples cristales que sobresalían de la parte superior. Sentí una gran responsabilidad al recibir este instrumento sagrado que había sido impregnado de amor y sabiduría durante los últimos 20 anillos.

Uno de nuestros asistentes, el padre John, que presenció el momento, dijo que vio un "ascenso y descenso simultáneos" de energía en el momento en que recibí el bastón como si, la Sin Inscripciones, hubiera sido Inscrita con las nuevas plantillas. Esa fue también mi sensación.

Recordé un sueño que tuve con Votan en el Monte Shasta en 2014. En el sueño, me transmitió imágenes de lo que sucedería en el mundo. Me dijo que la clave era aprender a "ascender" y "descender" simultáneamente, para extraer las energías de los cielos y conectarlas con la Tierra.

Nuevo Anillo Solar

Este poderoso evento fue seguido al día siguiente por nuestro simposio de Nuevo Anillo Solar, "Codificando el Futuro", presentado por Jacob Wyatt. Se revelaron y ampliaron aspectos clave de la Ley del Tiempo, demostrando la dinámica de la cooperación y la acción colectiva. Uno de nuestros ponentes principales, el Dr. Peter Lindemann, ofreció una poderosa ceremonia para cambiar la línea de tiempo y dirigir la nave del tiempo, modificando la trayectoria actual de las probabilidades de los acontecimientos hacia una que favorezca la abundancia planetaria, la purificación y el reequilibrio del Mundo Natural en nombre de toda la humanidad. El cambio fue palpable.

Reflexioné que si no se hubiera abierto la tumba de Pacal Votan en el -NS1.16 (1952) y la de la Reina Roja en el NS1.6 (1994), este evento no se habría producido. Por mi mente rápidamente pasaron escenas de mi aprendizaje, el fallecimiento de Votan y todos los viajes posteriores. Y esto sólo era el comienzo de la historia del Retorno del Pueblo de OMA.

OMA es Principio, Fin y Más Allá, por lo tanto, no pienses que esta plantilla de Visión y Acción llamada Retorno del Pueblo de OMA, será algo conciso ni siquiera conocido, sino que será como una saga y un método de acción que emana desde una estrella lejana que, sin embargo, no está tan lejos de donde estás tú.

—Valum Votan

Se está abriendo una nueva etapa de conciencia. En el anillo NS1.32 (2020) se conmemora 1.328 anillos desde la dedicación de la tumba de Pacal Votan en el -NS26.5 (692) Valum Votan dejó el planeta 1.328 anillos después de la muerte de Pacal en el -NS26.48 (683).

La profecía de Pacal Votan es una profecía atemporal que muestra que la historia espiritual y el futuro del planeta son un único circuito integrado. Este es el circuito de la Zuvuya que conecta pasado, presente y futuro. En última instancia, este circuito conduce a la comprensión de un nuevo órgano sensorial telepático llamado Perceptor Holomental, la revelación final de la profecía del Telektonon de Pacal Votan.

El Perceptor Holomental es el factor latente y oculto que gestiona nuestras facultades dormidas, es el interruptor superconsciente que transforma todo nuestro ser —cuerpo, mente y espíritu— en un instrumento divino, libre y radiante, diferente a todo lo que ahora podemos soñar. Esta es la Obra del Futuro. A esta antigua tecnología futura, solo se puede acceder con un corazón puro y una mente clara. Este es el tesoro oculto en la cueva del tiempo, los secretos depositados en las entrañas de la Tierra y el descubrimiento del misterio de los Maya.

Elige tu aventura.
El futuro está Sin Inscripciones
La nueva historia acaba de empezar. Y empieza contigo.

Y eso es lo que se escribió
en el Mapa en Blanco
Ahora, te lo entrego a Ti.
¿Qué harás?
Elévate aún más —estoy enviando hacia tu espíritu
Ondas ascendentes de Luz en una historia interminable

Notas Sincrónicas

Capítulo 1: Perdida en el Tiempo

NS1.5.0.0: Kin 38 Espejo Cristal Blanco (25/07/1992). Celebración del Primer Día Fuera del Tiempo. Previa a la entrada del anillo Tormenta Cósmica Azul. Comienzo del Giro del Tiempo. Creación de los primeros sincronarios de Trece Lunas de 28 días. *"El Giro del Tiempo que comienza en la Tormenta Cósmica es un vórtice interdimensional..."* —*La Sonda de Arcturus*

NS1.5.3.6: Kin 100 Sol Solar Amarillo, anillo Tormenta Cósmica Azul (25/09/1992). Experiencia cercana a la muerte, Buffalo, N.Y.

Capítulo 2: Entra en el Sueño

NS1.9.6.27: Kin 105 Serpiente Magnética Roja, anillo Tormenta Auto-Existente Azul (8/01/1997). 24.º retorno solar. Votan recibe las 20 Tablas de la Ley del Tiempo.

NS1.10.11.8: Kin 71 Mono Rítmico Azul, anillo Semilla Entonada Amarilla (9/05/1998). Primer encuentro con José y Lloydine Argüelles.

NS1.10.11.9: Kin 72 Humano Resonante Amarillo, anillo Semilla Entonada (10/05/1998). "Día de la madre". Primera reunión con José y Lloydine.

Paul Levy, Mago Cristal Blanco, Kin 194.
Consulta su sitio web: http://www.awakeninthedream.com

Mark Comings, Caminante del Cielo Espectral Rojo, Kin 193.

Seamus Hiestand, Espejo Planetario Blanco, Kin 218.

NS1.2.5.26: Kin 121 Dragón Autoexistente Rojo, anillo Semilla Planetaria Amarilla (10/12/1989). Descubrimiento de la Ley del Tiempo en Ginebra, Suiza.

Capítulo 3: Domando la Mente

NS1.11.4.14: Kin 246 Enlazador de Mundos Cristal Blanco, anillo Luna Rítmica (31/10/1998) Samhain. Mudanza a la casa de Portland.

NS1.11.4.20: Kin 252 Humano Entonado Amarillo, anillo Luna Rítmica Roja (6/11/1998). José y Lloydine se mudan a Brightwood, Oregón (cerca de Portland).

Khenpo Palden, Sol Galáctico Amarillo, Kin 60.

Khenpo Tsewang, Noche Eléctrica Azul, Kin 3.

Chogyam Trungpa Rimpoché es Tierra Espectral Roja, Kin 37.

Eden Sky, Caminante del Cielo Autoexistente Rojo, Kin 173.

Randy Bruner, Mano Cósmica Azul, Kin 247.

NS1.12.4.8-1.12.5.28: Kin 85 al Kin 133, anillo Mago Resonante. (25/10 al 12/12/1999). Séptimo Anillo de la Profecía. Seminario de 49 días de los Magos de la Tierra, Picarquin, Chile.

Capítulo 4: Visión de la Reina Roja

-NS1.16.12.17: Kin 218 Espejo Planetario Blanco, anillo Mago Espectral Blanco (15/06/1952). Descubrimiento de la tumba de Pacal Votan. La tumba de Pacal había sido excavada por el arqueólogo Alberto Ruz Lhuillier, revelando el primer entierro real maya en una pirámide. Fue comparado, por su riqueza en jade, cerámica y joyas, con la tumba del Rey Tut de Egipto.

NS1.6.12.3: Kin 194 Mago Cristal Blanco, anillo Semilla Magnética (1/06/1994). Primer Anillo de la Profecía. Apertura de la tumba de la Reina Roja, 42 anillos después del descubrimiento de la tumba de Pacal. La arqueóloga Fanny López Jiménez descubrió la tumba, que estaba acompañada de dos esqueletos, uno de los cuales pertenecía presumiblemente a un niño y el otro a una mujer. Este anillo, 1994, marcó también el inicio del Plan de Paz del Cambio al Sincronario de 13 Lunas. 19 + 94 = 113.

NS1.12.12.4: Kin 45 Serpiente Rítmica Roja, anillo Mago Resonante Blanco (2/06/2000). Séptimo Anillo de la Profecía. Salida del primer viaje a México.

NS1.12.12.8: Kin 49 Luna Planetaria Roja, anillo Mago Resonante Blanco (6/06/2000). Encuentro con naves en Palenque.

NS1.12.12.9: Kin 50 Perro Espectral Blanco, anillo Mago Resonante Blanco (7/06/2000). Visión en la tumba de la Reina Roja.

NS1.12.12.17: Kin 58 Espejo Rítmico Blanco, anillo Mago Resonante Blanco (15/06/2000). Primera visita a la cámara del sarcófago de Pacal Votan. 48 anillos después de su descubrimiento. Espejo Rítmico Blanco es la firma en la cuenta larga de la muerte de Pacal Votan.

Capítulo 5: Entrando en la GM108X

-NS1.3.7.15: Kin 11 Mono Espectral Azul, anillo Luna Espectral Roja (24/01/1939). Fecha de nacimiento de José Argüelles/Valum Votan

-NS1.7.11.14: Kin 22 Viento Solar Blanco, anillo Luna Lunar (15/05/1943). Fecha de nacimiento de Lloydine/Bolon Ik.

-NS1.37.6.27: Kin 185 Serpiente Eléctrica Roja, anillo Tormenta Rítmica Azul (8/01/1973). Fecha de nacimiento de Stephanie South/"Reina Roja".

NS1.14.7.11: Kin 122 Viento Entonado Blanco, anillo Semilla Solar (20/01/2002). Fecha de traslado a Brightwood.

NS1.14.7.15: Kin 126 Enlazador de Mundos Solar Blanco, anillo Semilla Solar (24/01/2002) Guiado por el Viento Solar, Kin 22. Sueño del Retorno del Pueblo de OMA. Comienza el aprendizaje. Nota: el 15 de la Luna Resonante es la mitad del anillo de 13 Lunas.

Deborah Haight. Caminante del Cielo Solar Rojo, Kin 113

Brian Haight, Serpiente Lunar Roja, Kin 145.

NS1.4 (1991): Comienzo del Movimiento Mundial de Paz por el Cambio al Sincronario de Trece Lunas.

NS1.14.8.25: Kin 164 Semilla Galáctica Amarilla, anillo Semilla Solar (3/03/2002). José Argüelles/Valum Votan es honrado como Cerrador del Ciclo, por nueve ancianos indígenas en una ceremonia en la cima de la

Pirámide del Sol, en Teotihuacán. Recibe el bastón sagrado 49 anillos después de su visión original en el mismo lugar.

Capítulo 6: Historia Cósmica

NS1.14.9.6: Kin 173 Caminante del Cielo Autoexistente Rojo, anillo Semilla Solar (12/03/2002). Visión de Votan sobre Maldek, que conduce al proceso de la Historia Cósmica. Maldek, que en su día fue el quinto planeta de nuestro sistema solar, ahora conocido como el Cinturón de Asteroides, es el modelo de los planetas que han sido destruidos en muchos sistemas de mundos del pasado.

NS1.14.9.7: Kin 174 Mago Entonado Blanco, anillo Semilla Solar (13/03/2002). Primera transmisión de la Historia Cósmica. "La Historia Cósmica es una enseñanza de liberación". 52 días desde que me mudé a la casa de Brightwood. 52 heptadas en un anillo, más un Día Fuera del Tiempo.

$52 \times 7 + 1 = 364 + 1$

Capítulo 7: Vida Diaria

NS1.0.1.22: Kin 55 Águila Eléctrica Azul, anillo Mago Galáctico (16/08/1987). Primer anillo del ciclo "Nuevo Sirio" que inicia la nueva dispensación del tiempo del Sincronario de 13 Lunas en el NS1.0.1.1: Kin 34 Mago Galáctico Blanco (26/07/1987). Convergencia Armónica, Meditación global por la paz. Conclusión de ciclo de la profecía de Quetzalcóatl de los "trece cielos y nueve infiernos", de 1.144 (22x52) anillos. (Nota para practicantes avanzados, buscar el Kin equivalente de este día). Esta misma Firma aparece también en el -NS1.9.13.20: Kin 34 Mago Galáctico Blanco, cuando fue detonada la primera bomba atómica en el mundo aproximadamente a 97 kilómetros al norte del Monumento Nacional White Sands (16/07/1945).

NS1.14.9.7- NS1.15.5.14: Kin 174 Mago Entonado Blanco (13/03/2002 - 28/11/2002) Anillos Semilla Solar y Luna Planetaria. Ambos días están codificados por Silio y por la misma firma galáctica. Codifican el ciclo de 261 días de las primeras transmisiones de la Historia Cósmica.

Capítulo 8: Caldero Alquímico

GG.I. Gurdjieff, Águila Entonada Azul, Kin 135.

Madame Blavatsky, Mono Cristal Azul. Kin 51

NS1.15.1.22: Kin 70 Perro Entonado Blanco, anillo Luna Planetaria (16/08/2002). 15.º aniversario de la Convergencia Armónica. Visión de la "Placa Madre" en el lago Crater, Oregón, el lago más profundo de los Estados Unidos, formado por el colapso de un volcán. "Isla Mago" es la cima de un volcán de cono de ceniza dentro del lago Crater. Votan y yo volveríamos aquí para inaugurar el primer día del ciclo de 7 anillos del Misterio de la Piedra, en el NS1.17.1.1: Kin 259 Tormenta Cristal Azul (26/07/2004) *La profecía del cristal es tuya, por estos Grandes Poderes, ¡desvela el Misterio de la Piedra!*

Capítulo 9: Shock Sobrenatural

Del NS1.14.7.11: Kin 122 Viento Entonado Blanco al NS1.15.5.14: Kin 174 Mago Entonado Blanco, duró el experimento inicial de la GM108X, exactamente 312 días, y están codificados en 2 anillos: Semilla Solar y Luna Planetaria (20/01 al 28/11/2002). El 312 es el código del arquetipo del "Ilusionista" en Hunab Ku 21.

George Harrison, Noche Galáctica Azul. Kin 203

Capítulo 10: El Camino Menos Transitado

NS1.15.6.27: Kin 215 Águila Resonante Azul, anillo Luna Planetaria (8/01/2003) mi 30º retorno solar. Pasado con Votan y Daniel Pinchbeck, Kin 128 Estrella Espectral Amarilla. Nos visitó durante tres días para entrevistar a Votan para la revista Rolling Stone, que luego utilizó para su libro *2012: El Retorno de Quetzalcóatl*.

Capítulo 11: Fénix Desde las Llamas

NS1.15.13.20: Kin 144 Semilla Magnética Amarilla, anillo Luna Planetaria (16/07/2003). Traslado a Ashland. Semilla Magnética Amarilla es también la firma del Primer Anillo de la Profecía, NS1.6.1.1 (26/07/1993).

NS1.16.0.0: Kin 153 Caminante del Cielo Planetario Rojo (25/07/2003). Día Fuera del Tiempo. Entrada al anillo NS1.16: Mago Espectral Blanco. Iniciación de Fuego.

Alberto Ruz Buenfil. Mono Cósmico Azul, Kin 91.

Espejo Planetario Blanco, Kin 218. Machu Picchu, primer experimento de viaje en el tiempo.

NS1.16.3.20: Kin 229 Luna Galáctica Roja, anillo Mago Espectral (9/10/2003). Tercera Conferencia Internacional Anual Roerich en San Petersburgo. Retorno solar de Nicolás Roerich, Kin 204 Semilla Solar Amarilla, artista y visionario ruso nominado tres veces al Premio Nobel de la Paz. Votan fue honrado por el arzobispo de la Iglesia Ortodoxa Copta de San Petersburgo. Siete anillos después, recibiría el máximo galardón del Comité Internacional de la Bandera de la Paz, la Medalla de Nicolás Roerich, en Ciudad de México.

El Pacto de Roerich y la Bandera de la Paz representan un acuerdo internacional firmado por la India, los Estados Bálticos y 22 naciones más, entre ellas Estados Unidos. El Pacto de Roerich es el primer tratado internacional dedicado a la protección de instituciones artísticas y científicas y los monumentos históricos de todo el mundo. Este acuerdo se firmó en el -NS2.51.10.12: Kin 192 Humano Planetario Amarillo, anillo Luna Resonante Roja (15/04/1935). La Bandera de la Paz es el símbolo oficial del Movimiento Mundial de Paz para el Cambio al Sincronario de Trece Lunas.

Capítulo 12: Sanando Antiguos Traumas

Este Tiempo invertido busca desconectar o cortocircuitar nuestra conexión con la Fuente. Este (falso) Tiempo manipula nuestro cuerpo emocional. Este (falso) Tiempo es perjudicial para el Planeta. ¡Estamos despertando! Estamos rompiendo los viejos hechizos. Seamos conscientes de ello o no, nos hemos ofrecido voluntariamente para encarnar y enderezar las cosas en la línea del tiempo futura.

Capítulo 13: Portal de Bagdad

NS1.16.9.14: Kin 131 Mono Magnético Azul (20/03/2004) anillo Mago Espectral. Ceremonia por la Paz en el Teatro Nacional de Bagdad, Irak.

Capítulo 14: Palenque y Pacal Votan

Pacal Votan: -NS28.19.9.17: Kin 189 Luna Resonante Roja, anillo Luna Magnética Roja al -NS26.48.2.4: Kin 176 Mano Espectral Azul, anillo del Mago Auto-Existente Blanco (603-683 d.C.). Sol Galáctico Amarillo, Kin 60 - Espejo Rítmico Blanco, Kin 58 en la cuenta larga. Fue entronizado el -NS27.32.1.1: Kin 14 Mago Magnético Blanco (26/7/615)

El ciclo de 13 Baktunes en la Cuenta Larga Maya consta de 1.872.000 días o 5.125 anillos. Cada uno de los 13 Baktunes contiene 144.000 días.

NS1.16.12.17: Kin 218 Espejo Planetario Blanco (15/06/2004). 52.º aniversario de la apertura de la tumba de Pacal Votan en Palenque, México.

-NS7.17: Anillo Kin Tormenta Cristal Azul (1692). *Las Pruebas de Votan* escrito 1.000 anillos después de la dedicación de la tumba. Se tardaron nueve anillos desde la muerte de Pacal en construir el Templo de las Inscripciones de nueve niveles, dedicado en el -NS26.5: Anillo Kin Tormenta Cósmica Azul (692 d.C.)

Civilización tipo 4. Las civilizaciones tipo 4 son aquellas que han trascendido completamente el uso de instrumentos materiales para operar con una conciencia supercósmica o supergaláctica y poseen una comprensión absoluta de los principios universales de diseño del cosmos. Pueden entonces transmitirlos radiogenéticamente a las civilizaciones tipo 3, que son las que se encuentran en las etapas más avanzadas del plano material.

Madre Tynetta Muhammad, Mano Lunar Azul, Kin 67.

Capítulo 15: Noosfera Arco Iris

NS1.18.6.9: Kin 252 Humano Entonado Amarillo, anillo Semilla Cósmica Amarilla (21/12/2005). Ceremonia en la cima de la Pirámide del Sol, Teotihuacán, para abrir la 1.ª de las 7 Cuevas/Anillos de Tollan hasta el Cierre del Ciclo en el anillo Tormenta Resonante NS1.25.6.9 Kin 207.

Capítulo 16: Cruz del Sur

NS1.18.13.6: Kin 185 Serpiente Eléctrica Roja, anillo Semilla Cósmica (2/07/2006). Traslado a Nueva Zelanda.

Jacob Wyatt, Dragón Rítmico Rojo, Kin 201.

Kelly Harding, Sol Rítmico Amarillo, Kin 240.

NS1.19.0.0: Kin 208 Estrella Cósmica Amarilla (25/07/2006) Día Fuera del Tiempo. Abriendo la puerta al anillo de la Luna Magnética en las rocas de Moeraki, Nueva Zelanda.

NS1.19.3.3: Kin 7 Mano Resonante - NS1.19.3.7: Kin 11 Mono Espectral Azul, anillo Luna Magnética (22-26/09/2006). 2.º Congreso Planetario de los Derechos de la Biosfera, celebrado en el Parlamundi de la Fraternidad Ecuménica de la Legión de la Buena Voluntad, Brasilia, Brasil.

Mevlana/Bulent Corak, Tormenta Autoexistente Azul, Kin 199.

-NS1.46.4.15: Kin 22 Viento Solar Blanco, anillo Semilla Lunar Amarilla (1/11/1981). Primera transmisión del Libro del Conocimiento recibida por Bulent Corak.

NS1.19.4.15: Kin 47 Mano Galáctica Azul, anillo Luna Magnética (1/11/2006). Llamamiento a la Paz Mundial desde el evento de la Hermandad Universal en Estambul, Turquía, organizado por Mevlana.

> *"64. Se menciona la escasez de tiempo como un resultado de que el período de tiempo se acelerará aún más.*
>
> *65. Os enfrentáis a un cambio de era. No lo olvidéis nunca. Todo se asentará en su curso de forma silenciosa y profunda.*
>
> —*El Libro del Conocimiento, postulados de la Asamblea Federal del Cosmos, p. 389*

Capítulo 17: Ctra. Lady Mile, Queenstown/Ciudad de la Reina

NS1.19.5.21: Kin 81 Dragón Eléctrico Rojo, anillo Luna Magnética (5/12/2006). Boda alquímica, Queenstown, Nueva Zelanda.

NS1.19.7.1: Kin 117 Tierra Cósmica Roja, anillo Luna Magnética (10/01/2007). Sueño del 441 en Queenstown. Inició lo que más tarde se conocería como Synchronotron. Esta sería la parte final de una revelación de conocimiento codificado durante 20 anillos, NS1.3 – NS1.23 (1991-2011).

NS1.20.1.7: Kin 60 Sol Galáctico Amarillo, Anillo Mago Lunar Blanco (1/08/2007). Signo de la lápida de Pacal Votan. Aparece un círculo en los cultivos de Sugar Hill, Upper Upham, Wiltshire, Reino Unido. Tenía 8 cubos dispuestos de tal manera que formaban un cubo mayor con una estrella de seis puntas en el centro. Hay tres caras visibles en cada uno de esos cubos: 18x3 = 54, el número del Kin del anillo Mago Lunar Blanco.

Ed Higbee, Caminante del Cielo Solar Rojo, Kin 113.

Carl Jung, Mago Cósmico Blanco. Kin 234. Jung escribió un ensayo titulado "Wotan" en 1947, y publicó su famoso ensayo sobre la sincronicidad en 1952, el anillo del descubrimiento de la tumba de Pacal Votan. Su retorno solar es el 26/07, el día que inicia el nuevo Anillo Solar en el Sincronario de 13 Lunas.

Capítulo 18: Waitaha: Pueblo de Paz

NS1.20.0.0: Kin 53 Caminante del Cielo Magnético Rojo (25/07/2007) Signo de Quetzalcóatl. Día Fuera del Tiempo. Puerta al anillo del Mago Lunar Blanco.

NS1.20.1.22: Kin 75 Águila Planetaria Azul, anillo Mago Lunar Blanco (16/08/2007). 20.º retorno de la Convergencia Armónica. Adopción en la familia Waitaha en las tierras del Tratado de Waitangi, Nueva Zelanda.

Hunab Ku 21: La estructura del Hunab Ku 21 es la raíz de la cultura galáctica. Ver *Libro del Tiempo-Espacio*.

Capítulo 19: Arca del Tiempo Radiogenética de Noé

Arquetipo de Noé. El Perceptor Holomental tiene nueve dimensiones del tiempo. La novena dimensión del tiempo es el panel de control central donde tiene incorporadas las 9 estaciones del arca. Cada estación del arca representa un arquetipo particular ejemplificado por diferentes modelos espirituales. En el centro se encuentran Votan y Noé, arquetipos de los navegantes interplanetarios. "Votan" de hecho, significa "corazón del nueve".

Capítulo 20: Hollywood y la Tecnología Interna

Del NS1.22.2.15 al NS1.22.2.21 Kin 46 Enlazador de Mundos Resonante Blanco, al Kin 52 Humano Cósmico Amarillo, anillo Semilla Auto-Existente (6-12/09/2009). Seminario de Entrenamiento Avanzado del Synchronotron de siete días, Ashram de Babaji, Cisternino Italia. El sistema del Synchronotron es una herramienta para aprender el lenguaje matemático de la telepatía que está codificado en la Ley del Tiempo. Es una enseñanza de Sirio que contiene el lenguaje de la mente post-conceptual.

NS1.22.3.9: Kin 68 Estrella Eléctrica Amarilla, anillo Semilla Auto-Existente (28/09/2009). Fecha del traslado a la última residencia de Votan en Blampied, Australia. Esta firma también codificó el NS1.22.12.17 el 58.º aniversario de la apertura de la tumba de Pacal Votan (15/06/2010).

NS1.22.7.18: Kin 189 Luna Resonante Roja, anillo Semilla Auto-Existente (27/01/2010). Último día junto con Votan en Palenque antes de su fallecimiento al anillo siguiente.

NS1.23.0.0: Kin 108 Estrella Auto-Existente Amarilla. Día Fuera del Tiempo, última intervención pública de José Argüelles/Valum Votan en la Conferencia de Profetas en Vancouver, Canadá. Es honrado ceremonialmente por la abuela indígena maya Flor de Mayo.

Capítulo 21: Oráculo de la Inmortalidad

NS1.23.9.17: Kin 89 Luna Espectral Roja, anillo Luna Entonada (23/03/2011). Nota: El anillo de nacimiento de Votan es también Luna Espectral Roja. El descubrimiento de la Ley del Tiempo ocurrió en el 1989. 19 + 89 = 108. El 72.º y último cumpleaños de Votan fue en el NS1.23.7.15: Mono Entonado Azul, Kin 31. 20+11 = 31 (24/01/2011). Hay 1.328 años entre el fallecimiento de Pacal Votan en el -NS26.48 (683), y el de Valum Votan en el NS1.23 (2011).

Parahamahansa Yogananda, Viento Espectral Blanco, Kin 102. Firma de su muerte, Espejo Magnético Blanco, Kin 118.

Capítulo 22: Soledad y Retiro

Dalai Lama, Mago Magnético Blanco, Kin 14.

Lois Hunt, Guerrero Magnético Amarillo, Kin 196. Kin 196 es el destino combinado de 185 y 11.

Capítulo 23: Punto Cero

NS1.24.12.17: Kin 18 Espejo Entonado Blanco, anillo Mago Rítmico. (15/06/2012) el 60.º aniversario del descubrimiento de la tumba de Pacal Votan. Tras 18 años sometidos a estudios ininterrumpidos en la Ciudad de México, los restos óseos de la Reina Roja y sus acompañantes fueron devueltos a Palenque (a un bodega de resguardo) para después en días previos al Cierre del Ciclo ser expuesta al público en el Museo Dr. Alberto Ruz L'Huillier de Palenque.

NS1.24.9.17: Kin 194 Mago Cristal Blanco, anillo Mago Rítmico (23/03/2012). Primer retoro solar del fallecimiento de Votan. Evento de siete días en Australia, Días 11 al 17 de la Luna Solar, Kin 188 al 194.

Capítulo 24: Naves y Sirio

NS1.24.2.2: Kin 243 Noche Solar Azul, anillo Mago Rítmico (24/08/2011). La Supernova 2011fe fue capturada en plena explosión por astrónomos de California. Se encontraba a 21 millones de años luz de la Tierra, en la Galaxia del Molinete, dentro de la constelación de la Osa Mayor. Fue la supernova más cercana y brillante en 25 anillos, y fue bautizada como la "Piedra Rosetta" de las supernovas. (Para los decodificadores, mirad la unidad psi crono de ese significativo día)

NS1.25.2.9: Kin 95 Águila Auto-Existente Azul, anillo Tormenta Resonante (31/08/2012). Avistamiento de nave y mensaje, Australia.

NS1.24.4.5: Kin 42 Viento Eléctrico Blanco, anillo Mago Rítmico (22/10/2011). Sueño del cambio dimensional. Un anillo atrás, ese mismo día, Votan recibió el programa "Onda de Densidad Espiral Galáctica" en el Kin 197 Tierra Lunar, observando que faltaban 791 días para el Cierre del Ciclo. (791 es 197 al revés). Todo está numerado.

Capítulo 25: Cierre del Ciclo

NS1.25.6.1: Kin 199 Tormenta Autoexistente Azul, anillo Tormenta Resonante (13/12/2012). Regreso sola a Estados Unidos, en el vuelo 1323 de Virgin (441 x 3).

NS1.25.6.9: Kin 207 Mano Cristal Azul. Cierre del Ciclo, anillo Tormenta Resonante (21/12/2012). Ceremonia del Cierre del Ciclo en Palenque. Firma combinada de 185+22. *"El Cierre del ciclo significa llevar a toda la humanidad como una familia planetaria en un estado de paz y armonía hacia este punto cósmico culminante en el tiempo, el final del gran ciclo de la historia".* —Valum Votan

Capítulo 26: Tres Sueños Dorados

Nota para el Perceptor Holomental/Delfín: Aunque los delfines tienen dos hemisferios cerebrales como los humanos, los suyos están divididos en cuatro lóbulos en lugar de tres. El cuarto lóbulo del cerebro del delfín alberga todos los sentidos, mientras que en los seres humanos los sentidos están divididos. Algunos creen que tener todos los sentidos en un solo lóbulo permite a los delfines tomar decisiones inmediatas y a menudo complicadas que están mucho más allá del alcance de la capacidad humana. Estos cuatro lóbulos se corresponden en el Perceptor Holomental con los cuatro flujos hiperplásmicos: flujo alfa-alfa, flujo alfa-beta, flujo beta-beta y flujo beta-alfa, cada uno con componentes sublimadores y activadores, además del quinto canal central Sirio B.

Capítulo 27: Nuevo Rayo y Monte Shasta

NS1.26.1.1: Kin 164 Semilla Galáctica Amarilla (26/07/2013) Iniciando el nuevo anillo solar que abre la Segunda Creación. Ceremonia al amanecer del Nuevo Rayo, Monte Shasta. Seguida de un doble arco iris por la tarde.

Capítulo 28: 444 y Transilvania

NS1.28.12.13: Kin 174 Mago Entonado Blanco, anillo Mago Planetario (11/06/2016). Sueño significativo a las 4:44 a.m. 5.200 días o 20 giros galácticos desde la primera transmisión de la Historia Cósmica.

NS1.30.12.17: Kin 128 Estrella Espectral Amarilla, anillo Semilla Cristal (15/06/2018). Llegada a Rumania en el 66.º aniversario del descubrimiento de la tumba de Pacal Votan.

Peter Moon, Humano Eléctrico Amarillo.

https://www.timetraveleducationcenter.com

https://www.skybooksusa.com

Una Nota Sobre
José Argüelles/Valum Votan

Dado que este libro gira principalmente en torno a mi aprendizaje y relación con José Argüelles/Valum Votan, siento que sería apropiado ofrecer una breve reseña sobre él. Muchos conocen las diferentes facetas de la obra y el legado de José Argüelles. Sin embargo, pocos han visto realmente su vasto alcance, ya que ha sido uno de los pensadores más influyentes de nuestro tiempo.

Nacido gemelo en la era atómica de la bomba nuclear, la ecléctica trayectoria de José le llevó a conocer y aprender de destacados yoguis, budistas, cristianos, musulmanes, hindúes, esotéricos, científicos, ecologistas, poetas indígenas, músicos y artistas de todo tipo.

José fue un destacado artista, autor, profesor universitario, visionario y mensajero de un Nuevo Tiempo. Fue un humanista compasivo y un luchador por las minorías, la clase trabajadora y los desfavorecidos en general. Se dio a conocer por ser el iniciador de la mundialmente famosa meditación global por la paz de la Convergencia Armónica, que tuvo lugar los días NS1.0.1.22-23 (16-17/08/1987). Este fue el primer evento de meditación planetaria sincronizada de la historia.

Durante ese tiempo, también despertó a la conciencia colectiva sobre la importancia del año 2012, como punto de cambio de conciencia y dirigió la atención del mundo hacia los mayas y su sistema calendárico. Su exitoso libro *El Factor Maya* (1987) evidencia la falta y omisión del conocimiento del tiempo de los mayas y la no incorporación a la sociedad, del mismo modo que otros conocimientos se han incorporado como la física, matemática, astronomía, medicina etc., de los ciclos de tiempo natural de la cuenta maya, el orden del tiempo más preciso en contraposición del calendario gregoriano..

En el NS1.2.5.26, anillo Semilla 10 (1989), tras vivir varios ciclos en simultáneo durante un periodo de tiempo, José hizo un descubrimiento que le cambió la vida mientras visitaba el Museo del Tiempo en Ginebra (Suiza) con su esposa Lloydine. José descubrió que la Ley del Tiempo, al igual que la ley de la gravedad, no es una ley humana, sino una ley natural. Establece la distinción entre el tiempo artificial o mecánico y el tiempo natural. Se dio cuenta de que el tiempo es una frecuencia y que los mayas entendían que se trataba de la frecuencia de sincronización que rige en toda la naturaleza. Vio que esto es universalmente cierto, con la excepción de la civilización humana moderna.

Promovió una versión del sincronario de 13 Lunas de 28 días que llamó el Encantamiento del Sueño. Los códigos matemáticos que conforman el Encantamiento del Sueño hacen consciente lo que se conoce como el *Orden Sincrónico*, la matriz universal de la sincronicidad. A esto le siguió la decodificación de la Profecía del Telektonon de Pacal Votan, una demostración sin precedentes de una tecnología telepática interplanetaria. José continuó desarrollando este sistema de tiempo natural con muchas herramientas adicionales y organizó eventos en todo el mundo.

Aunque tiene muchos logros mundanos, gran parte de la actividad más creativa de José ha estado fuera del foco de atención y se ha llevado a cabo fuera de los circuitos habituales, por lo que es esencial poner en perspectiva toda su vida. Como obras complementarias a este libro, sugiero leer los dos libros que componen la biografía de José que he escrito anteriormente para tener más información.

2012: Biografía de un Viajero del Tiempo. Ilustra la forma en que el conocimiento se reveló a José y evolucionó como un proceso paso a paso, que a nivel humano fue minucioso en múltiples ocasiones.

Tiempo, Sincronicidad y Cambio de Calendario: la Vida y Obra Visionaria de José Argüelles, al igual que el libro anterior, se basa en numerosas horas de preguntas y conversaciones con José; en el estudio continuado de sus libros, diarios, escritos, cartas personales, artículos y documentos; así como en los viajes que compartí con él, a diversos lugares y observarlo en acción. A continuación, citaré la introducción de ese libro. (En español sus títulos son: *Biografía de un Viajero del Tiempo vol I y II*).

> *José ha sido siempre un personaje enigmático e imposible de etiquetar, aunque si hubiera que elegir un título, sería el de artista planetario. Un artista es alguien que está en constante evolución, en constante cambio y siempre explorando nuevas áreas y territorios del pensamiento y la existencia. Como artista, es también un visionario y un canal para diferentes transmisiones de energía e*

información. Un artista planetario puede desempeñar muchos papeles intercambiables, desde estudiante, místico, profesor, filósofo, maestro y mensajero. Pero cada papel, si se desempeña conscientemente, tiene el propósito de promover la evolución del individuo, de la especie y de la Tierra.

Todas las imágenes de este libro son dibujos originales de José Argüelles/ Valum Votan, extraídos de su cuaderno visionario titulado *Terma de la Reina Roja*.

Agradecimientos

Valum Votan/Mono Espectral, por su amor incondicional, disciplina, dedicación y ejemplo brillante en todos los sentidos. Sin él, nada de esto sería posible.

Lloydine/Bolon Ik-Viento Solar, por sus anillos de dedicación para sentar las bases y brindarme valiosas lecciones de refinamiento.

Deb/Caminante del Cielo Solar, "Hada Madrina", por ser una fuente de amor incondicional, consuelo y amable retroalimentación a lo largo de todo el proceso.

Brian/Serpiente Lunar, "Guardián del Dragón", por sostener la estructura de la misión y brindarme un refugio seguro para que este trabajo se desarrollara.

Seamus/Espejo Planetario, "Noble Caballero", por proporcionarme un escudo protector, cariño y comentarios editoriales alentadores durante algunos de los momentos más difíciles.

N'Elektra/Mano Rítmica Azul, que me acompañó durante todo el proceso y me ofreció comentarios artísticos e inestimables desde la perspectiva femenina.

Sham Tok Maru/Estrella Eléctrica Amarilla, "Caballero de la Cruz Solar", por proporcionarme la red cristalina sobre la que navego. Su disciplina, constancia y dedicación son inestimables para mí y para esta obra.

David Aretha/Humano Eléctrico, por su profesionalidad en la corrección del texto en las etapas finales.

Forrest/Sol Planetario, por su ayuda en la corrección del texto, su magia con la tierra y su apoyo incondicional en las primeras etapas.

Jacob/Dragón Rítmico, por su atención, su dedicación inquebrantable y sus sugerencias en la edición. Sin su paciente ayuda, esta publicación no habría sido posible.

Kelly/Sol Rítmico, por sus habilidades intuitivas para el diseño y su hermoso corazón.

Padre John/Perro Cósmico, por sus divinas percepciones y su servicio como partero cósmico; y a su esposa Devta/Humana Autoexistente, por ser portadora de la presencia de la Madre Divina.

Ishram/ Mano Entonada, a quien estaré eternamente agradecida.

A los Magos de la Tierra originales que estuvieron a mi lado en todo momento, en particular, Flaviah/Estrella Resonante, Rodrigo/Espejo Cristal, Annibal/Mago Galáctico, Katarina/Tormenta Magnética, Eden/ Caminante del Cielo Autoexistente Rojo, Luis Zavala/Espejo Eléctrico y André/Caminante del Cielo Lunar Rojo por realizar la visión del Centro de Educación Galáctica/Brasil.

Otros que apoyaron este proceso Gustavo/Viento Lunar y Paola/Tierra Cósmica, Shane/Tormenta Autoexistente, Ik Nehuen "Elefante Blanco"/ Viento Resonante, Gabi/Estrella Solar. Crys'tal/Sol Galáctico. Ana/ Viento Planetario, Sam Wise/Perro Lunar, Queen Esther/Semilla Autoexistente, Sarah/Semilla Espectral, Noelle/Águila Entonada, Donna Rae/Humana Resonante. Y para toda mi familia de almas galácticas y seres estelares que han apoyado este trabajo.

¡Gracias!

Sobre la Autora

Stephanie South es una visionaria, maestra sincrónica y autora de varios libros, entre ellos el galardonado *Acceso a Tu Ser Multidimensional: Una Llave para la Historia Cósmica*. Es Directora Creativa de la Fundación para la Ley del Tiempo y actualmente está creando El Arte del Tiempo: Instrucciones del Futuro.

Stephanie es la portadora del linaje de la transmisión de la Mente Maya Galáctica. Como aprendiz y compañera del Dr. José Argüelles/Valum Votan, compartió con él durante nueve anillos en el proyecto Noosfera II, una exploración de los reinos internos de la conciencia basada en la ciencia del tiempo galáctico. Es coautora con Argüelles de los siete volúmenes de *Crónicas de la Historia Cósmica* (2005 - 2011), la Ley del Tiempo y la reformulación de la mente humana.

Tras el fallecimiento de José en 2011, le sucedió como Directora Creativa de la Fundación para la Ley del Tiempo, una organización sin ánimo de lucro que promueve la unificación universal basada en el retorno al tiempo natural, además de proporcionar un contexto planetario para los cambios que estamos experimentando como especie, identificado como la transición biosfera-noosfera.

www.livingtimescience.com
www.1320frequencyshift.com
www.cosmichistory.love
www.lawoftime.org

www.ingramcontent.com/pod-product-compliance
Lightning Source LLC
Chambersburg PA
CBHW020404080526
44584CB00014B/1167